心とことば

若山隆良 著

人間理解と支援の心理学

八千代出版

序　文

　筆者は兼任講師として大学，大学院で講師を勤めるかたわら，心理療法家（臨床心理士）の仕事をしています。いわゆるカウンセリング・心理療法は，医療のように薬物投与や手術，放射線等々というような多種多様な治療手段をもっていません。私たち心理療法家が用いることができる治療手段は，ことば，言語が主たるものです。つまり，心理療法・カウンセリングとは，支援を求めて来た人（クライエント）とお話する，おしゃべりをすることなのです。

　しかし，言葉というものは，気持ちや感情を言い表すには不便な道具でもあります。例えば，悲しい気持ちを言い表し，相手にわかってもらおうとして「悲しい」と言っただけでは，悲しみの気持ちはなかなか伝わりません。かえって，「悲しい，悲しい」と言い続けていると，相手からは延々と愚痴をこぼしているだけと思われてしまうこともあります。

　でも，私たち人間が自分の心や気持ちを人に伝える主たる方法は言葉，言語しかありません。そこで言葉に気持ちをのせるための工夫が必要となります。その工夫のことを，私たち日本人は言葉の「あや」と呼んできました。この言葉のあやは，レトリック，修辞（学）と呼ぶこともあります。レトリックの中には比喩や寓喩，暗喩（メタファー）などがあります。それぞれの言語には個性があって，日本語には日本語ならではの「言葉のあや」，レトリックがあって，私たちの先人たちはそれを用いて詩歌を詠んだり，他者とのコミュニケーションを営んできました。

　例えば，悲しみを表現しようとするとき，ストレートに「悲しい」という言葉を言う代わりに，何ものかにその感情を託して言い表した方が伝わりやすいことがあります。例えば，古来より和歌の世界では，歌人は悲しみの気持ちや涙を「雨」に託して数々の和歌が詠まれてきました。その伝統は現代の音楽や歌の中にも受け継がれています。歌に詠まれた雨の景色が悲しみの色に染まって，悲しみの気持ちがしみじみと伝わってきます。同時に，雨そ

i

のものが悲しみを帯びて涙のように見えてくることもあります。

　言葉は，単なる情報やデータではありません。語られた言葉には，それを語った人の人生があり背景がありますので，何を語ったかということと同時に，その言葉が誰によって語られたものかということが重要です。また，それが誰に向けて語られた言葉であるかも重要です。言葉は語り手と聴き手の関係性と分かちがたく結びついています。また，それが「何時」語られた言葉であるかも重要です。言葉をめぐる文脈，コンテキストと切り離して言葉は成り立たないといえるでしょう。

　語られる言葉の背景には，語り手の人生の苦楽や生活経験があります。同時にそれを受けとめる聴き手の体験や態度も重要です。日本の中世まで，花鳥風月，山川草木，すなわち自然の美しさや味わいを感じとる感受性をどれくらい有しているかが，人間の賢愚を計るモノサシでした。言い換えれば「もののあわれ」を感じとる心をどれくらいもっているかどうかが重要なことでした。

　花や月を見てその美しさや味わいを感じる感受性は，他者の苦しみや悲しみを共感する感受性に通底しています。人は生きていれば様々な体験をします。楽しい体験ばかりでなく，悲しく苦しい体験をすることもあります。そして多くの出来事は，思いもかけず唐突に襲ってきて，私たちはそれを避けようとしても，どうしようもできない不如意な運命にさらされることも少なくありません。そのような悲しみや苦しみの体験をした人の気持ちは，それを体験したことのある人にしかわかりません。私たちが実際に体験して知ることのできる「知識」と自ら身をもって体験する「知識」とは質的に異なるものだからです。

　例えば，かけがえのない人と死別した体験のない人が，死別の悲しみの淵に沈んでいる人の悲しみの深さを理解することは困難なことです。しかし，だからこそ，そのギャップを埋めるための想像力，イマジネーションが必要となります。それを育んでくれるのは，私たちが積み重ねてきた人生経験や読書経験，人と語り合った関わり合いの体験等々でしょう。比喩を使ったり理解するには，喩えに使われている物事についての知識や体験が必要となり

ます。単に年をとっているだけ，長く生きているだけで人の気持ちがわかる
ようになるとは限りません。大切なことは心を表す言葉を育んでいこうとい
う意識，意思です。

　いわゆる「情報化社会」の中で，かつてに較べて私たちの言葉が「軽く」
なったと言われるようになっています。私たちの語る言葉がかつてのように
人の心を動かし，人の気持ちを理解する力を失ってしまっているのでしょう
か？　私はそうではないと思います。言葉の中には人の気持ちを動かし，人
の心を理解させる力が今でも潜在的に秘められていることは変わりはありま
せん。ただ，言葉を使う私たちの扱い方が雑になったり無神経になったり，
あるいは言葉を単なる記号や符号にすぎないものとして扱うようになると，
よく練られた力のある言葉を発することは難しくなります。よく練られた言
葉を発することができる人は，よく練られた心の持ち主でもあります。

若山隆良

目　　次

序　文　i

1章　心理学の歴史と課題 ……………………………………… 1
1.1　は じ め に　1
1.2　心理学の歴史と課題　2
1.3　これからの心理学における人間理解の課題　12

2章　心 の 援 助 ………………………………………… 17
2.1　アセスメントと心理検査　17
2.2　心 理 療 法　29
2.3　「臨床の知」について　68
ワーク1　「内 観 法」　74

3章　心 の 問 題 ………………………………………… 79
3.1　病　　態　79
3.2　不 安 障 害　80
3.3　転換性障害　84
3.4　解離性障害　86
3.5　心 気 症　90
3.6　恐 怖 症　92
3.7　強迫性障害　94
3.8　摂 食 障 害　96
3.9　心 身 症　101
3.10　人格障害（パーソナリティ障害群）　103
3.11　統合失調症　112
3.12　気分障害（抑うつ障害群）　122

4章　発　　　達 ………………………………………… 131
4.1　「発達」という心理学上の観点　131

4.2 成長・発達の基本的考え方
　　　—エリクソンのライフサイクル論をめぐって—　*132*

4.3 発達段階の概要（青年期まで）　*135*

4.4 成人期のライフサイクル　*143*

4.5 老　年　期　*147*

4.6 女性のライフサイクル　*157*

5章　性と死の心理学 ……………………………………………… *161*

5.1 性　心　理　学　*161*

5.2 死　　　　　*187*

6章　パーソナリティ ………………………………………… *201*

6.1 パーソナリティとは　*201*

6.2 パーソナリティの把握に関する基礎的立場
　　　— 類型論と特性論 —　*202*

6.3 パーソナリティ形成に関する基礎的立場
　　　— 遺伝と環境 —　*206*

6.4 パーソナリティの理論　*211*

ワーク2　エゴグラム　*221*

7章　知　　　　覚 ……………………………………………… *225*

7.1 知覚とは何か　*225*

7.2 感覚の種類　*226*

7.3 感覚のメカニズム　*227*

7.4 ゲシュタルト心理学　*230*

7.5 知覚機能の諸相　*235*

7.6 時空間の知覚と個性　*247*

7.7 物理的時間と体験時間　*249*

8章　感情と動機づけ ………………………………………… *253*

8.1 動　機　づ　け　*254*

8.2 情緒発生の諸理論　*258*

ワーク3　リフレーミング　*264*

9章　学　　習 ………………………………………………………… 271

9.1　条件づけ　*272*

9.2　観察学習（モデリング）　*278*

9.3　洞　　察　*279*

9.4　技能の習得（知覚—運動協応の学習）　*280*

10章　記憶と認知 ………………………………………………… 285

10.1　認知科学という考え方　*285*

10.2　記　　憶　*289*

ワーク4　アサーション　*297*

目　　次　*vii*

1章
心理学の歴史と課題

1.1　はじめに

　心理学（psychology）という学問が哲学から枝分かれして140年足らず，臨床心理学という学問ができてからは，およそ120年しかたっていない。しかし，それは心理学がいわゆる近代の「科学」という形態をとるようになってからの話であり，人間が人間の心について考えるという臨床的な実践は，人類の歴史が始まって以来続いてきたことで，非常に長い積み重ねの上に成り立っている。

　「臨床心理学（clinical psychology）」の語源は，ギリシャ語の「クリニコス（klinikos）」という語に由来している。クリニコスとは，病床にある病者を，それも死の間際にある人を，修道院の僧侶がベッドサイドで看取ったことに由来している。それは，死を目前にして不安と苦痛，絶望の淵にいる人に寄り添い，できうる何らかの救いの手を差し伸べ，少しでも不安や苦痛を和らげようとする営みであった。心理臨床の目的は，悩み苦しむ人々の心に働きかけることを通して，彼らが本来の自己を少しでも回復できるよう援助していくことであるが，その意味で「クリニコス」とは臨床実践のそもそもの始まりと考えることができる。

　ところで，人が本来の自己を回復していくために援助しようとするならば，ひとりひとりの心のあり方に寄り添うことが必要となる。そのためにはまず第1に，ひとりひとりが独自の存在である「人間」をいかに理解するかということが問題となる。そのことは同時に，われわれ自身が自分をいかに理解

するかということをも意味している。

　第2にわれわれは，自分自身や他者を，それぞれに他人や周囲の世界とのかかわりを持つものとして考え，そのかかわり合いの中における「人間」というものを考えていくことが必要である。

　これまで心理学だけでなく，さまざまな分野で「人間」に関していかに理解するべきか，いかに接近していくべきかが論じられてきた。そして「人間」に対するさまざまな理解の仕方が試みられてきた。

　この章では，心理学の歴史をたどりながら，「人間」の理解がこれまでどのようになされてきたかを考え，そして臨床や援助の実践を目指すわれわれは，どのように人間そのものを理解していくべきか，また自分自身を了解していくべきか，その方向を模索しようとするものである。

1.2　心理学の歴史と課題

1.2.1　心理学の黎明

　心理学とは，そもそも「心」を理解しようとする学問である。人の心を知ろうとするこの試みは古い時代からなされてきており，プラトン（Platōn）やアリストテレス（Aristotelēs）などの哲学的思索や観察の中にすでに見出すことができる。

　心理学が「科学」として確立したのが比較的最近であることを考えると，心理学が「科学」として成立するためには実に長い時間を要したということになる。その意味では「心」を理解しようとする心理学の問題は古く，かつ新しい問題であるといえよう。

1.2.2　科学としての成立〔ヴントの心理学〕

　1879年にヴント（Wundt, W.）がライプチッヒ大学に世界初の心理学研究室を開設したことをもって，いわゆる科学としての心理学が成立したとみなされている。それまでの心理学は，心や精神を形而上学的に捉え，心の本質や心と物質との関係を思弁的に考察する哲学的方法から抜け出せないでいたが，

2

ヴントは，自然科学の方法を導入することによって思弁的哲学としての心理学を実証的科学として成立させたのである。その背景には，19世紀初頭に起こった，進化論やエネルギー不滅の法則などの発見に代表される生物学や物理学における科学的思考方法の変革と発展があり，こうした科学革命が現代心理学の成立を導いたと考えられている。

　ヴントの「科学的」な心理学の直接の先がけとなったのは，ウェーバー（Weber, E. H.）やフェヒナー（Fechner, G. T.）の生理学における知覚研究であった。とりわけフェヒナーは，自らの立場を精神物理学と称し，心理学研究に初めて，物理学のような数量的表現を導入し，実験心理学の手続きの開拓に貢献した。ウェーバーやフェヒナーの業績の主なものとして，ウェーバー＝フェヒナーの法則（S〔感覚〕$= K \log R$〔刺激〕）を立てたことが挙げられる。これは，物理的な刺激の強さと心理的な量である感覚の強さとの間に一定の関数関係がなりたつということを見出したものであり，後の心理学に大きな影響と方向づけを与えた。このフェヒナーらの研究方法は，今日でもとくに知覚心理学の研究には欠かせない主要な方法の一つとなっている。

　ヴント心理学は，ウェーバーやフェヒナーの知覚研究を引き継ぎ，さらに要素主義，ないしは（要素）構成主義と呼ばれる立場を導いた。それは，内観という方法によって意識をいくつかの要素に分析し，この各要素を積み木のように再構築することをもって，人間の心理過程を説明しようとするものであった。ある意識内容は，より単純な感覚的，感情的要素に分解され，それがいかに高度な内容を持つ意識であっても，単純な感覚要素，感情要素が連合したものと理解された。ここに，化学者が水を，水素と酸素という元素の結合体として捉えるのと同様の態度を認めることは容易であろう。当時，心理学は，他の諸学問と同様に，自然科学的思考方法の完成期に呼応し，自然科学の方法によって心理事象を捉えようと試みていたのである。

　ヴントに由来する要素主義の立場は，後にさまざまな批判にさらされることになる。まず，その科学性の不徹底が，後の行動主義心理学の立場から批判された。行動主義においては，意識を対象とすることも，内観という方法も，科学にはふさわしくない主観的な態度として拒否されることになる。一

1章　心理学の歴史と課題　　3

方，意識を要素へ分解し再構成しようとする方法は，意識のまとまりと全体性を強調するゲシュタルト心理学の立場から批判されることになる。意識が研究の対象であったことに対しては，精神分析学が無意識の重要性を説き，心理学に新しい革命を起こした。しかし，さまざまな問題を残しながらも，ヴント心理学は，現代心理学の基礎をなすこれら三つの理論の登場を刺激したといえ，その業績の大きさは疑いようもない。

1.2.3　作用心理学

　ヴントに由来する要素主義心理学が心理的事象を自然科学的な方法で理解しようとした一方で，その流れとはまた違った形で「人間」を理解しようとする学派も存在していた。

　ヴントと同時代にあって，その構成主義と対立する立場をとる学者にブレンターノ（Brentano, F.）がいる。彼は『経験的立場の心理学』（1874）によって，経験に基づいた作用心理学を提唱した。この「作用」とは精神の働きを意味するもので，ヴントのいう意識の「内容」とは相対立する概念である。作用心理学によれば，意識の「内容」を取り上げることは意識を「物」とみなすことであり，生きた心理現象を扱ってはいない。この立場では，意識の「内容」に代わって，見る「作用」や聞く「作用」が考察の対象とされた。このことは，対象および事象との間に構成されている関係性を重要視することを意味している。意識とは常に「何ものかについての意識」（Bewusstsein von Etwas）であり，そこでは「何ものかに向けられること」（志向性：Intentionalität）のない意識一般を思弁することは，無意味であるとされるのである。たとえばわれわれがバラを「美しい」と思うのは，もともと「美しい」という意識がわれわれの内に存在していて，それがたまたまバラに対して働いたというわけではない。われわれは時によっては，どんなバラを見ても「美しい」と思えないことがあるからである。

　このように，作用心理学において，意識とは対象との間になりたつ作用，つまり対象との不可分な関係の中で起きるものだと考えられる。そしてわれわれの意識を理解するためには，こうした対象と意識との関係そのものを

「記述的」に理解する必要があるというのである。これは，人間の理解とり
わけカウンセリングなどの心理臨床の過程において基本となる考え方である。

1.2.4　了解心理学，機能心理学

　自然科学的方法にならう要素主義的な心理学を批判するもう一つの立場に，
ディルタイ（Dilthey, W.），シュプランガー（Spranger, E.）らを代表とする精神
科学的心理学または了解心理学（verstehende psychologie）がある。この立場の
人々は，意識にその内容としての要素を仮定し，そこから具体的現象を超え
た一般法則を引き出そうとする心理学（1.2.2を参照）に反対して，心を一つ
の全体性を持った構造とみなした。彼らはすべての心的活動も文化全体も，
統一性のある構造として捉え，これを理解するためには，了解という特殊な
認識方法によって把握すべきであると考えた。了解とは，感性によってもた
らされた表現や記号を通して，そこに表現されている精神を具体的，直観的
に追体験しようとすることである。たとえば，外国人の目には，無意味で滑
稽にさえ見える風俗や習慣も，その文化の中に生まれ育った人にとってはき
わめて自然で意味あることである。この場合，こうした意味は，その国の
人々の生活の中に入り込み，追体験しなければ理解することができない。
　一方で，意識内容を主要な問題としたヴントの心理学に対して，デューイ
（Dewey, J. E.），エンジェル（Angell, J. R.），ウッドワース（Woodworth, R. S.）ら
は，意識の機能，とりわけその生物学的側面を問題にしようとする機能心理
学（functional psychology）の立場を主張した。彼らは，精神活動を，生活体の，
それが置かれている環境への適応として理解し，意識の機能を生活体と環境
との力動関係（dynamics）から理解しようとしたのである。こうした「意識」
の重視は，人間の本性を理性と意識によって特徴づけようとしたヨーロッパ
の長い思想の伝統を受け継いだものといってよいと思われる。そこでは心理
学は意識の学であるとみなされてきたのである。

1.2.5　行動主義，新行動主義

　意識の学としての心理学に対して，いくつかの新しい考え方が，ヨーロッ

1章　心理学の歴史と課題　　5

パの伝統から比較的自由な「新大陸」において登場してきた。アメリカの心理学者ワトソン（Watson, J. B.）は自然科学的実証主義の立場から，意識心理学の対象の狭さと研究方法の非科学性を批判し，心理学は意識ではなくて客観的に観察可能で計量可能な行動だけを研究対象とすべきであるという，いわゆる行動主義（behaviorism）の立場を提唱した。

　ワトソンは，意識の内容を見るというヴントの研究法を，神秘的な方法として批判し，意識について理解できないことを観察者の内観の未熟さのせいにする立場を非科学的として批判した。彼は科学である心理学は，共通の方法を用いれば誰もが共通の理解ができるようなものでなくてはならないし，そのためには客観的な観察と数量的測定が可能でなくてはならないと考えた。そこから観察可能で数量化可能な行動だけを心理学の研究対象にすべきだという主張がなされた。

　ワトソンは「意識」を心理学から徹底的に排除し，いっさいの人間行動は刺激S（stimulus）と反応R（response）との関係によって説明できると確信し，$S \rightarrow R$と表現した。こうした自然科学的方法の有効性を確信するあまり，彼には，自分に3人の子どもが与えられれば，3人の子どもをそれぞれお望みどおりの人間に仕立て上げることができると豪語した，というエピソードが残っている。

　そのようなエピソードを生み出すワトソンの理論の背景には，当時明らかにされたロシアのパヴロフ（Pavlov, I. P.）の条件反射論があった。条件反射とは，生まれてから経験や学習によってつくられる生理学的な反射で，条件反射論は行動の法則を説明するのに好都合な理論とされている。そこでは条件反射をつくり上げる訓練を「条件づけ」と呼ぶが，条件反射は条件刺激によって形成される。これと同様に，行動主義の研究対象であるあらゆる行動も，行動の法則に基づく刺激と反応の結合によって説明が可能とされる。つまり，人間の行動の大部分は条件反射によって形成されたものであり，従来本能的行動といわれたものも，その大部分は，学習された行動として捉えなおされることになった。したがってワトソンの理論は次第に極端な環境論へと傾いていき，人格形成についても遺伝的な賦与を無視し，学習の方法に

よっていかなる人格をも形成しうると考えるようになったわけである。

　ワトソンのこのような極端な環境論と従来の心理学に対する激しい反論は
やがて世論の反発を招く結果となり，彼は心ならずも学界から退かざるをえ
なくなった。また，客観的に観察可能な「行動」を対象とする，人間心理へ
のこうしたワトソンのアプローチは，人の日常生活の内容をなしている，主
観的ではあるが生き生きとした精神現象を排除することとなり，人間を生理
学的メカニズムの組み合わさった機械のようにみなす結果を招き，「心のな
い心理学（Psychologie ohne Seele）」と呼ばれることもあった。

　ワトソンの引退後，再び行動主義に対する見直しの時期が到来する。そし
て，ワトソンの理論に修正を加えながら新しい行動主義を形成していく有能
な学者たちによって，行動主義は精神分析とともにアメリカにおいて大きな
発展を遂げてきた。ワトソンの行動主義を修正発展させたものとしては，
トールマン（Tolman, E. C.），ハル（Hull, C. L.），スペンス（Spence, K. W.）らの
提唱する，新行動主義（neo-behaviorism）の主張がある。

　彼らは，$S \rightarrow R$というワトソン流の単純な図式の中に，媒介変数として生
活主体の要因O（organism）を介在させ，$S \rightarrow O \rightarrow R$の図式によって，より厳
密な行動理解の体系づくりを試みた。その際，彼らは操作主義（operationism）
の考え方を導入することによって，元来は仮説にすぎなかった媒介変数の諸
要因を，実証的に明らかにしうるものと考えた。たとえば，行動の動機とし
ての欲求の概念はそれ自体，行動を説明するための一種の仮説であるが，乗
り越えうる欲求充足の強さの量的測定の操作によって，欲求そのものの強度
と実在を，実証的に明らかにしうると考えたのである。「およそ実証的操作
によって確定しえない概念は，科学的概念ではない」という発言に見られる
操作主義は，後の心理学の流れに大きな影響を与え，その自然科学的展望を
方向づけてきた。この立場では，たとえば欲求という概念は，欲求を測定す
る操作，つまり欲求充足を妨害するどんな強さの障害を乗り越えるかによっ
て定義されなければならないのである。

　こうしてワトソンの創始した行動主義は，いくつかの理論的修正を受けな
がら，精神分析学とともに，アメリカにおいて大きな発展を遂げていった。

そして現代心理学の有力な基礎の一つとなって生きているのである。

1.2.6　ゲシュタルト心理学

　アメリカでワトソンが「行動主義心理学」を提唱し，心理学の対象を「意識」から「行動」に移そうとしていたころ，ドイツにおいても，ウェルトハイマー（Wertheimer, M.），ケーラー（Köhler, W.），そしてコフカ（Koffka, K.）の3人の心理学者によって，新しいアプローチが試みられていた。

　彼らの理論は，ヴントの構成主義，要素主義に対抗して，全体性を重視する立場に立っており，「ゲシュタルト心理学」と名づけられた。そこでは，人間の意識体験や行動は要素に分析することのできない全体であり，その全体は単なる部分の総和とは別のものであること，そして部分はその意味と位置と役割とを全体から付与されることなどが説かれ，心的事象の全体性と力動性とが主張された。

　こうした，要素ではなく，まとまりや全体性を重視する考え方は，3人によって突然に提唱されたのではなく，ブレンターノ，シュトゥンプ（Stumpf, C.），エーレンフェルス（Ehrenfels, C. v.）といった先達たちの理論の影響を受けて確立していったものである。ブレンターノは，意識の本質を志向性とする作用心理学を構想した。この流れを受け，シュトゥンプは，一般に感覚器官が外界の微妙な変化を捉えていながら，しかも，それに気づかないことがあるが，それはわれわれの心的機能がそれに作用しなかったのであり，心理学ではこのような対象に対する精神的な作用の仕方を研究しなければならないとした。また，エーレンフェルスは，音の構成要素が変わっても，各要素間の関係が同じならば，同じ音のまとまりが構成されるというメロディー知覚の研究をした。

　レヴィン（Lewin, K.）は少し遅れてゲシュタルト学派に加わったが，その独特な着想によって「トポロジー心理学」を創設した。トポロジーとは空間領域の配置の関係を表すものであり，彼は人間の行動は，トポロジー的な「場の理論」によって説明できるとした。ここで着目されるのは空間における人間の行動である。行動は人間がどのような環境条件に置かれているかに

よって決定される。しかし，条件が一定であっても，各人の行動はさまざまである。それは，環境条件をどのように認知し，また要求しているか，その環境に置かれている人の内的条件によって異なるためである。したがってこの立場によれば，行動は人の内的条件と環境の相互作用によって決定されるのである。

レヴィンはこの考えを公式化している。つまり，人間の行動 B（behavior）に関係する要因を，人を取り巻く環境 E（environment），行動する人自身の内的要因 P（person）とに分け，これらの要因の関係を，$B=(P \cdot E)$ と示したのである。

この公式によれば，人と環境について知ることができれば，人の行動を理解したり予測したりすることができるということになる。ところで，レヴィンがこの公式の中で用いる P は，決して厳密な意味での人間に限定されているのではなく，むしろ有機体一般という意味で用いられている。したがってこのレヴィンの公式は，動物にも人間にも共通した行動と環境の理法を明らかにしようとしたものだといえよう。さらにまた，ここでいう環境とは，通常われわれが環境という言葉で理解する，単なる「取り巻くもの（surroundings）」ではない。人間・有機体の行動は，一定の物理的環境や刺激に対して常に一定の形で起こるわけではない。物理的には同一の環境であっても人間・有機体がそれをどのように見，受け止め，意味づけるかによって，行動にも大きな差が生じてくる。そこでレヴィンは個人の内的要因 P と環境 E の関係を生活空間（life space：Lsp）と呼んだ。

人間・有機体の行動を理解し予測するためには $B=f$（Lsp）と考えなければならない。レヴィンの生活空間の概念は，同じゲシュタルト学派のコフカが行動的環境と呼んだものと軌を一にしている。この考えは，ヴント以来の要素主義的で機械論的な考え方を覆し，人間・有機体をいつも「動く全体」（dynamic whole）として捉えようとした点において，心理学の科学としての発展に大きな転機をもたらした。今日，心理学は行動の科学と広くみなされているが，こうした傾向は最終的にはレヴィンによるところが大きいといえよう。

このように「心」の理解を目指して，心理学の対象領域は意識から行動（後に述べる無意識の問題も含める）にまで広がり，その方法も哲学的なものから自然科学的なものに至るまで，多岐にわたっている。しかしながら，このような流れを土台とする現代の心理学に共通しているのは，それが「行動の科学」ということを標榜しているということである。

「行動」といってもそれはかつてワトソンの唱導した「行動主義心理学」における意味の行動ではない。行動主義は心理学の対象領域から「意識」を追放しようとしたが，現代の心理学は，人間を全体として捉え，人間の行動をその全体的で具体的な姿において捉えようとするものである。意識を人の広義の行動の一部として捉え，その限りにおいてのみ心理学の対象としている。このように，さまざまな「行動の法則」を明らかにすることが心理学の課題となってくるわけである。

初期のゲシュタルト理論の多くは視知覚の実験的研究に立脚するものであったが，後にゲシュタルト学派の有能な研究者たちによって，その理論は聴覚，学習，記憶，行動さらに動物心理学の領域にまで展開されていった。ケーラーはウェルトハイマーとの共同研究と決別した後，アフリカのカナリア諸島に赴いて類人猿の知的行動の観察研究に従事し，そして，その結果を「類人猿の知恵試験」(1917) と題する論文にまとめている。その後，彼は再び知覚の研究に専心して，物理現象に見られるゲシュタルト性に従って心理過程を推論することを試みた。また，コフカは児童の精神発達をゲシュタルト理論に基づいて考察し，『精神発達の原理』(1924) を発表した。

1.2.7 精神分析

精神分析は，オーストリアの医師，フロイト (Freud, S.) によって創始された。

フロイトは臨床医として神経症患者の治療にあたっていたが，その際，ヒステリーなどに認められる症状が，患者自身気づいていない無意識の動機が原因となって生じていることを明らかにした。この発見に基づき，彼はさらに進んで正常な人間の言動や夢などにもしばしば無意識的動機が隠されてい

ることを明らかにし，一般に人の理解のためには，本人の意識に上らない無意識を理解することが必要だと説いた。

この無意識に対する洞察は，彼の治療経験の中から生み出されたものである。当初，彼はヒステリーの治療に対して「催眠法」による治療を試みたが，それをうまく用いることができず，その後，催眠状態にある患者に問題点をすっかり話させる「カタルシス（浄化）法」を着想した。この「カタルシス法」による経過は良好ではあったが，やはり，暗示に伴うさまざまな問題を含むため，さらに改良して「自由連想法」を開発した。臨床技法上はこの「自由連想法」をもって精神分析学が成立したとみなされている。

フロイトは，「自由連想法」によって得た多くの臨床的知見から，精神分析の諸理論を形成していった。精神分析についての詳細は，他の章に譲ることにするが，ここで理解しておきたいことは，従来「意識の学」であった心理学に，「無意識」という概念を精神分析が結果として持ち込むことになったということである。

フロイトの学説の大きな特徴は，無意識を意識よりも優位に置いた点である。われわれの意識は心の表層にすぎず，むしろ心を動かしているのは深層に広がる無意識のメカニズムであることを，フロイトは指摘した。日常生活での言い間違い，思い違い，過失や記憶違いなどは無意識的な心の動きによるものであり，さらに夢やヒステリー性の夢遊，あるいは神経症の症状といったものも，自我の検閲によって一部修正された形で，無意識の中に潜む潜在的思想（願望）が表れたものと考えた。

このようなフロイトの理論は，人間理性の絶対性が確信されていた当時の学問の世界においてあまりにも革新的であったため，初めは排斥の憂き目に会った。しかしこの精神分析学は，フロイト以後，アドラー（Adler, A.）やユング（Jung, C. G.），さらにホーナイ（Horney, K.），フロム（Fromm, E.）らによって展開され，現代の心理学に大きな影響を及ぼしている。とりわけ内観によって捉えられた意識だけを研究しようとするそれまでの心理学の考え方に大きな転換をもたらし，人間そのものを捉えようとする臨床実践のための心理学にとっては，大きな意味を持つことになる。

1章　心理学の歴史と課題　　*11*

これまで，ヴントによる「科学」としての心理学の始まりから，現代心理学の主要な三理論へ至る，心理学の歩みを見てきた。そこで大切なのは，何が正しく，何が正しくないのか，ということから心理学の歴史を見るのではなく，これまでわれわれの先人たちがどのような仕方で人間を捉えようとしてきたかについて洞察を向けていくことである。一つの理論が提示されると，それが刺激となって次の理論が生まれる。「人間というものをいかに捉えるか」という問題は，そのような歩みの積み重ねの中で問われ続けてきたのである。これまでの「人間理解」の歩みを土台としつつ，われわれがいかに生きた，具体的な「人間」に近づき，寄り添っていくかが，今後の課題となるであろう。

1.3　これからの心理学における人間理解の課題

　「心理学は長い過去を持っているが，歴史は短い」とは，ドイツの心理学者エビングハウス（Ebbinghaus, H.）の有名な言葉である。しかし，カナダの精神医学史家エレンベルガー（Ellenberger, H. F.）が力動精神医学（力動心理学）の歴史を叙述するにあたって，呪術や原始医療といった「過去」から開始しているように，臨床を領域とする心理学においては，「過去」も意味あるものとして「歴史」の中に位置づけられうるのである。言い換えるならば，こうした「過去」，そして心理学を生み出したヨーロッパ人にとっては「過去」の遺物であるヨーロッパ圏外の文化，いわば異文化を発見し，人間理解のために積極的に取り入れることによって臨床心理学の「歴史」は進展してきたのである。

　歴史学や人類学のもたらした成果によって，古代人や未開民族の生活，風俗，習慣が知られるようになり，呪術師やシャーマンの行った治療が現代における精神療法の諸派と非常に多くの点で類似し，それらの淵源をなすものと捉えうることがわかってきた。すなわち，原始治療，エクソシズム，マグネティズム，催眠術，精神分析学，そして現代精神療法の諸流派といった歴史に現れた動向は，それぞれの時代，形式，概念は異なるものの，一つの連

続した流れの中に位置づけることができる。しかしそれらは，他の諸科学の発展とは著しく性格を異とし，歴史の流れの中でそれぞれが受容と排斥の間を激しく揺れ動いた。

こうした精神（心理）療法，ないしは力動精神医学，力動心理学の変動著しい歴史を，エレンベルガーは大著『無意識の発見―力動精神医学の歴史と発展―』(1970) によって跡づけている。それは表面的な事象の展開を追ったものではなく，いわば人類が「無意識」をいかに意識化していったのかということを，社会，経済，政治，文化といった諸々の背景との関連において眺め，考察し，加えて人間理解をめぐって，現代の科学的認識のあり方に対して大きな問題を提起している。

ローマ神話で以下のようなエピソードがある。女神ユーノーが夫のユピテルに，アエネアースをラティウムの王位に就かせないでほしい，と頼んだ。しかしユピテルは妻のこの申し出を拒絶する。そこでユーノーは，自分が地獄から復讐の女神フーリエの1人アレクトーを呼び出したならば，アレクトーは怒り，狂騒する女たちとともに，トロイ人を襲うことになるだろう，とユピテルに迫り，次のようにいった。「天上の神々を動かさざりせば冥界を動かさむ」。

フロイトはこの一節をローマの詩人ウェルギリウスの『アエネアース』から引いて，自身の著作『夢判断』(1900) の巻頭に置いた。そこにはさしあたり抑圧された無意識の不穏な動きを説く彼の理論が暗示されているのであろうが，それと同時に，10年にもわたる周囲の無理解と孤立の直中にあって，徹底的な自己分析を通してようやく固まってきた新しい心理学，すなわち精神分析学の構想を告げようとするフロイト自身の当時の科学界に対する挑戦的な含みを見て取ることもできよう。

精神分析はこの『夢判断』をもって成立したとみなされるが，その前夜にあたる1890年から1900年に至る10年間，フロイトはその生涯で最も危機的な状況に陥っていた。師シャルコー (Charcot, J. M.) の死，共同研究者ブロイアー (Breuer, J.) との離別，そして父親の死，加えてフロイトは神経症の解明という困難な課題に取りつかれていた。この頃交わされた友人フリー

1章　心理学の歴史と課題　　*13*

ス（Fliess, W.）との書簡に，フロイトは同業者の無理解，学会からの冷遇，孤立，苦況をしばしば訴えている。ところが，エレンベルガーは当時のフロイトの周辺を探り，本人が証言するほどの排斥や不当な扱いを受けていた客観的な証拠はないとして，この時期フロイトが常に抱いていた孤立感は他ならぬフロイト自身が患っていたある特殊な神経症に起因するものとしている。エレンベルガーはこの神経症を「創造の病」と呼び，その特色を以下のように述べている。

> 創造の病とは，ある観念に激しく没頭し，ある真理を求める時期に続いて起こるものである。それは抑うつ状態，神経症，心身症，果てはまた精神病という形を取りうる一種の多形的な病である。病状が何であれ，それは当人にとって生死の境をさまようとまではならないにしても非常に苦しいものと感じられ，そして，軽快したかと思うと悪化するという2つの時期が交代するものである。創造の病の期間中，その当人は自分の頭を占めている関心の導きの糸を失うことは決してない。創造の病が正常な専門職の活動や正常な家庭生活と両立していることも少なくない。しかし，よしんば当人が社会活動を継続しえているとしても，当人はまったくといってよいほど自己自身に没頭しているものである。その人は完全な孤立感に悩むものである。たとえ，この試練を通り抜ける間，自分を導いてくれる導師のような人があったとしてもである（シャーマンの徒弟とその師の関係のように）。病気の終結は急速で爽快な一時期が目印となることが少なくない。当人は，人格に永久的な変化を起こし，そして自分は偉大なる真理，あるいは新しい一個の精神世界を発見したという確信を携えて，この試練のるつぼの中から浮かび上がってくる。

エレンベルガーは力動精神医学，ないしは力動心理学の体系を2群に分ける。第1群の体系は，その創始者の個人的体験がいくぶん理論の成立にあずかっていることは否めないものの，基本的には個人の体験とはかかわりのない客観的な観察と研究に基づいてもたらされた成果である。それに対して第2群の体系は，純粋に個人の内面に発するもの，すなわちそれらを創始した各人物の「創造の病」に全面的に依拠しているものである。前者にはたとえ

ばジャネ（Janet, P.）とアドラーが属し，後者にはフロイトやユングらが属するという。フロイトもユングもともにそれぞれの「創造の病」を経過したが，それはまったく個人的な経験であるにもかかわらず，同時に，それぞれの弟子たちにとっては，追随すべき模範ともなった。ここでなされる体系の伝授が，「教育分析」と呼ばれているものである。エレンベルガーはこれを，シャーマンにおける入門の病にたとえている。

こうして心理療法の体系は，諸々の流派に分岐せざるをえない。この点，他の諸科学とは事情が異なってくる。一般に科学は，それぞれの個別科学ごとに，その内部におおむね矛盾なく，一元的に統一されている。その内部に多数の学派を抱えている例は当然あるが，一般の科学においてそれらは最終的に一元化されることが目指されている。エレンベルガーは，力動心理学の内部で諸流派が分裂し，ますます相互の距離を増している事実を，現代科学における最大の逆説と呼ぶ。それら諸流派は，それぞれの流儀で，新事実や経験的データをもたらし，われわれの知見を豊かにするものの，一個の学問の内に互いに相容れない教説を持つ複数の流派の存在を許しておくことは，そもそも普遍かつ一たるべき科学の原則に反しているからである。現代心理学における力動的アプローチと実験的アプローチの対比もまた，深刻な逆説を照らし出している。量的なものには還元しえない直接的なアプローチも，測定による量への還元を目指す実験的方法も，人間理解においてともに有用であるからである。心理学や精神医学は，力動的諸流派の成果を取り入れようとすれば自らの科学性を失い，逆に力動的諸流派を切り捨ててしまえばそれらがもたらす意義深いデータをあきらめざるをえないことになる。科学の一元性を守り力動諸流派のもたらす成果を切り捨てるか，それとも理想を捨てて成果を取るか——，エレンベルガーは，力動的方法も実験的方法もともに正当に扱える新しい概念枠の登場を待望しながら，この問題を提起している。

心理学が一元化しえない，互いに相矛盾するような理論体系をその内に複数抱えているという事実は，すなわち，人間の心，人間そのものの現実が矛盾に満ちていることの証左であり，人間存在の多様性を映し出してもいる。

●参考文献

阿閉吉男・内藤莞爾編（1957）『社会学史概論』勁草書房

高木貞二編（1957）『心理学』東京大学出版会

河合隼雄（1967）『ユング心理学入門』培風館

谷口隆之介・早坂泰次郎・佐藤功（1967）『人間存在の心理学』川島書店

北沢方邦（1968）『構造主義』講談社

佐治守夫・水島恵一・星野命編（1968）『臨床心理学の基礎』（臨床心理学講座
　　Ⅰ）誠信書房

ブロノフスキー，J. 著，三田博雄・松本啓訳（1968）『科学とは何か』みすず書房

宇津木保・大山正・岡本夏木・金城辰夫・高橋澪子（1977）『心理学のあゆみ』
　　有斐閣新書

早坂泰次郎編著（1978）『人間世界の心理学』川島書店

エレンベルガー，H. F. 著，木村敏・中井久夫監訳（1980）『無意識の発見―力
　　動精神医学発達史―』（上・下）弘文堂

橋口英俊編著（1983）『新臨床心理学入門』建帛社

河合隼雄・中村雄二郎（1984）『トポスの知』TBSブリタニカ

今泉文子（1989）『鏡の中のロマン主義』勁草書房

詫摩武俊編（1989）『基礎心理学』（基礎心理学講座1）八千代出版

松原宏明（1990）「臨床心理学の方法論的考察―ある治療的生活共同体での実践
　　を通して―」（横浜国立大学修士論文）

2章
心 の 援 助

2.1 アセスメントと心理検査

2.1.1 臨床心理アセスメント

2.1.1.1 臨床心理アセスメントとは何か

　臨床心理アセスメントとは，心理的支援を必要としている人について，その人が抱えている問題がいかなるものかを推定することである。同時に，心理的問題の背景にある環境要因や身体的要因がどのように関与しているかについて評価し，個人のパーソナリティ傾向や対人関係の様式についても評価し，それらがどのように形成されてきたか、その発達過程について推測する必要もある。そうすることによって問題の性質や程度を評価し，問題解決のための方法を提起することができる。

2.1.1.2 臨床心理査定者に必要とされること

　臨床心理査定（アセスメント）を行うためには，人格発達やその障害に関する幅広い臨床心理学的知識が必要である。例えば，医学的な対処が必要なクライエントに対しては，必要に応じて医療機関を紹介できる体制を確保しておく必要がある。医療機関に紹介するには，ある程度の身体医学的知識が必要であるが，単なる医療機関の「下請け」になるのではなく，医療モデルとは異なる臨床心理学的な人間についての知識や理解がなければならない。そのためには自然科学である医学の知識にとどまらず，人文科学，社会科学的な幅広い知識や視野を身につけることが大切である。

　治療や相談の場を訪れたクライエントが最初に自らの問題として訴えてい

17

る症状や問題のことを「主訴」と呼ぶ。ただし，クライエントが主訴として訴えていることの程度と背景を，クライエント自身が自覚できていない場合も多い。本人に関する情報を直接本人から聞き出すことができない場合もあるが，そうした場合は，必要に応じて家族など関係者から情報を得て治療者が推測することになる。

2.1.1.3 アセスメント面接

アセスメント面接においてはクライエントが自由に話すことのできる雰囲気が大切である。面接者はそのために環境を整え，クライエントが自分から話したくなるようにするのが大切であることは治療面接と同様であるが，アセスメント面接では，初回のクライエントにただ「自由に話してください」というだけでは，クライエントは安心して話すことはできないし，査定（アセスメント）という目的も達成できない。

何らかの問題があるからクライエントは面接に来ているわけであるから，査定者は，クライエントのニードがどこにあるかに耳を傾け，問題の解決のために協力する用意があること，そのために問題の経緯や特質についてよく知りたいので，関連のありそうなことは何でも話してほしいこと，話したことについては秘密を厳守する旨を伝える必要がある。このようにして，査定者の意図や姿勢を明確に示すことで，クライエントが安心して話せる環境づくりを目指す。

クライエントが話し始めたら，できるだけ自由に話を続けてもらうことが重要である。なぜなら，一見問題とは関係のないような話題の中に，重要な情報が含まれていることがあるからである。しかし，同時に話の流れの途中で必要に応じて質問をするなどして，査定に必要な事柄を把握する作業も重要である。

2.1.1.4 アセスメント面接で聴き取るべきこと

アセスメント面接において査定者が具体的に聴き取るべき内容を，以下のように列挙してみた。

1）問題の質と程度

心理臨床の場では，「人前で緊張しやすく赤面しやすい」とか「気になる

ことがあって，頭から離れない」というような神経症的な症状を訴えること
もある。「今まで何のために生きてきたのかわからなくなった」とか，「自分
が何をしたいのかわからない」というような，人生の目的やアイデンティ
ティをめぐる問題について相談される場合もある。また，身体症状をクライ
エントが訴えることがある。「頭痛が止まらないが，医者には身体的には異
常がないといわれた」というような場合もある。

訴えられた問題や症状がクライエントにとって，どれほどに苦しいもので
あり，クライエントの人生の中でいかなる意味をもつものであるか，また職
業生活や家庭生活に支障をきたしているか，その程度を把握する必要がある。

2）クライエントの問題意識

問題や悩みをクライエント自身が，どのように感じ考えているのか，また
その問題に対してこれまでどのように対応してきたかを聴いていく必要があ
る。また最終的にどのようになることをクライエントが願っているのかとい
う，問題に関する解決イメージについて話してもらうことも必要である。こ
のようにして，クライエントの問題の認識の仕方や現実検討能力，現実対処
の適切さ，他者への依存傾向について理解する手がかりを得ることができる。

3）問題の経過

その問題がいつ頃から生じ，どのよう経過をたどってきたかという情報も
重要である。本人または周囲の人がその問題に気づいた時期はいつで，それ
がどのような発達段階であったのか，あるいはその時期にいかなる環境の変
化があったか，について調べる必要がある。こうしたことを通して，その問
題がクライエント個人の人生にとって持つ意味や特殊性について推測する手
がかりとなる。問題の経過からは，クライエントの問題解決能力やストレス
耐性，今後の問題の推移，援助の効果などの予測に役立てることができる。

4）生活史と生活状況

クライエントの出生から現在までの生活史を聴くことによって，クライエ
ントのパーソナリティの形成過程について知ることができる。問題の背後に
ある要因や，その問題が本人にとっていかなる意味を持っているかを知るた
めの重要な情報となることもある。また，クライエントの家族構成とその変

遷，家族とのかかわり方，学業や仕事の達成度，交友関係，職場や学校での対人関係，現在の生活状況などを，面接の中では聴いていく必要がある。

5）非言語的側面の観察

クライエントの話の言語的内容だけでなく，非言語的なコミュニケーションからも多くの情報が得られる。表情や話し方，視線の動き，外見（服装，容姿）にも，人となりを理解する情報が多く含まれている。非言語的なふるまい（視線や表情，口調など）には，不安や緊張の度合い，興奮，抑うつといった，そのときどきの感情状態が反映されている。話し方，言葉遣いからは，知的発達レベル，その低下や障害の有無が示唆されることもある。外見や服装などは，本人の好みや文化や自己意識を反映するばかりでなく，特異な服装や服装の乱れからは，自らの身なりについて関心を失っている自閉的な心理状態が疑われることもある。

6）関係者からの情報

クライエントばかりでなく，クライエントの関係者からも貴重な情報が得られることがある。たとえば，医療機関にかかわっているクライエントの場合，医師による診断や観察事項や医学的諸検査の所見，医学的治療の内容（例：処方されている薬物の種類）が重要である。入院患者の場合には看護師や医療福祉士など医療スタッフからも，それぞれの立場からの情報を得ることができる。職場の上司や学校の教員が本人を心理臨床の場へ紹介してくる場合がある。その場合は，学校や職業，社会生活での問題について，その職務的立場からの見解を伝えられることになる。ただし，これらの見方はあくまでも参考資料であって，それを最終的にどのように位置づけるかは，査定者の総合的観察と判断にかかることである。

ただし，クライエント以外の関係者から情報を得る場合は，原則として，本人の同意を得る必要がある。クライエント自身の同意なしに関係者から情報を聴取することは，倫理的に問題があるだけでなく，その後の心理療法過程に影響をもたらすことがある。ただし，クライエントが若年（乳幼児・児童）であったり，障害のため自分で話ができない場合には，関係者から情報を得るしかない。乳幼児・児童の臨床の場合，最初に臨床機関を訪れるのは

保護者である場合が多く、親から話を聞いて心理アセスメントをするところから、クライエントとのかかわりが始まる。その後の経過でも、クライエント本人への治療と平行して家族へのかかわりが行われることが多い。

2.1.2　心理検査──精神機能の測定の道具──

　現在、世間では心理検査（テスト）について、かなりの歪んだ、誤ったイメージや理解が蔓延しているようである。あたかも占いやオカルト現象と同様な扱い方をされてメディアに登場することも多く、身近なものとなっている一方で、単に面白おかしく取り扱われて、軽い好奇心から行われることもある。しかし、心理検査は心の内面に直接触れるものであり、場合によっては人の気持ちを傷つけたり、情緒不安定にさせたりする危険をはらんでいることも留意しておくべきである。講義で学生から、「心理テストをやってみたい」という希望を受けるときも、講師として一瞬の戸惑いを感じる理由がこの辺にある。

　心理臨床場面における心理検査でさえも、検査を受けるクライエント本人にとって「役に立つ」と判断した場合にのみ、最小限のテストを、訓練を受けた専門家が注意深く行うべきものである。また、心理検査の結果は、これで「～がわかる」と言いきれるような絶対的なものではなく、その人のある一面を示しているにすぎなかったり、検査結果は検査時の状況や検査者との関係性の影響を受けていることも考慮に入れておく必要がある。

2.1.2.1　知　能　検　査

　知能検査の結果としての知能が高いか低いかを、単純に「頭がいい」、「悪い」と同じと考えている人が多い。そもそも、ここでいう「知能」とは、具体的にいかなるものを意味しているのだろうか？

　知能は実に多面的な能力によって構成されている。記憶力、計算力、言葉を巧みに使う力など、測定しうる能力だけでも数多くのものがある。そして、それらの能力のうちの何をもって知能とするのかは、専門家の間でも意見が分かれるところである。この「知能」を測定するのが知能検査なのであるが、知能検査自体も多種多様に存在する。とりあえずここでは、代表的な2種類

2章　心の援助　　*21*

の知能検査，ビネー式知能検査とウェクスラー式知能検査を紹介する。

1）ビネー式知能検査

　義務教育制度の普及に伴い，知的なハンデのある子どもを選別して特殊教育などの援助を活用するために，ビネー（Binet, A.）は知能尺度を開発した。彼は知能を，判断・理解・推理の3領域が含まれる統一体であると考え，「一般知能」と呼んだ。ビネーは知能測定尺度をつくるにあたり，実際に学校の授業を理解できる子どもと理解できない子どもの間で明確に差違が現れている項目を採用した。そして年齢ごとに相当する問題を集め，年齢尺度としての知能尺度を採用した。これにより，知的水準を示す精神年齢（MA）という概念が生まれた。これが1911年には，シュテルン（Stern, W.）によって，下記のような数式化が行われ「知能指数」として数量化された。

$$知能指数（IQ）＝ 精神年齢MA ／ 生活年齢CA × 100$$

　つまり，実年齢（生活年齢）に応じて期待される知的能力に対し，その人の知的能力がどの程度であるかを割り出したのである。1911年にビネーが亡くなりアメリカに渡ったビネー式知能検査は，1916年，ターマン（Terman, L. M.）によりスタンフォード・ビネー検査として標準化された。日本では，1920年に鈴木治太郎により，鈴木ビネー法として紹介され，田中寛一による田中ビネー検査が生まれた。この田中ビネー検査は，改訂を重ね現在も広く使用されている。

　ビネー検査は，検査尺度が1つで，それが年齢尺度であるため，知能を発達的側面，つまり発達の速さという点から考えることを可能にしている（表2-1）。また，検査に要する時間も比較的短時間で，子どもの注意の集中も維持しやすいという利点がある。

　一方で，多面的な知能を1つの尺度で表してしまうため，知能の内的構造などの分析は不十分になる。ところが，人間の知能は加齢に伴って，分化が進むといわれている。そこで，最新の改訂版である田中ビネーV（2003）では，成人については，検査を4領域13下位検査に分け，各評価点や偏差IQ

表2-1 田中ビネー知能検査記録用紙の一部

＊合格問題の番号欄に○印をつける

	番号	問 題 名		番号	問 題 名		番号	下位検査名	得 点
1歳級	1	チップ差し★11	6歳級	49	絵の不合理★44		A 01	抽象語	
	2	大さがし		50	曜日				
	3	身体各部の指示（客体）		51	ひし形模写		A 06	概念の共通点	
	4	語彙（物）★14		52	理解（問題場面への対応）				
	5	積木つみ		53	数の比較★58		A 08	文の構成	
	6	名称による物の指示★12		54	打数数え				
	7	簡単な指図に従う★19	7歳級	55	関係類推		A 10	ことわざの解釈	
	8	3種の型のはめこみ		56	記憶によるひもとおし				
	9	用途による物の指示★21		57	共通点(A)		A 15	概念の区別	
	10	語彙（絵）★24, 25, 37		58	数の比較★53				
	11	チップ差し★1		59	頭文字の同じ単語		A 03	積木の立体構成	
	12	名称による物の指示★6		60	話の不合理(A)				
2歳級	13	動物の見分け	8歳級	61	短文の復唱(B)		A 13	マトリックス	
	14	語彙（物）★4		62	語順の並べ換え(A)				
	15	大きさの比較		63	数的思考(A)		A 11	話の記憶	
	16	2語文の復唱		64	短文作り				
	17	色分け		65	垂直と水平の推理		A 14	場面の記憶	
	18	身体各部の指示（主体）		66	共通点(B)				
	19	簡単な指図に従う★7	9歳級	67	絵の解釈(A)		A 16	数の順唱	
	20	縦の線を引く		68	数的思考(B)				
	21	用途による物の指示★9		69	差異点と共通点		A 17	数の逆唱	
	22	トンネル作り		70	図形の記憶(A)				
	23	絵の組み合わせ		71	話の不合理(B)		A 02	関係	（順番）	
	24	語彙（絵）★10, 25, 37		72	単語の列挙		A 04		（時間）	
3歳級	25	語彙（絵）★10, 24, 37	10歳級	73	絵の解釈(B)		A 05	推理	（ネットワーク）	
	26	小鳥の絵の完成		74	話の記憶(A)		A 07		（種目）	
	27	短文の復唱(A)		75	ボールさがし		A 09	数量の	（工夫）	
	28	属性による物の指示		76	数的思考(C)		A 12	推理	（木の伸び）	
	29	位置の記憶		77	文の完成					
	30	数概念（2個）		78	積木の数(A)				合計得点	
	31	物の定義	11歳級	79	語の意味★85					
	32	絵の異同弁別		80	形と位置の推理★90					
	33	理解（基本的生活習慣）		81	話の記憶(B)					
	34	円を描く		82	数的思考(D)					
	35	反対類推(A)		83	木偏・人偏のつく漢字					
	36	数概念（3個）		84	話の不合理(C)					
4歳級	37	語彙（絵）★10, 24, 25	12歳級	85	語の意味★79					
	38	順序の記憶		86	分類					
	39	理解（身体機能）		87	数的思考(E)					
	40	数概念（1対1の対応）		88	図形の記憶(B)					
	41	長方形の組み合わせ		89	語順の並べ換え(B)					
	42	反対類推(B)		90	形と位置の推理★80					
5歳級	43	数概念（10個まで）	13歳級	91	共通点(C)					
	44	絵の不合理★49		92	暗号					
	45	三角形模写		93	方角					
	46	絵の欠所発見		94	積木の数(B)					
	47	模倣によるひもとおし		95	話の不合理(D)					
	48	左右の弁別		96	三段論法					

■13歳級以下と成人級
の問題を連続実施した
場合の精神年齢

①13歳級までの結果に
よる精神年齢
＿＿＿＿歳＿＿＿＿か月

②成人級実施の合計得点
による加算月数
＿＿＿＿か月

計（①＋②）
＿＿＿＿歳＿＿＿＿か月

＊基底年齢を定めた年齢級
より上の年齢級で合格した
問題数に加算月数をかける

（　）問×1か月＝（　　　）か月
（　）問×2か月＝（　　　）か月
合計（　　　）か月

備考	

が算出できるようにした。そして，以下の偏差IQを使用している。

個人の得点（MA）－同じ年齢集団の平均偏差知能指数（DIQ）
＝1／16×同じ年齢集団の標準偏差（SD）＋100

　なお，2歳0カ月～13歳11カ月の子どもは，従来の知能指数（IQ）を基本
とし，偏差知能指数（DIQ）も算出可能となっている。
　2）ウェクスラー式知能検査
　1939年，アメリカのウェクスラーにより作成された知能検査で，現在も
改訂が重ねられている。成人用，児童用，幼児用の検査があり，現在，わが
国でも，成人用の日本語版WAIS-R（1990），児童用WISC-Ⅲ（1998），幼児
用WPPSI（1967）が標準化されている。
　ウェクスラーは知能について，「人が目的的に行動し，合理的に思考し，
環境を効果的に処理するための，個人の集合的ないしは総体的能力」と定義
し，知能は質的に異なった能力の集合体として構成されていると考えた。そ
れぞれの知的能力を下位検査ごとに測定し，その合計をもって総合的な知的
能力を測定する方法を考案した。それゆえに，ウェクスラー式では，個人の
知的能力内にあるばらつきを把握することができる。また，測定結果は知能
指数（IQ）として算出されるため，特定の年齢群の中で相対的にどのくらい
の位置にいるかを知ることができるし，年代の異なる人同士の知能指数を比
較することも可能である。
　下位検査は，言語的知能を測定する「言語性検査」と非言語的能力を測定
する「動作性検査」に分かれ，それぞれに5つの下位検査がある（図2-1）。
　そして，知能は，個々の下位検査の評価点ごとに，その年齢群の中でどれ
くらいの位置にいるかを示す偏差値に換算され，言語性IQと動作性IQ，そ
して全検査IQとして表される。

言語性検査（Verbal Tests）

			1	2	3	4	5	6	7	8	9	10	11	12	13	14	15	16	17	18	19
1	知 識		·	·	·	·	·	·	·	·	·	·	·	·	·	·	·	·	·	·	·
3	類 似		·	·	·	·	·	·	·	·	·	·	·	·	·	·	·	·	·	·	·
5	算 数		·	·	·	·	·	·	·	·	·	·	·	·	·	·	·	·	·	·	·
7	単 語		·	·	·	·	·	·	·	·	·	·	·	·	·	·	·	·	·	·	·
9	理 解		·	·	·	·	·	·	·	·	·	·	·	·	·	·	·	·	·	·	·
11	（数 唱）		·	·	·	·	·	·	·	·	·	·	·	·	·	·	·	·	·	·	·

動作性検査（Performance Tests）

			1	2	3	4	5	6	7	8	9	10	11	12	13	14	15	16	17	18	19
2	絵画完成		·	·	·	·	·	·	·	·	·	·	·	·	·	·	·	·	·	·	·
4	絵画配列		·	·	·	·	·	·	·	·	·	·	·	·	·	·	·	·	·	·	·
6	積木模様		·	·	·	·	·	·	·	·	·	·	·	·	·	·	·	·	·	·	·
8	組 合 せ		·	·	·	·	·	·	·	·	·	·	·	·	·	·	·	·	·	·	·
10	符 号		·	·	·	·	·	·	·	·	·	·	·	·	·	·	·	·	·	·	·
12	（迷 路）		·	·	·	·	·	·	·	·	·	·	·	·	·	·	·	·	·	·	·

図2-1　WISC-R のプロフィール

$$偏差IQ = \frac{15 \times （個人得点 － 同年齢群の平均得点）}{同年齢群の得点分布の標準偏差} + 100$$

　この検査では，知能の多角的把握が可能であり，学習障害などにおいて見られる知的能力の内的ばらつきの実態を測定することができるところが長所といえる。しかし，一方で，検査にあたっては，全下位検査項目を施行しなくてはならないため，検査時間を要し，被検査者の負担が大きい。したがって，全体的な知的水準を知るだけなら，ビネー式検査の方が適切な場合もある。

2.1.2.2　パーソナリティ検査

　パーソナリティとは，一定の環境におけるその人の思考と行動を特徴づけるものであるが，パーソナリティの定義については，パーソナリティの章（6章）に譲ることにする。パーソナリティ検査とは，その人のパーソナリティを知るのに役立つ情報を獲得することを目的としている。パーソナリティ検査は，質問紙法・投影法・作業検査法に分類することができる。

　1）質問紙法

　「はい」「いいえ」の2件，あるいは，それに「どちらでもない」を加えた

3件の選択肢で回答させるものである。客観性が高く，採点・分析も比較的簡便である。そして，一度に多人数に試行できるなどの利点もある。しかし，質問の文章を正確に理解できる人が対象となることを想定していることや，検査の意図が比較的わかりやすいため，ある程度は被検査者が答えを操作することが可能であるなどの短所もある。

　a．TEG（東大式エゴグラム）

　エゴグラムは，バーン（Berne, E.）が創始した交流分析をもとにして，デュセイ（Dusay, J. M.）により作成された。当初，人の行動を決定する自我状態を5つに分け，それを棒グラフで表したが，その後質問紙による数量的処理が可能になった。その1つが，1984年に，東京大学心療内科教室によって初版が刊行され，1999年にさらに改訂された新版東大式エゴグラム（TEG）である。TEGの質問は55項目ある。

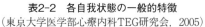

表2-2　各自我状態の一般的特徴
（東京大学医学部心療内科TEG研究会，2005）

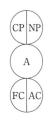

図2-2　自我の機能モデル
（東京大学医学部心療内科
TEG研究会，2005）

批判的親（CP）	・責任感が強い ・厳格である ・批判的である ・理想をかかげる ・完全主義
養育的親（NP）	・思いやりがある ・世話好き ・やさしい ・受容的である ・同情しやすい
成　人（A）	・現実的である ・事実を重要視する ・冷静沈着である ・効率的に行動する ・客観性を重んじる
自由な子ども（FC）	・自由奔放である ・感情をストレートに表現する ・明朗快活である ・創造的である ・活動的である
順応した子ども（AC）	・人の評価を気にする ・他者を優先する ・遠慮がちである ・自己主張が少ない ・よい子としてふるまう

ここでいう自我状態とは，思考・感情・行動パターンを包括したものであり，「親」(Parent:P)，「大人」(Adult:A)，「子ども」(Child:C)に分類される。親と子どもはそれぞれ2つに分類される（図2-2，表2-2）。これら5尺度の高低や相互関係から，自我の状態を分析し，自己分析や自己成長に役立てていくのが目的である（図2-3）。

　b．Y-G性格検査

　ギルフォード（Guilford, P.）らの研究をもとに，谷田部達郎が，日本人用に作成した検査である。構成は，12尺度各10問ずつ，全部で120問の質問項目でできている。結果は，特性論をもとにした情緒安定性・社会適応度・活動性・主導性などのプロフィールと類型論に基づく5つの型で表される。教育や産業界で活用されることが多い。

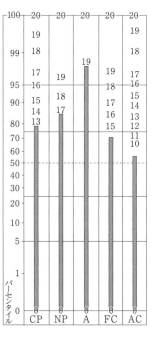

図2-3　TEGエゴグラム

　c．MMPI（ミネソタ多面人格目録検査）

　1939年にミネソタ大学の心理学者ハサウェイ（Hathaway, R.）を中心に開発された検査で，アメリカでは多く使用されている心理検査である。日本でも有名であるが，アメリカほど活用されていない。もともと精神病患者の判別が目的であったが，心理学者と精神医学者とでは精神的病についての捉え方に相違があることから，そのずれを埋めるための試みも担っていた。精神的身体的健康，家族，職業，教育，性，社会，政治，宗教，文化など多岐にわたる550の質問からなり，心理的健康とパーソナリティの特徴が分類できる。主に，医療機関にて活用されている。

　2）作業検査法

　簡単な仕事をさせてみると，その仕事ぶりにその人の性格が表れるものである。それを応用したのが作業検査法である。言語的な回答は求めず，一連

の決められた作業を課すので，被検査者に検査の意図が伝わりにくく，反応歪曲が起きにくいこと，言語を介さないので外国人との比較ができるなどの利点がある。しかし，限られた性格特性のみしか測れないという短所もある。

代表的な作業検査法として，内田クレペリン精神検査法がある。これはクレペリンの連続加算法をもとに，内田勇三郎がつくった日本独自の検査法である。単純な足し算を一定時間続け，その作業に意欲的に取り組む態度や，興奮の度合い，疲労度，慣れ，練習効果などの出方を見ることで，精神活動レベルや，感情の安定度などを推測していく。

3）投　影　法

たとえば空の雲を見て何を思い浮かべるかといったことにも，個人の性格が表れる。投影法は，曖昧な刺激に対してどのように反応するかを見ることで，その人の性格を知ろうとする試みである。検査を受ける者にとっては，何を測られているのかが推測しづらいので，意図的な反応歪曲が起きにくく，無意識が表出されやすくなる。さらに，人間の心はそもそも曖昧なものなので，その測定に投影法は適している。しかし，検査としての信頼性・妥当性は，質問紙法に比較すると低くなり，さらに，分析や解釈には，専門的知識と熟練が必要になるなどの特徴もある。

ここでは代表的な投影法であるロールシャッハ・テストとTATについて紹介する。

a．ロールシャッハ・テスト

スイスの精神科医ロールシャッハ（Rorschach, H.）により1921年に作成されたものである。臨床現場で最も使用頻度の高い心理検査である。インクのしみのような曖昧な絵柄が印刷された10枚のカードを1枚ずつ提示して，それが何に見えるかを問うものである。それにより，被験者の認知・知覚の特徴，情緒表出の仕方・対人関係の持ち方，セルフ・イメージなどのパーソナリティ構造，社会適応度や病理水準などを読み取っていく。

b．TAT

ハーバード大学のマレー（Murray, A.）が中心となって，1935年に考案された，20枚ほどの絵を見て自由に物語をつくってもらう投影法である。そ

の物語の分析から被検査者のパーソナリティを明らかにしていく。

　TATの解釈の基本は，マレーが提唱した欲求—圧力分析である。物語の主人公は被検査者自身であることが多く，主人公の衝動・願望，意図など，その人から環境に向かって発する力（欲求：need）と，環境から主人公に発せられる力（圧力：press）を分析すると，被検査者の行動の支配的な動機と環境の捉え方が理解できるといわれている。

2.2　心　理　療　法

　心の悩みは人間の生きているところなら，どこにでも，いつの時代にもある。そして悩める人々に寄り添い，援助する営みも常に存在した。かつては地域社会の中の長老であったり，僧侶や聖職者が，悩める人々に対しての心のサポート・援助を行っていた。今では「精神病」と呼ばれる心の問題も，かつては，聖職者や魔術医，シャーマンがかかわってきた領域であった。ところが現代のように都市化が進み，地域社会との結びつきが希薄になると，かつてのように精神的な拠りどころを地域の寺社や聖職者に求めることは少なくなってきた。そこで現代では「臨床心理士」や「カウンセラー」という心理的援助を専門とする職業が登場してきた。人間の心理に対する専門的援助の本格的な先駆者となったのが，20世紀初頭のフロイトの精神分析である。それ以来，さまざまな心理学的立場から多くの心理療法の技法が登場し，今や数千を超えるといわれている。本節では，心理療法の中でも代表的なものを紹介していく。

2.2.1　精神分析的心理療法

　精神分析は20世紀初頭にフロイト（Freud, S.）によって創始され，その後臨床経験が蓄積されて，継承発展されてきた心理療法の技法とその理論の体系である。現在の心理療法の分野で用いられている理論や技法，概念の多くが，フロイトの精神分析から何らかの形で影響を受けているといっても過言ではない。

2章　心の援助　　29

人間の意識には，普段自覚している意識のほかに，自覚していない無意識という心の領域があり，その無意識がわれわれの日常のさまざまな行動に影響を及ぼし，時に心の病理をも生み出すと考えられる。精神分析では，このような病理のもととなる無意識を意識化し，自我によってそれを統制できるようになることを目的としている。

　医師であったフロイトは，ヒステリーの患者を催眠状態に置き，意識の中からは忘却されている発病当時のことを逐一語らせた。すると患者は忘れていた記憶を激しい感情表出とともに思い出した。それと同時に，不思議なことに症状そのものが消失するということを体験した。この体験からフロイトは無意識という心の領域の存在と，それが意識に影響していることに注目した。患者は過去に苦痛な体験をしたが，何らかの理由でそのときの感情を意識的に体験できず，その感情を記憶とともに無意識へと抑圧し，押し込めてしまっていた。転換ヒステリーと呼ばれる奇妙な症状群（四肢の麻痺，言語障害，視力障害など）は抑圧された感情が不自然な形で表出したものであると考えた。

　ヒステリーの治療体験をもとに，フロイトは，無意識にあるものが日常のさまざまな行動に影響を及ぼし，時には心の障害をも生み出すと提唱した。精神分析的治療においては，このような病理のもととなる無意識を意識化し，自我によってそれをコントロールできるようにすることを目的としている。そのために治療者とクライエントは同盟を結び，無意識に支配されている心の状態に対して自我の支配権を回復させようとする。

2.2.1.1　無意識という要因

　人間の心理行動は本人でも気づくことのできない無意識的心理によって動かされている側面がある。周囲の人から見ると，本人は当然意識し体験しているであろうと思われるような依存や愛情や憎しみ，怒り，苦痛などの感情を，意外にも本人は意識しておらず，気づいていないということも，よくあることである。

　この種の意識されない情緒が外的・社会的要求と出会うことによって個人の心の中に葛藤が引き起こされるが，この葛藤もまた本人には自覚されてい

ないことが多く，無意識的な葛藤となる。この葛藤がもとになって個人の不適応行動や心身の病的状態が引き起こされると考えるのが，精神分析的（精神力動的）考え方である。また，これらの葛藤から種々の感情（不安，罪悪感，恥の感情）や自我のあり方が引き出される。精神分析的心理療法の治療者（分析家）は，そういったクライエント（被分析者）の感情反応や行動の意味を知るとともに，そこから個人の精神内界（心の世界）を理解する重要な手がかりを得る。

　本格的・古典的な精神分析では，1回約45〜60分のセッションが週に3〜4回以上行われ，それが数年以上にも及ぶことが多い。現代の日本では，実際には時間的・経済的な理由などから頻度を減らすなどして，本格的な精神分析ほど厳密でなくとも，精神分析の技法と理論を応用して精神分析的心理療法として実施されているものが多い。また適用の範囲も，ヒステリー・神経症だけでなく，さまざまな心の問題へと広げられている。

2.2.1.2　精神分析的心理療法の5つの特徴

　ここでは精神分析的心理療法の5つの特徴を挙げ，それぞれに触れることによって精神分析的心理療法について概観したい。5つの特徴とは，①心的葛藤の意識化，②治療契約と作業同盟，③転移，抵抗の分析，④治療者の中立的・受動的な態度と方法，⑤対話的自己洞察法と解釈技法の5点である。

　1）心的葛藤の意識化

　精神分析的心理療法の目的は，心的葛藤の意識化に置かれている。これは，個人の無意識の内にしまい込まれている，受け入れがたい苦痛，怒り，不安あるいは恥・嫉妬などのさまざまな感情体験や空想などを，自覚的に理解（意識化）できるようにすることである。また同時に，それらの感情や空想に伴うクライエントの性格傾向や対人関係様式を知り，問題の発現に至らしめた内的生活史を治療者とともに再構成（再理解）していくことが治療の眼目となる。

　2）治療契約と作業同盟

　上に挙げた目的を達成するには，治療者とクライエントが治療について共通の目的と理解を持った「治療契約」と「作業同盟」のもとで行われること

2章　心の援助　　*31*

が必要となる。

　まずクライエントと治療者が治療契約を結ぶことによって，治療者とクライエントの交渉の仕方（治療構造）が規定される。治療構造には，内面的治療構造と外面的治療構造とがある。外面的治療構造とは，面接場面の雰囲気や条件，治療者とクライエントの空間的配置の仕方，面接回数や期間，料金の規定，入院か通院かの選択などのことをいう。一方，内面的治療構造には，治療上のルールやキャンセルの仕方など現実的な取り決めなどが含まれる。治療構造は，この構造がいったん設定され準備されると，今度はこの「治療構造」によって治療者もクライエントも影響を受けるようになる。したがって，治療構造の構造設定が治療関係にどのような心理的影響を与えるかについて十分に熟慮しなければならない。

　まずこれらの構造に守られて，クライエントは普段の人間関係の中では話せないような心の奥深くまでを治療者には打ち明けることができ，分析者に対する信頼，愛着も強まるのである。これらの取り決めをきちんと守ることによって，現実生活と分析空間の分化が起こる。また，クライエントが治療者に親近感を感じれば感じるほど，治療構造が冷たく他人行儀で邪魔なものと感じられて，それを壊したり乗り越えたいと思い始めることもある。このような場合，クライエントの期待にそのまま応じてしまうと，治療関係の中に極端な依存関係が生じてしまったり，関係がこじれてしまったりする。どこまでが治療者の実像でどこまでがクライエントの転移なのかということがはっきりしなくなる。構造が守られていないと，このように治療者―クライエント間の適正な関係や距離が保ちにくくなってくる。現実生活と分析空間の分化には，現実と空想との境界をクライエントに対して明確に示すという意味もある。治療者は，治療のためにも，クライエントにとってあくまでファンタジー（空想）を投げかけられる存在でなければならない。それが現実的な生の人間関係になってしまうとクライエントがファンタジーを投げかける余地を奪ってしまうことになる。構造を守ることによって，治療者―クライエントの間の適正な関係や距離を保ち，防衛，抵抗，転移の分析が意味あるものとなるのである。

治療契約を結ぶことで，治療者とクライエントの間には作業同盟（治療同盟；working alliance）が結ばれることになる。したがって，この同盟関係は契約に基づく同盟関係であるということになる。作業同盟を結んだ治療者とクライエントは，治療のはじめから両者の間で，どのような気持ちの動きや感情の流れが起こってくるのか（精神力動）を共に見守っていくことになる。したがって，治療者だけでなくクライエントにも自分の気持ちの流れや，感情の動きを見守っていける能力や，観察していこうという一種の研究的な姿勢が期待されるが，このような能力や姿勢を「作業同盟」と呼ぶ。

　治療者はこの治療契約，作業同盟を基盤にして，無意識に妨害されているクライエントの自我の支配力を回復させ，心の葛藤の解決を目指すことになる。このことを可能にするには，社会的な責任能力をもっている神経症水準のクライエントが精神分析的心理療法の対象となる必要がある。十分な責任能力を持ちえない小児や重症の精神障害者（精神病圏内，重度の人格障害など）の場合は治療契約が守れないため，作業同盟を形成するのが困難な場合が多い。

3）転移・抵抗の分析

　精神分析的心理療法の治療者は問題解決のため，直接的な支持や指導は極力避けて，「転移と抵抗の分析」という間接的な治療技法によって解決を図ろうとする。治療は，治療場面で体験する「今ここで（here and now）」の情緒的体験を媒介にして進められていくが，その際に治療者に対してクライエントから種々の感情（転移感情）が向けられてくる。

a．転移（transference）

　治療初期にはクライエントに対して十分な関心をもって傾聴する治療者に，クライエントは尊敬や信頼，愛情を向けてくる場合が多い。このような治療者へのクライエントの肯定的な感情のことを陽性転移（positive transference）と呼ぶ。治療関係の中で陽性転移が生じると，クライエントの症状が一時的に軽減したり，治療的交流もスムーズになり，クライエントは治療者から，ますますの愛情や信頼を得ようと期待するようになる。

　しかし，これらのクライエントの期待や願望は，治療者が中立性や受け身

性の原則を貫くため，満たされることはない。すると，クライエントは次第に欲求不満に直面することになり，治療者を信頼できなくなったり，治療者に向けていた愛情が今度は不信感や怒りなどの陰性の感情に変化する。このようにして治療者に向けられる否定的な感情を陰性転移（negative transference）と呼ぶ。陰性転移が生じると，それまでは一見症状も安定し改善したように見えていた治療過程が，陰性転移の出現とともに，症状が再現したり，クライエントが治療者を避けがちになったり，遅刻や欠席，無断のキャンセル，面接中沈黙が続くなどの状態（行動化）が出てくる。こうした治療関係の交流の停滞や障害を，治療の「抵抗（resistance）」と呼ぶ。

　ｂ．抵抗

　抵抗にはクライエントの意図的，意識的な反発も含まれるが，大部分は無意識的な反応である。この反応は治療契約や後述する分析状況の葛藤性に由来して引き起こされるものである。

　精神分析的心理療法において，分析状況は最初から葛藤が引き起こされるようにできあがっていると見ることもできる。すなわち，クライエントは治療契約によって自由連想の中で「何でも自由に批判選択せずに話すこと」を約束するが，その緊張感に耐えねばならない。他方で治療者からは時間をかけて痛みや苦痛を聞いてもらい受容される体験をするわけで，こうした治療者の対応はクライエントにとって葛藤的な体験となる。

　クライエントはこの葛藤的な分析状況を立て直すため，その人固有の適応の仕方や防衛機制で対応するが，防衛は必ずしも成功しない。むしろ連想がわかずますます沈黙がちになったり，特定の話題を避けて話し続けたり，治療が苦痛に感じるようになったり，偶然の欠席および遅刻などの行動化も出現する。これが治療の交流，進展の障害となる転移性の抵抗である。

　ｃ．転移分析

　治療状況の中で出現してくる陽性・陰性の転移関係は，そのクライエントの幼児的な願望，幻想，衝動などの表現されたもの，つまり，幼児期以来両親との間で繰り広げられた基本的課題（内的願望や衝動，対人関係のあり方や葛藤などの症状形成に関与していた問題）が分析状況の中で治療者との間で再現され

たものである。こうして，かつて両親との間でつくられた神経症（起源神経症）が分析状況に再現されてくる（転移神経症）ことになる。起源神経症の形では直接的に取り扱えなかった内的葛藤（症状）は，今や分析状況での治療者との転移関係（転移神経症）として，目に見え治療操作が可能となる。

たとえば，クライエントは，治療者と会っているうちに，「やはりこの分析者も自分のことを『だめなやつ』と思っているに違いない」と思い込むことがある。治療者に向けられたこのような感情はクライエントが過去に親や重要な人物との関係の中で無意識的に感じてきたことの再現であることが多い。転移分析とは，これが生じてくる「からくり」を分析し，クライエントの自己理解を促すことである。

このような起源神経症から転移神経症への分析状況を介した治療過程の中間領域（間接化した治療操作）を「転移分析」と呼ぶ。

4）中立的・受動的な治療者の態度と方法

転移・抵抗の分析を治療手段とするには，治療者自身が十分に自分自身をコントロールした中立性（neutrality）を守り，受動的な態度と方法を身につけていることが必要である。

ここでいう受動的な態度とは，何もしないことではなく，クライエントの話への傾聴を心がけるとともに，問題となっている無意識内容に直ちに直接的な解釈を加えたり支持することを控え，クライエント自身の気づきと改善を見守る態度が要請される。

中立性とは，治療者が自分自身の宗教的・道徳的な価値判断や理想を押しつけずに，自由な立場でクライエントの内面と自分らしさを尊重する心のあり方のことである。また，クライエントが治療者に抱く欲求や期待を満足させようとする誘惑などからも自由であることが要請される。

以上のような治療者の態度を維持するには，治療者からクライエントに無意識のうちに向けられる逆転移（counter transference）の自覚が必要となる。たとえば治療者は転移や抵抗の出現によって，クライエントから神のように崇められたかと思うと，無能者のように蔑まれ，不信感を向けられるなどの様々なクライエントからの感情反応にさらされる。その際に，治療者が自分

2章　心の援助　35

を偉大な人格者だと思い込んでしまったり，逆に無価値な人間だとみなしがちになってしまう場合がある。これは治療者の側に，もともと存在した無意識的な願望やパーソナリティの問題が，クライエントの感情との関連の中で生じ出たもので，逆転移感情と呼ばれる。逆転移の十分な洞察は治療者にとってクライエントの転移や抵抗を正しく認識し分析操作するうえで治療者に与えられた不可避の課題である。

　分析者が自らの逆転移をきちんと認識する必要があることには，もう一つ理由がある。すなわち逆転移的な感情というのは，分析者の無意識がクライエントの無意識を認識し反応しているという現象なのであるから，クライエントの無意識を理解するうえで最も有効なセンサーともなりうるのである。分析者が，クライエントとの関係における自分自身のあり方をきちんと認識することが，治療のための重要な材料となるのである。そのために治療者は教育分析や自己分析を行い，絶えず自己自身を認識するように心がけねばならない。

　5）対話的自己洞察法と解釈技法

　精神分析的心理療法は，言語を媒介にして，対話形式によってクライエントの自己洞察を目指す治療的アプローチである。クライエントは分析場面においてさまざまな態度や行動を示したり，症状や問題点，趣味や関心事，夢や空想生活などを思いつくままに自由に連想するが，どうしてそのようにふるまったり連想するのかについてあまり意識しないままにしていることが多いし，無意識のうちに潜在的な抵抗を示していることもある。治療者はクライエントの何げない言動や抵抗現象を通して，クライエントの精神生活の中に幼児的な衝動や対人関係の葛藤，特有の防衛方法などが潜んでいることを読み取り，その理解をクライエントが了解しやすい言語や比喩を用いて伝えるが，この洞察に導くために与える言葉や説明のことを「解釈」と呼ぶ。

　治療場面で用いられる言語によるかかわりは以下の3つである。

　a．明確化（clarification）

　これは，クライエントが面接の流れの中で語っていながら，自分では気づいていない潜在的な情緒や葛藤を治療者が言葉にして伝え返す介入のことで

ある。

b．直面化（conforontation）

クライエント本人が否認し目を背けている心的現実やその本当の意味づけ
を指摘し，現実検討を促す介入のことを直面化という。

c．解釈（interpretation）

明確化，直面化がクライエントによって語られた素材，行動化された材料
を使って行われる技法であるのに対して，解釈はむしろ本人に気づかれては
いないが，クライエントが盲目的，機械的に反復している無意識的動機や因
果関係について治療者が取り上げることである。

d．徹底操作（working through）

明確化，直面化，解釈などの技法によってなされる言語的介入が，クライエ
ントの新たな連想を引き起こし，それがまた治療者に伝えられるという，言
語を媒介にした対話の連続的営みが何度も繰り返し繰り返し行われる。この
ような言語的な繰り返し（徹底操作）を通して初めて「ああ，そうだったの
か」と安心感を伴った情動的な自覚が促され，クライエントの心の防衛に
よって深くしまい込まれていた，惨めな情緒体験や葛藤を解きほぐしていく
ことができる。

2.2.1.3　精神分析的心理療法の治療過程

精神分析的心理療法は概ね以下の段階を通る。

1）治療開始準備期

治療の開始にあたって精神分析的心理療法がクライエントにとって適用可
能かどうかについて，十分に吟味するために，力動的診断面接を数回設定し
て，治療対象の問題点を明らかにし，適切な治療法を吟味することになる。

2）治療契約

上の準備の後，治療を続ける約束を治療者，クライエント双方で行い，治
療が開始される。

3）導入期

治療に導入されたクライエントは，さっそく分析状況の葛藤性に直面させ
られる。受容とストレスの葛藤的な体験に対して，次第にクライエントは退

2章　心の援助　37

行的で幼児的な状況に組み込まれていく（治療的退行）。

4）防衛・抵抗分析期

治療的退行が生じる過程で，クライエントは何とか日ごろの防衛方法で立ち直ろうと努力し始める。この際に用いられる防衛方法や行動様式は，その神経症的な適応パターンを表しているが，治療者はこれを明確化や直面化を通してクライエントに理解，洞察させるためのよき場面として，この状況を用いる。

2.2.2　分析的心理療法

2.2.2.1　ユングの臨床経験から

分析的心理療法とは，スイスの心理学者・精神科医C. G. ユング（Jung, C. G.）によって始められた心理療法である。ユングはもとはフロイトに師事する者のひとりであった。その中でも後継者にしたいとフロイトが望んでいたほどの存在であったにもかかわらず，やがて意見の食い違いからフロイトと袂を分かち，独自の道を歩むようになった。

ユングのもとを訪れたクライエントの3分の1は，神経症などの精神的な疾患に苦しんでいる人ではなく，むしろ人生の意味や目的を見失って苦しんでいる人々であった。また，クライエントの3分の2は人生の後半に位置する年代で，社会的にも一応の成功を収め，地位や名誉も得た人たちであったが，それだけでは満足できず，これからの，すなわち後半の人生をいかに迎え，何をしたらよいのかという課題に直面している人たちであった。

2.2.2.2　ユングにとっての無意識（集合的無意識）

ユングは自らの自己分析の体験をもとに，人生後半の課題に対する指針は，自らの無意識がもたらしてくれると述べている。無意識の生み出すイメージは，個人の正常な精神的活動を破壊したり脅かしたりする一方で，個人の存在そのものの本来の意味を見出していく建設的なはたらきをもっていることを見出した。

フロイトがすべてを性的な観念に還元する因果論的な見方をしていたのに対して，ユングは無意識が生み出すイメージそのもののあり方を重視した。

またクライエントの提示する問題や症状の原因を解明しようとする因果論的立場だけでなく，それが何のために生じ，どこを目指しているのかを見極めようとする目的論的な見方も重視した。彼は人間の夢や統合失調症患者の妄想，さらに世界中の神話・伝承などを題材として，人間の無意識が生み出すイメージそのものの研究に生涯をささげた。その結果，人間にはフロイトのいう個人的な無意識の層だけでなく，その奥にはそれぞれの家族や民族によって共有される無意識や，さらに人類全体に共有される無意識が存在すると考え，それを「集合的無意識」と名づけた。「集合的無意識」を構成するのは，人類全体に共通した一定のイメージの形態であり，これを「元型」と名づけた。人間はあくまでも意識によって無意識を把握することは不可能であるが，そのときどきの意識の状態に対応した無意識の状態を，意識がイメージとして捉えたその心像のことを元型イメージと呼ぶ。たとえば人が危機的な葛藤の中に置かれたときに，元型は夢・箱庭・絵画などの中にイメージとして現れる。個人の個性化や自己実現のプロセスを導いていく。この力の発現を理解し，個性化のプロセスを促すよう援助していくのが分析的心理療法である。

2.2.2.3 補償の原理

夢は常に意識を補償する形で現れる。夢の中には意識的体験の不十分なところ，未完のところなどを補うような夢がある。意識がある方向に極端に偏った場合，無意識はそれと逆の方向に戻そうとする動きをするからである。タイプ論（6章）の箇所でも述べられているように，この人間の心を一つの全体としてその均衡を保とうとする働きのことを補償といい，補償の原理はユング心理学の鍵概念である。

夢の補償の働きが強くて意味のあるものであればあるほど，それは個人の意識にとっては不快なものであることも多く，時にはそれは「破滅」や「死」というイメージで現れることもある。夢の意味が個人に本当に納得されるようになるには，それなりの忍耐と，夢イメージに対する率直さが要求される。というのは，夢は常に未来を一部先取りするようなところがあり，無意識の動きに意識が順応するには時間を要するためである。そのような先取りも，

明確な「予言」や「指針」としてもたらされるのではなく，未来のありよう
の大まかなスケッチのようなものとして示されることが多い。

2.2.2.4　個性化の過程

ユングは個人が無意識的なイメージに直面しつつ，自己を統合していく過
程を「個性化の過程（individuation process）」と呼んだ。心理療法の目的は，
そのような個性化の過程を歩むことを援助することにあり，意識的な自我の
働きとかかわる現実的な不適応や症状という目に見える問題の背景には，意
識的なあり方を補償し，自己の全体を統合しようとする無意識の働きがある
と想定した。

クライエントの訴える症状や問題は，ある意味では個性化の過程を導くた
めのきっかけとして起きてくるものだとユングは考えた。したがって，問題
に対する対応としては，原因を究明する（因果論的視点）だけでは不十分で，
むしろその意味や目的を見ていこうとする視点（目的論的な視点）が必要だと
考えた。

2.2.2.5　無意識の世界の現実

分析心理学的心理療法では，夢のイメージを無意識的な心的「現実」とし
て見る態度が必要である。ユングは「夢には『とにかくそうなのだ』という
しかないようなところがある。それは善でもなければ悪でもない。とにかく
状況がそうなっているということの描写であって，そこには推論や思惑など
は存在しない」と述べている。ユングは夢に出会って（とくに自分の夢に）神
秘的な思いをしたり，当惑したりしたということを漏らしている。夢によっ
て示される無意識の世界は善悪の判断さえも超越した「聖なるもの（ヌミノー
ス）」の世界である。したがって夢を理解するためには，感情体験の吟味だ
けでなく，神話的な知識など種々雑多な知識や知見を動員するという知的な
努力が不可欠である。

2.2.2.6　心理療法の過程

クライエントの状況によって治療目標は異なってくるが，ユングは心理療
法の目的には次の4つの段階があると考えた。

1）告白

意識的，無意識的に心の中に抑圧して秘密にしていたことを治療者の前で，すべて感情を伴って語ることによって，その問題を解放しようとすることで，フロイトが「ヒステリー研究」の中で見出したカタルシス（浄化）といわれる治療法である。クライエントは心の中にある悩みや問題を治療者に感情を込めて語り，それに治療者は耳を傾ける。それによってクライエントの心の負担が軽くなることが多い。

2）解明

クライエントの表現する不可解な感情や行動を，クライエントの過去における経験をふまえて明らかにしていく方法であり，フロイトの精神分析過程がこれにあたるという。このような解明によってクライエントの心の深層が明らかにされることになる。

3）教育

クライエントは自らの内面に目を向けるだけではなく，社会的存在として適応可能な自分になっていくための教育が大きな課題となる。アドラー（Adler, A.）は，人間の心の中に存在する社会的感情を非常に重要なものと考えた。彼は人間の本来的弱さ（劣等感）に対する補償的な働きとして，社会的感情の重要性を指摘し，教育によって，そのような感情を育てていく必要性を指摘している。ユングはアドラーの提示した社会適応の問題を，「ペルソナ」の成長の問題として取り組んだ。

ペルソナ（persona）は，語源をたどるとギリシャ語で「仮面」という意味の語にたどりつく。ギリシャ演劇は仮面劇で，登場人物は仮面を付けてそれぞれの役柄を演じる。ペルソナは「仮面」という意味から，登場人物が演じる役柄という意味に転じ，やがては人柄，人となりを意味する語へと変遷をたどっていった。

ユングにおいてペルソナは，個人がそれぞれの置かれた立場にいて演じなければならない「役割」を意味している。たとえば，家庭においては「父親・母親」や「長男・長女」，職場においては上司や部下，学校においては教師と学生などの役割を，われわれはそれぞれ場面に応じて演じ分けている。

役割としてのペルソナが上手に演じられるようになると，スムーズに組織や環境に適応することを助けることになる。

ペルソナは外に対しては役割を演じるための「仮面」の役割をするが，内においては外からの干渉や侵入を阻む障壁，守りの「器」としての役割も果たすことになる。外に対してペルソナが十分に身についていることによって，個人の人格の変容，すなわち「個性化の過程」にじっくりと取り組むことが可能となる。ユングは人生の前半，すなわち青年期までの課題は，ペルソナの発達にあると考えた。

4）変容

心理療法には，告白，解明，教育という3つの課題があるが，さらにその次の段階として「変容」という課題を挙げている。個性化の過程において生じることは，治療者とクライエントとの間の全人格的な相互作用によって起こってくる変化であり，この過程がユング派の治療の中心的課題と考えられている。

ユングはそのようなクライエントの内的変容過程を記述するために錬金術を比喩として用いている。

2.2.2.7 イメージの活用

ユング派はその治療実践においてイメージをとても重要視することが特徴である。無意識について知るためには，そこから自律性をもって産出されてくるイメージが内的探求の手がかりとなる。無意識の中には個人的無意識のほかに個人を超えた集合的（普遍的）無意識が存在し，その中にはすべての人に共通する基本的な型（元型）が存在する元型が意識内に浮かび上がってきたもの（元型イメージ）としてイメージを考えることができる。

2.2.2.8 夢分析について

イメージの中でも最も一般的に用いられるのが「夢」である。ユング派の心理療法の中で，夢分析は中心的な役割を果たすものである。

1）ユング派の夢についての観点

ユングはフロイトのように夢を抑圧された願望の変形とはみなさなかった。彼はクライエントの夢のイメージの背後に隠された願望を見つけようとする

のではなく，夢のイメージそのものを心の現実（psychic reality）として受け止めた。

2）夢の働き

ユングは夢の主たる働きを意識的な態度を補償することであると考えた。確かにわれわれが見る夢は，昼間の覚醒している間に体験したことの繰り返しであることも多い。しかし，それでいて夢の内容は昼間の体験そのものとはどこか違っていることが多い。このように夢はわれわれの昼間の意識体験の反復である一方，それを補うような形で表れることも多い。

夢は，時に単なる補償の領域を超えて，未来への指針をもって現れてくることもある。これがいわゆる「予知夢」と呼ばれることがある夢である。また，意識の補償でもなく，予知夢でもなく，無意識の世界をそのまま描写する形で自発的に発現してくる夢もある。こうした夢は，誰もが見るものではなく，限られた人のみが見る夢であるということは，昔から人間が考えてきたことである。こうした夢は，いわゆる近代合理主義が支配する以前の社会では，"big dream（大いなる夢）"と呼ばれて，共同体にとって重要な意味をもつ超越的な存在（神，自然）からのメッセージとして受け止められた。そうした不思議な夢が表れると，特異な能力をもった夢見手のもとに地域の人が集まって，超越者からのメッセージを聴くという習慣がかつては存在した。

同じような夢を繰り返し見るという場合もある。これは何らかの理由により個人が夢の内容を自我の意識の中に統合することができずにいるため，繰り返し出てくる夢であると考えられる。これにはフロイトが反復強迫と呼んだ，たとえば兵士が戦争中の苦しい体験（塹壕体験）を繰り返し夢に見るという場合もある。あまりにも恐怖と不安に満ちた体験であったため，その体験自体を意識が受け入れ，統合しきれずにいるため，統合できるまで繰り返し反復的に表れる夢である。ほかには，無意識の重要なメッセージを意識が十分に捉えきれなかったり，見当違いな捉え方をしているために繰り返し見る場合もある。

3）夢の構造

ユングは夢は演劇に似た展開をすることが多いと考えた。たとえば，起

（場面の呈示），承（その発展），転（クライマックス），結（結末）の4段階の構造をした夢を見ることが多い。もっとも，すべての夢がそのような構造を持っているわけではなく，最初の問題の呈示だけで終わる（それしか思い出せない）場合もある。

　夢にこうした劇的な構造や展開の仕方を見ることの意義は，心理療法の治療過程にもそのような展開を予想することができるからである。夢分析の最初にクライエントがもってくる夢のことを初回夢（イニシャルドリーム）と呼ぶが，初回夢には，クライエントが抱えている問題の本質や，治療の進行，予後を考えるうえで重要な意味を持っていると考えられる題材が暗示されていることが多いとユングは考えた。

　4）拡充法

　ユングは夢に現れたイメージを意識と無意識の相互作用の産物として重視し，夢に対する夢見手自身の連想を重視した。分析的心理療法では，フロイトのようにイメージの背後に隠された（個人的）願望を探求しようとするのではなく，そのような夢のイメージでしか表現できない心のあり方を理解しようとする。

　そのためには夢のイメージに対して，個人的連想以外の「雑学」的な知識も重要となる。意識的な関与の少ない夢の場合，どうしても個人的な連想は乏しくなる。そこでユング派の夢分析では拡充法という方法を用いる。すなわち，夢の内容と類似の主題をもった神話や昔話，文学や映画，世界中の迷信や習俗など，夢の素材の意味を豊かにふくらましていくために有用なありとあらゆる素材を利用する。

　こういった知識や情報は，あくまでも夢の素材を豊かにするためであり，一つの意味を確定的にあてはめるために用いられるのではない。

　5）客体水準と主体水準

　夢を理解するためのユング派の視点として，夢を「客体水準」と「主体水準」とに分けて捉えようとする考えがある。

　客体水準とは，たとえば，特定の人物が出てくる夢を見た場合，実際にその人にかかわる出来事として理解しようとする視点である。一方，主体水準

とは、「ある人」が自分の内的な対象の置き換えとして捉えられる場合である。

たとえば、「自分が死ぬ」という夢を見た場合、客体水準では実際に自分に起きるかもしれない身体的危機に対する警告として受け取ることも可能となる。一方、主体水準では、今までの自分（の態度や生き方）が死んで、新たに生まれ変わる「死と再生のテーマ」という普遍的な課題の現れとして理解することもできる。

主体水準と客体水準のいずれで理解するか、もしくは両方で理解するかということは、夢見手の置かれている状況や、さまざまな要因を総合して夢分析の中で一応の判断がなされ、その後の夢の展開の中でその夢の解釈は検討・確認されていくことになる。

6）夢の危険性

夢のメッセージは個人の意識が考えつかないような可能性や方向性を示してくれることがある。だから夢分析者は無意識がもたらす夢のメッセージに信頼を置くのである。しかし、夢のメッセージや無意識を過大に評価し過ぎる危険性についてもユングは述べている。われわれの意識の役割を認めることも大事なことである。無意識的世界を過大評価するあまり、個人の意識の決定力を減弱させてしまわないように気をつけるべきである。あまりにも美しい夢や魅力的な夢のイメージに出会うときなどはとくに注意深く、慎重に対応する必要がある。かといって、夢を過度に危険視して、夢のイメージに近づこうとしないで逃げ回るような態度も問題である。夢のイメージの探求には、大胆にして、かつ細心な探険家、求道者のような態度が必要なのである。ここが他の心理療法と比べ、ユング派の分析的心理療法家が独自に重視すべき点である。

7）分析者の適性

ユング心理学の独自性は、夢やイメージ、箱庭などの芸術表現を、そこに表現された内容そのものとしてではなく、「象徴」として理解しようとするところにある。そこが自然科学をモデルとしてきた従来の心理学・心理療法と異なる。したがって分析者はイメージに対して開かれた態度で臨み、あらゆる知識を駆使してイメージの拡充をクライエントとともに行おうとする態

度が要求される。それには，神話や宗教，文学，芸術など，あらゆるジャンルの知識や教養が役に立ち，いわゆる「雑学」と呼ばれるような知識も重要な役割を果たすことが多い。そのため分析者には，心理学や心理療法の専門知識にとどまることなく，さまざまな分野の知識に対して開かれた幅広い関心を持っていることが望まれる。

2.2.2.9 能動的想像

能動的想像（active imagination）とは，無意識から現れてくる情動，ファンタジー，観念や夢のイメージなどを批判することなく，自由に思い浮かべて，対話し，それを記録していく方法である。能動的想像を試みる人は，まるで映画を見ているように対象を眺めることが勧められ，可能であればその対象と「対話」が試みられる。

能動的想像を実施する際の注意点としては，対象として実在の人物を選ばないことが無難である。実在の人物を選んでしまうと，内的なイメージと実際のその人物のイメージが混同してしまい，その人物に対する感情が能動的想像のプロセスに混入してしまう可能性がある。また，実在の人物を選んだ場合，意識の関与が強くなり過ぎて，能動的想像内容が表層的になり過ぎる可能性もある。

能動的想像を実践するには，かなりの意識のコントロール能力が必要となる。そのため，ある程度の健全な自我の発達ができていることが前提となる。能動的想像においては，個人的なレベルを超えた集合的な無意識にかかわるイメージが表現される場合があるため，自我の弱い人には危険な方法であるともいえる。こうした危険を統御しながらイメージを観察し，記録するためには相当の意識の関与が必要となる。そのような記録をとることができないと，無意識に流されてしまう場合が多い。

能動的想像の記録の方法としては，想像の過程を文章で記録するのが最も一般的であるが，視覚的に描いたり，音楽にしたりする場合もある。

2.2.2.10 布置（コンステレーション）

ユング心理学は，現象を因果論的にではなく，全体として，意識，無意識を含めて共時的に理解しようとするところに特徴がある。たとえば，無意識

の中でテーマとなっていることが現実の出来事（たいていは思いがけない出来事）として偶然に起こることがよくある。

　ユング心理学では，その出来事の意味をクライエントと治療者を取り巻く全体の中で考えようとする姿勢のことを，布置（コンステレーション）を見る，あるいは読むといういい方をする。クライエントのコンステレーションを読むためには，治療者は自らの無意識に対して開かれた姿勢を持っていることが必要である。たとえば治療中に治療者自身が見るクライエントについての夢をクライエントを理解する際の重要な手がかりにしたり，拡充に用いるということはユング派の中では一般に行われていることである。

2.2.3　クライエント中心療法
2.2.3.1　創始者C.ロジャース

　クライエント中心療法（client centered therapy）は，人間中心療法（person centered therapy）と呼ばれることもあるが，この療法の創始者はC.ロジャース（Rogers, C.）である。ロジャースは1930年前後の心理療法，とくにフロイトの精神分析学と行動療法を学んだ。クライエント中心療法はフロイトへの批判から出発したといってもよい。ロジャースはフロイトの精神分析学について，治療者がとかく権威的になり，一方的に解釈を与える態度になりがちなことに批判的であった。当時は病理学的な理解に基づく精神療法が主流を占め，その中では患者の病理学的な診断が重視され，それに基づいて治療者が治療方針を立てるという方法が主流であった。また，治療のプロセスの中では，治療者が能動的，指示的な態度でクライエントに接し，働きかける方法が主にとられた。

　一方，行動主義心理学（行動療法）に対しては，とかく人間を対象化して「物」として扱い，その行動を操作しようとする方向性があるとして批判した。こうした当時の心理学および心理療法への批判と，ロジャース自身の臨床体験に根ざした研究から，クライエントに対して対等で誠実な人間として出会うことを重視する立場が築かれ，「クライエント中心療法」と命名されるようになった。

ロジャースは1942年に発表した著書『カウンセリングとサイコセラピー』の中で，当時の，診断を重視した診断的理解に基づく方法を根底から批判した。また治療者の能動的・指示的（directive）な態度に代わって，支持的（supportive）で共感的な態度こそがカウンセリング場面では必要であることを強調した。この方法の背景には，クライエントの中に内在する成長の可能性を全面的に信頼するという人間観があり，それに対しては非指示的で共感的な治療者の態度・技法を用いて，人間の成長可能性を解放することこそ最も効果的で望ましい治療法であると主張した。

　ロジャースのこの考え方と技法の背景には，当時アメリカで急速に普及していた精神分析療法への不満や批判，ランク（Rank, O.）の意志療法，ゲシュタルト心理学などの影響がある。とくに治療者の側が大きな権威を持ってしまうと，クライエントの主体性や自発性を軽視しがちとなり，第三者による客観的な分析や認識が，往々にしてクライエント自身の認知世界よりも優先されてしまう傾向があること，あるいは過去の生育経験を現在直接の経験よりも重視する傾向があることなどを大胆に批判し，それまでの心理療法へのアンチテーゼとして「非指示的カウンセリング」を提唱し，その出現は当時大きな反響を引き起こした。

　その後，1951年の著書『来談者中心療法』では，「非指示的」と呼ばれた技法を中心的に説くことから，より治療者の基本的な面接態度を重視する方向へと変化が生じた。この傾向は1957年の論文「治療的変化に必要かつ十分な諸条件」で一段と鮮明になった。

2.2.3.2　人間性心理学（humanistic psychology）

　ロジャースは，後にマズローらとともに人間性心理学あるいは人間性心理療法と呼ばれる動向の中心的推進役となった。この運動は，当時盛んであった心理療法への批判から出発し，より対等な人間としてクライエントに接し，その人間性への理解と尊重によって本人の自発的な成長を助けようとする立場であった。

　人間性心理学の流れに属する心理療法には，クライエント中心療法のほかに，現存在分析，実存分析，ゲシュタルト療法などがあり，心理療法の第三

勢力とも呼ばれていた。

2.2.3.3　クライエント中心療法の技法

1）簡単な受容と反射（reflection）

クライエントは混乱しており，自分や外界に対して，さらには外界との関係の持ち方に対して否定的であることが多い。そのような混乱や否定の感情を受容していくために，「ウン，ウン」「そうですか」「なるほど」など，適切なあいづちを含め，クライエントが表現し得ているものに対して，全体として治療者が肯定的な関心を寄せているということが表明される。

さらに，クライエントの表現した話の中に浮かび上がってくる混乱，失望，怒り，悲しみ，葛藤，孤独感，喪失感などの感情が受け止められ，それがクライエントに伝え返される。「誰もわかってくれないように思えるんですね」「どうにもやりきれなくて苦しいんですね」，というようにクライエントの感情を伝達することによって，自分の感情を明確につかみ直すことになり，より感情表出が促進されるようになる（感情の反射）。

2）明確化（clarification）

これには2つの側面があり，第1は，面接の要約という側面である。たとえば，「だいぶ楽に話せるようになってきていますね」というのは，カウンセリング関係の要約である。第2は，漠然と表現されたもの，背後にあって焦点がつかみにくいものを明確にするという側面である。「私にはあなたがもっとお父さんと離れていたいといっているように聞こえますが」などのように，治療者が問題や焦点を明瞭にしていくのである。

3）自己開示（self-disclosure）

治療者が，問題となっている事柄に関して自分自身の経験や判断を述べることをいう。たとえば，「私もそんなときには絶望的な気持ちになると思いますよ」が自己開示の例である。しかし，自己開示のタイミングや問題に対する焦点のあて方によっては，カウンセリング関係をより複雑にし，クライエントを混乱させることもあるので注意が必要である。

2.2.3.4　治療者の態度

ロジャースが治療者に必要な基本的条件として挙げているものは，共感的

な理解，治療状況で治療者が自由に自己の真実の姿を解放すること（真実さ：congruence or genuineness），人間としてのクライエントのいかなる特徴をも条件をつけずにありのままに受容し尊重すること（無条件の肯定的関心：unconditional positive regard）の3つに集約される。

　共感的理解とは，クライエントの苦しみを前にして，その苦しみを実感を持って感じることである。しかし必ずしも相手の気持ちと同じになるということを意味しているのではない。たとえば，クライエントが耐えきれないほどの不安を抱えているとき，カウンセラーまで不安になってしまえば，その人を援助することは不可能となる。真実性（genuineness）とは，カウンセラーが自らを偽ってまで，クライエントに共感を示したり，温かくふるまおうとすべきではないということである。自分を偽ることは必然的にカウンセラーの態度を不自然なものにしてしまい，そういう無理が重なると，いざというときにクライエントを裏切るような結果になりかねないからである。無条件の肯定的関心とは，クライエントに対して，批判をしたり説得をしたりすることを差し控えることである。その人なりの生き方や価値観を尊重し，そこから出てきた言葉に温かい関心を寄せながら耳を傾けるということである。

2.2.3.5　ロジャースのクライエント観

　ロジャースのクライエント中心療法には，クライエントの内面について理論的に構築した理論はないが，基本的にはユングやフロイトと共通している。ロジャースは，クライエントは自分の体験の重要な側面（本来の自己から発するもの）を認識していないか，あるいはその体験を拒否しており，それゆえに緊張や不安が強く，自分を信頼することができない状態に陥っていると考えた。そうなったのは，周囲から押しつけられた「価値の条件」（人間はこうであってはならない，こうあってはならない，こうでない人間は肯定されない）に縛られ，自分をそうした条件に合わせることに気を奪われているからである，と考えた。

2.2.3.6　クライエント中心療法の基本条件

　クライエント中心療法が成り立つための基本的条件として，ロジャースは下記の5つの条件を挙げている。

第1の条件は，まず2人の人間がおり，両者2人の人間が心理的な接触を持っていることである。

　第1の人物をクライエントと呼び，第2の人物を治療者と呼ぶことにする。クライエントと治療者の間には一定の意志の疎通があり，かかわり合うことができて初めて心理療法関係が成り立つ。

　第2の条件は，第1の人，すなわちクライエントは不一致（incongruent）の状態にあり，傷つきやすい，あるいは不安定な状態にあることである。

　第3の条件として，治療者は，この関係の中では一致して（congruent）おり統合されて（integrated）いることが要求される。

　ここでいう一致（自己一致）とは，有機体としてのその人自身の経験（身体感覚に根ざし，身体感覚と密着した自己の経験）と，他者からの評価や他者の価値観を受け入れながら形成した自己概念との間のずれが少ない状態であり，安定している状態のことをいう。この経験と自己概念が大きくずれているほど不一致であり，クライエントは自分を信じられず，不安定な状態に陥る。その不安に対処するために不適切な防衛を用い，ますます不安定な状態になっていく。一方，治療者は少なくとも心理療法関係にあるときは，自己一致していることが要請される。ロジャースは自己一致と同じような意味で，「真実さ（genuineness）」という言葉も用いている。これは，治療状況の中で治療者がクライエントを前にして感じた自己の真実の姿を解放し表現すること，表現できることをいう。

　第4の条件は，無条件の肯定的関心（unconditional positive regard）である。治療者はクライエントの価値観や好みや行動様式がどのようであろうと，自身のそれとどんなに違っていようと，そのありのままの姿を肯定して関心を持つ（存在そのものの肯定）ことが必要である。このような治療者のかかわりによって，クライエントは「価値の条件」から解放される。

　第5の条件は共感的理解である。治療者はクライエントの内にある内的枠組み（internal frame of reference）について，共感的理解（empathic understanding）を経験しており，この経験をクライエントに伝達するように努めている必要がある。内的枠組み（準拠枠）とは，その人の内的世界を構成するもの，あ

2章　心の援助　　*51*

るいはその構成のされ方であり，治療者はそれを自分自身のもののように理解し，その理解を伝えて共有しようと努めなければならない。

第6の条件は，共感的理解と無条件の肯定的関心をクライエントに伝えることが最低限度は達成されることが必要である。

2.2.3.7　自己治癒力，自己成長力への信頼

上述の6つの基本条件が満たされ，それが一定期間継続すれば，建設的なパーソナリティ変化が生じるはずで，これ以上どのような条件も必要ないとロジャースは主張した。彼は，人間の内面には自己理解，自己概念，基本的態度，自発的行動を変化させていく資質が内在しており，これらを促進する条件が整えられさえすればその資質は必ず現れるものだと考えた。それを促進する条件が上記の6つの条件であって，一定期間持続する心理療法の中にそれが整えられる必要があると考えた。

2.2.3.8　体験過程療法

1958年ごろから，クライエント中心療法の治療過程について研究が進むに従って，個人に気づかれてはいるが，その内実については適切にありのままに象徴化されることのまれな，全有機体的な過程としての感情の流れ（experiencing）が重視されるようになり，それに対して個人がどのようにかかわっているかが中心に据えられるようになった（体験過程療法）。このような変遷は，カウンセリングの対象者の変化とも関連がある。初期に児童やその親のカウンセリングや遊戯治療の経験が治療法の形成に貢献したが，中期には大学生とのカウンセリングから強い影響を受け，近年では統合失調症患者との治療的かかわりが，実践と理論の両面にかなり重要な修正（とくに治療者の真実性の強調）をもたらす結果となった。

2.2.3.9　心理療法家の訓練

クライエント中心療法では治療者のかかわり方（聴き方，話し方）が最も重要な方法となる。まず，治療者が安定して自分の中心に身を置く態度（自己一致）を保つことが必要である。そして，クライエントの示すどのような態度もどのような内容の話も，共感的に受け入れること（無条件の肯定的関心），そして治療者がクライエントについて得た共感的な理解をクライエントに伝

え返すこと（反映）が大切である。時にクライエントにより明瞭な自己理解を促す問いかけ（非指示的リード）も行うことがある。治療者がクライエントの話を聴いて自らが感じたことを率直に伝え，それを通して指示や肯定をより明瞭に示すこと（自己開示；self disclosure）をする。言葉でいうことは簡単であるが，実際に治療者がクライエントに対してこのようなかかわり方を行うのは非常に難しいことである。実際には，クライエントの話を聴いているうちに，治療者の心の中には反発したくなったり，批判や指導をしたくなる気持ちが必ずわき起こってくる。

　そこで，治療者の訓練が非常に重要な課題となる。クライエント中心療法ではクライエントの同意を得て，面接状況を録音して記録に残すことが多い。その録音された面接記録を何度も聞き返したり，経験のある治療者にスーパービジョンを受けるなどの研鑽が治療者には求められる。また，クライエント中心療法の治療者を目指す人には，一定期間の教育分析を受けることが義務づけられている。教育分析とは治療者もしくは治療者を志す人が，自らクライエントとなって，別の治療者からクライエント中心療法の治療を受ける体験をいう。

2.2.4　行動療法

　行動療法とは，学習心理学・行動主義心理学に基づいた心理療法的アプローチのことである。学習心理学の理論では，人間は"タブラ・ラサ（ラテン語で「白紙」の意味）"に近い状態で生まれてくると仮定して，人格や行動を決定づけるのは遺伝的素質ではなく，むしろ個人をめぐる環境的な要因であると考える。したがって，さまざまな心理的問題は，誤って学習された結果や習慣，もしくは適応的な行動や反応をいまだ獲得していない結果や状態であると考える。行動療法では個人の環境的な要因を操作する介入を行い，達成を客観的に確認できる行動の目標を定め，行動を変容させたり，不都合な行動を消去したり，適応的な行動のあらたな形成を目指す。その際，問題となる行動がどのような刺激によって起きているか，どのような学習（刺激と行動の結びつき）が成立したために起きているかを把握しようとする。そして，

2章　心の援助　　53

それがクライエントにとって好ましくない学習であれば，再学習を促すという試みを行う。

2.2.4.1　系統的脱感作法

ウォルピ（Wolpe, J.）が古典的条件づけに基づいて始めた逆制止療法の代表的な方法で，恐怖症や不安障害に適用される。ウォルピは神経症的な不安とは，古典的条件づけによって学習されるものであり，交感神経系の過剰な興奮によって生じ，副交感神経系によって起こる筋弛緩反応によって抑制できると考えた。

具体的方法としては，クライエントに不安や恐怖の感情を引き起こすいくつかの場面を思い出してもらい，それに主観的な不安・恐怖の強さに応じて，1点から100点の不安得点をつけさせる。そして最も強い不安を感じる場面から，最も弱い不安しか感じない場面までの「不安階層表」を作成する。次にゆったりリラックスした状態で，不安の弱いものから繰り返し思い出させ，そしてリラックスさせる，ということを繰り返す。この不安の想起とリラックスを繰り返すことにより，不安をとり除いていく。ある段階の不安がとり除かれたら，階層表にある次に強い場面を想起させ同じことを繰り返す。このように，弱いものから段階的に不安反応を消去していく方法のことを系統的脱感作法と呼ぶ。

2.2.4.2　嫌 悪 療 法

アルコール依存や薬物依存に対して用いられることが多い方法である。たとえば，アルコールを摂取すると嘔吐感を伴うような薬物を投与させることによって，問題行動を消去していこうとする。

2.2.4.3　モデリング

初期の行動療法は，刺激—反応—強化の連鎖からなる「条件づけ理論」に基づいていた。しかし1970年代から，個人の心の中で起こる見通しや判断といった認知的な活動の果たす役割がより注目されるようになった（認知的機能主義）。バンデューラ（Bandura, A.）は対人関係行動の形成は，自ら行動して直接強化を受けるという経験がなくても，他者の行動を観察するだけでも達成されることを実験的に証明し，モデリング（代理学習）という考え方を提唱

した。

　たとえば不安障害のクライエントに対して，他者が行っている適応行動を示して見せ，それをクライエントが模倣できそうなものから段階的に少しずつ模倣するように指示する。うまく模倣できた場合には，ほめるなどの強化を行って新しい行動の獲得を促す。このように適応的な行動を強化することによって不安を解消し，不安によって制止されていた適応行動の促進を図る。

2.2.5　認知行動療法

　バンデューラ以降も，行動に及ぼす認知の機能を重視する研究の発展が相次いで起き，臨床の現場においても認知的変数の操作によって治療的介入の試みがなされていた。エリス（Ellis, A., 1987）とベック（Beck, A. T., 1963）の両者は，もともと精神分析の訓練を受けた精神科医であったが，より明確な治療効果を求め，無意識や性的発達理論，防衛機制などといった仮説的概念を排除して，行動療法の理論と技法を積極的に取り入れながら個人の認知の変容を治療目標とした独自の治療技法を開発した。

　ここでいう認知とは，クライエントの持つ思考や信念，予期や期待，自分自身のふるまいに対する見通しのことである。認知行動療法においては，不適応問題の発生や維持には，これら認知がかかわっていると考える。

　たとえば「慣れない人と接するとひどく緊張してぎこちなくなってしまうため，入りたての学校や職場などになかなか適応できない」というような悩みがあったとする。このような問題の背景には「人に悪い印象を与えてはならない」という個人的思い込みや，「あの人は私のことを嫌っている」というような裏づけのない思い込みが背後に隠れていることが多い。このような考え方，つまり認知はクライエントの緊張をさらに強めたり，適切な反応や行動を妨害し続けたりする。認知行動療法では，このようなさまざまな認知的な歪みに焦点をあて，これらの非現実的な認知が個人の情緒や行動に及ぼしている影響を評価し，それらの認知を適応的な認知へと変容させていくことによって，情緒の安定や行動の修正を図る。それに加え，考え方が変わることによって気分や行動も変化するということを，クライエント自身に

2章　心の援助　　55

繰り返し経験してもらうことで，「考え方を変えれば，情緒や行動を自分で
コントロールできる」という自覚を促す。このようなセルフコントロール技
術の獲得のために，日常生活を送る中で，問題の場面への対処法を学ぶこと
ができるよう援助する教授法という側面も治療の中に組み込まれている。

　この技法でまずすることは，クライエントがどのような問題を持ち，困難
な状況でどのような症状（情緒的反応，行動的反応，生理的反応，認知的反応）を
経験しているかを明確に把握することである。何らかの評価表を用いること
で客観的に査定し，治療が展開している間も，段階ごとに評価し続けていく。
たとえば対人場面で不安を感じる子どもに対して，対人関係場面で不安を感
じることなくふるまうことができるという行動に対するセルフエフィカシー
（自己効力感）の測定（表2-3）を治療中も毎週行ったりする。その結果，治療
者もクライエントも問題を具体的な反応として理解することができるし，治
療経過や治療効果が理解しやすくなり，セルフコントロールの手がかりとも
なる。

表2-3　セルフエフィカシー測定項目（前田他，1987）

これから一週間，あなたは次のことをどれくらい不安を感じないで行うことができると思いますか。その見通しをたてて，0～100の適当なところに○印をつけて下さい。	全くできないと思う　　　　　　　　　　　　　　　　　確実にできると思う
	0　10　20　30　40　50　60　70　80　90　100
1.学校でそうじをしている	
2.休み時間，廊下を歩くことができる	
3.デパートなどの人ごみの中を歩くことができる	
4.体育の時間に，みんなが見ているところで実技をする	
5.朝礼や集会などで，ならんで話を聞くことができる	
6.登下校の途中，通学路を歩くことができる	
7.授業中，指名され立って本を読むことができる	
8.家族4人で食事をすることができる	
9.体育館で剣道をやっている	
10.教室で給食を食べることができる	
11.授業中,黒板に書いてあることをノートに写すことができる	

最初の「多面的アセスメント」という段階において，問題状況（緊張する状況）でどのような症状を経験しているかなどを細かく査定する。情緒的・行動的・生理的・認知的反応のすべてを測定し，さらに，それらが特定の状況で一時的に起こるものなら「反応パターン」，状況や時間的違いを超えて持続的な構えであれば「反応スタイル」と，2つに分けて整理する。また「なぜこの症状が維持されているのか」という観点から，「機能分析」を行う。機能分析では，①脅威の対象や状況などを細かく把握し，それら外的要因がクライエントの認知や行動にどのような影響を及ぼしているかを分析する。続いて②クライエントがそれをどう捉えているのか，③その認知が行動や情緒・生理的反応にどのような影響を及ぼしているのか，また④その体験とその結果をクライエントがどのように捉えているのか，⑤最後にその結果がその後のクライエントの情動や行動にどのような影響を及ぼしているのかを治療者が分析する。以上の分析により問題が整理できたら，クライエントが自分の状態を把握できるように，(A)心身にどのようなことが起こっているのか，(B)それらの症状はどのようなメカニズムで維持されているのか，(C)改善すべき点とは何か，(D)どのような治療法が考えられるか，(E)治療の効果としてどのようなことが期待できるかについて詳細に説明を与える。このような心理教育的なセッションを設けることで，セルフコントロール能力の向上を図る。

　以上のプロセスを経てから，治療プログラムが実施される。多く存在する治療技法の中から，それぞれのクライエントに効果的と思われるものを選択して計画を立てる。その多くは，①クライエントが自己の行動や認知を自己観察する，②具体的な対処法を獲得していく，③偏った考え方の不合理性に気づかせ，適応的な考え方を身につけていくといったプロセスを共通に含む（坂野雄二，1995）。

　認知行動療法の技法は数多くあるが，その一部として，問題状況における自分自身の状態を具体的に観察し，記録し，評価する「セルフモニタリング（自己監視法）」というものがある。自己の行動，認知，気分など客観的に数値にしながら記録していく。また，セルフモニタリングにより自らの認知を観察できたら，その認知の歪みや不合理性，過剰性などを，治療者とクライ

2章 心の援助　*57*

エントとで話し合いながら確認する。さらに適応的な認知にはどのようなものがあるかなどについても検討し，現実場面に適応できるよう練習する「認知の再体制化」という方法も行う。各段階の練習の結果についても「困難を感じた状況の内容」「気分や身体の状態」「気分の強さ（0～100）」「どのような考えが浮かんだか」「その考えに相反する合理的な考え」「気分の変化」を観察し記録しながら，情緒や行動の変化について繰り返し確認し，より適応的なものに慣らしていく。治療者は望ましい変化が見られたときには積極的にクライエントを賞賛し，自信を強める強化を行うことが大切である。

　アセスメントや治療の過程において，段階的な「ホームワーク」というものをクライエントに課すことが多い。ホームワークの課題にはクライエントが成功経験を得やすいものを設定し，望ましい反応を強化する機会を増やしてクライエントの自信を強めていく。

　そのほかには，脅威場面に曝露しながら習慣化された回避行動を変容させたりする技法（脅威場面への曝露：exposure）もあるが，その際にも適切な対処スキルをロールプレイやモデリングなどを通じて獲得させたりする。たとえば，面接の最中に，クライエントが現実場面で苦手としている人物の役を治療者が取り，クライエントにいつものようにふるまってもらう。そのときに浮かんだクライエントの否定的な考えや気分を訊いて，それに対する工夫や別の考え方はないかなどを2人で話し合う。さらに役割を交換して，話し合った工夫や改善点をふまえて治療者がクライエント役を行って，クライエントにその感想を訊く。再度クライエントが自分役を工夫しながらやってみて，変化について訊いてみる。これらの結果としてどのような変化が生じるのかを自覚させることなども，セルフコントロール能力を高めるため必要となる。

2.2.6　集団心理療法

2.2.6.1　集団心理療法とは

　心の問題について，個人内の葛藤や不適応に焦点をあてるのではなく，むしろ対人関係を中心に取り扱っていくのが集団心理療法である。個人心理療

法においても，個人を対人関係的プロセスから切り離されたものとして扱うわけではなく，社会的文脈に意識を向けながら話を聴くが，集団心理療法では直接的に相互作用の中での理解・解決を試みる。病気や障害を対人関係・相互作用の問題と捉え，人は相互作用の中にいるのが普通であるから，集団自体を分析や治療の対象にするという立場である。

　第二次世界大戦によって心理臨床的サービスの需要が増したことをきっかけとして，それまで個人の心理療法で用いられてきた技法を集団治療に適合させようという試みがなされた。その当時は，集団療法とは経済的便宜性などからやむを得ず提供されるもので，個人療法より劣る治療法であるという意識が心理療法家の中にはあった。しかし後に，個人療法とは異なる集団療法独自の効力が注目され始め，集団心理療法独自の価値が認識されるようになってきた。集団というものが単なる個人の集合を超えた独自の働きを持ち，治療的な機能をつくり出すと考え，集団機能を中心とした治療を行い，個人のみならず組織の有効な機能発揮を促すものとしても広く施行されるようになった。また，ある種の人に対するときは，個人療法より適した治療法とみなされる。たとえば，安定した個人心理療法関係が成立し難いクライエントや，人格障害，統合失調症，行動化（acting out）傾向の強い思春期・青年期のクライエント，同一性障害，非行やアルコールや薬物依存などの嗜癖に対しても効果が確認されている。

　最初の集団療法は，1905年アメリカの内科医プラット（Pratt, J. H.）の「教授的集団心理療法（結核患者学級）」であるといわれている。25人の重症結核患者に定期的なセッションを設けて，身体状態，生活状態などについて話し合ったり感情の分かち合いをしたりしながら，プラットの介入や講義を受けるうちに集団にまとまりと相互扶助の雰囲気が生まれ，患者の孤立感とうつ状態が解消されたという。また，ジョーンズ（Jones, M. S.）は，心気的訴えのある傷病兵の集団に生理機能について講義しているうちに，メンバーの横のつながりや家族友人との関係という要因が，講義の内容よりも治療的影響力を持つことを見出した。このように当時は，講義という目的で始めた集団セッションから，メンバーの相互関係や集団の治療的力動の洞察が生まれたの

であった。以後，大きな流れとしては1920年代にウィーンの精神科医モレノ
(Moreno, J. L.) が，即興劇という表現手段の形式を用いた心理劇（psychodrama）
という治療形態を始めた。1930年代アメリカではスラヴソン (Slavson, S. R.,
1934) が精神分析的集団精神療法を旗揚げした。さらにイギリスの精神分析
家，ビオン (Bion, W. R., 1959) が集団理解に関する説（規定想定モードと呼ばれ
る初期不安対処のために生ずる3大現象としての依存，闘争・逃避，つがい）を発表し，
その後の集団治療理論の発展に大きな影響を与えた。

　1940年代アメリカでは，ゲシュタルト心理学者のレヴィン (Lewin, K.) と
その弟子たちが，集団力学の理論をもとに対人的機能の発揮を目的として
Tグループを発展させた。「Tグループ」のTは「人間関係訓練グループ」
(human relations training group) あるいは「対人的感受性グループ」(interpersonal
sensitivity training group) のtrainingのTである。また，クライエント中心療
法の創始者ロジャースは，Tグループと彼自身のクライエント中心療法の原
理を人格的成長を促すために応用し，基本的エンカウンター・グループ
(basic encounter group) というグループ技法をつくった。集団療法には上記の
ようなものに加え，シナノン（麻薬嗜癖者などを対象とした治療共同体），作業療
法，レクリエーション，芸術活動，生活療法など，話し合いのみならずさま
ざまな作業を仲介に行われるものや，ファシリテーター中心というよりも共
通の悩みを持った人々で積極的に集団を維持していく，自助グループという
形態のものも多い。

2.2.6.2　集団心理療法の設定とその意義

　集団精神療法とは，複数の患者対ひとりないしは複数の治療者による治療
法である。平均7～8人，多いところでは20～30人ほどのグループに，ファ
シリテーターやコンダクターと呼ばれる者がひとりないしは複数参加して，
1セッション90分ほどの話し合い時間を持つのが，共通する特徴である。

　ファシリテーターは医師や臨床心理士，ソーシャルワーカーなど治療に関
する専門的なトレーニングを受けた者が行うのが常である。この役割を「セ
ラピスト（治療者）」と呼ばない技法が多いのは，多くの集団療法では，あえ
て集団で行うことの意義として，ひとりの代表が治療者となることよりもメ

ンバー同士が相互に治療的に作用する可能性を見ているからである。メンバーそれぞれが治療者とも患者ともなりうるような空間であることが前提にある。グループには初回から同じメンバーだけで継続していくクローズド形式のものと，後からでも入りたい人があれば入れていくオープン形式とがある。期間，回数を限定して設定しているものもあれば，半永久的に継続していくものもある。

ヤーロム（Yalom, I.）は集団心理療法の治療的要因を以下の11点にまとめている。

1) 希望の注入（Instillation of Hope）

他の患者がよくなるのを見て，自分もという希望を持つ。自分自身の変化や成長の体験のみならず，他のメンバーの変化・成長の場に居合わせることにより，将来についての希望を持ち始める。他の人が治療的援助を求めながら改善しようと努力している姿を見て，治療に対する信頼と希望が増えることもある。また他のメンバーが自分を激励し援助してくれることもある。

2) 普遍性（Universality）

話し合い，気持ちの分かち合いを経て，他のメンバーも自分と同様の苦悩や傷つき体験を持っていることを理解するようになる。傷ついているのは自分だけだという思い込みなどで深刻化していた状態が，同様の苦しみを味わっている人たちがいると気づき，悩みなど情緒的苦悩の普遍性を認識することにより安心感を得て，孤立感から解放され，問題をより広い視野から眺めることができるようになる。

3) 情報の交換（Impanting Information）

集団内では，リーダーや他のメンバーなど多くの他者が指導者となりうるので，メンバーは自分自身について有用な助言や暗示・情報を得る機会や，学ぶ内容の選択肢が多い。相互に情報の交換を通して，具体的な説明や示唆を得ることができるのである。病気についての講義や人生・生活上の指導や情報提供なども比較的積極的に行われる。

4) 利他主義（Altruism）

他の患者を助けて，自分が役に立つという体験が多くある。グループメン

2章　心の援助　　61

バーは最初は自分に対して無価値感を抱いている人が多い。しかし，他のメンバーを援助していくうちに，次第に自分自身の中の肯定的な側面，すなわち，他人の力になることができるということに気づくようになる。こうして自らの親切が相手の親切を呼び起こすというような相互作用が起こり，個人の中の健康な自己愛が刺激され利己主義から利他主義へと変化していく。

5）家族の再演技（The Corrective Recapitulation of the Primary Family Group）

過去において家族との間に生じた心理的葛藤と同様の葛藤がグループの中で再体験されやすく，それゆえ，その葛藤についての理解がより深まる。また，グループを家族と同様に感じるようになり，より家族を理解し受容できるようになる。

6）対人関係技術の向上（Development of Socializing Technique）

集団が対人関係スキルの学習に適した独自の環境を提供するという役割を果たすことがある。集団の中で相互学習するうちに，対人関係のスキルが上達し，より適切な人間関係を展開できるようになる。

7）同一視（Imitative Behaviour）

人のまねをしながら自分の行動を考えることができる。リーダーを尊敬し，リーダーと同じように行動したり，他のメンバーを模倣したりする動きも多い。リーダーや他のメンバーの肯定的側面を模倣し取り入れることにより，自分が同じような状況で行動する際の助けになる。

8）対人関係から学ぶ（Interpersonal Learning）

メンバー間相互関係上のさまざまな体験を通して，自分自身のわからなかった部分，受容できなかった部分に気づき，自分の問題の原因についてあらたな理解を得て，受容できるようになる。相互コミュニケーションの体験を重ねるごとに，自分が他者にどのように見られているのか，自分の表現がどのように他者に受けとられるのかなどについての認識を増すので，自己理解が促進される。

9）集団凝集性（Group Cohesiveness）

次第にメンバーの中に集団への所属意識，われわれ意識（we-consciousness）というものが生まれ，育っていく。凝集性とは集団がバラバラにならず一つ

に結びつける働きをする連帯感などのことである。凝集性が増すにつれて各メンバーの安定感も増大し，くつろいだ雰囲気が集団の中に醸しだされ，メンバー間の交流も盛んになる。凝集性の高い集団にいる人たちの特質として，①より生産的である，②より安定している，③他のメンバーからの影響に対して開かれている，④他のメンバーに影響を及ぼそうとする傾向が大きい，⑤集団規範をよく遵守する，⑥メンバーであることを高く評価し長く維持する，⑦より自由に敵意を表現する（Yalon, I. & Rand, K., 1966；Goldstein, A. P., Heller, K. & Sechrest, L. B., 1966；Bednar, R. L. & Lawlis, G. F., 1971）という事実が報告されている。集団療法における凝集性は個人療法における関係にあたるものであり，最も基本的な治療要因の一つである。

10) カタルシス（Catharsis）

親しみ心を許せるメンバーの中で自らについて語ることによって，重荷を降ろすような感覚を味わう体験をする。集団の方が1対1のカウンセリングより力動的な人間関係の体験が起こりやすいというケースも多い。自分自身について，あるいはリーダーや他のメンバーについての肯定的な感情や否定的な感情，主にそれまで抑制していて外に出せなかった感情を表現し，それが受け止められることにより解放感や安心感がもたらされる。実際，他のメンバーに思い切って怒りや憎悪を表現しても，それで関係が崩壊するよりも，言いにくいことを言い合えるような関係が育つきっかけとなり，コミュニケーション関係の強化が起こることの方が多いという。こういったことから，内的拘束からの解放感を経験し，同時に対人関係をもっと深く自由に探索する能力を獲得できる。

11) 実存的要素（Existential Factors）

このようなグループ・プロセスの体験の中で，生きることは楽ではないこと，人生には回避することのできない苦悩や葛藤があることを実感することができる。そしてその問題に対しては最終的には自分ひとりで直面し，受け入れ，責任を取るしかないことを自覚していく。また，その現実と何とか折り合いをつけることを学んでいく。このことを可能にするのは，同じように苦悩し受け入れ難い現実と何とか折り合いをつけようとしている集団のメン

バーとの出会いである。

　集団療法では，これらの要因が時間をかけさまざまな体験を通して段階的にメンバーの間に浸透していくのである。最初のうちは治療集団といえども集団凝集性が乏しいものである。各メンバーは利己的に自分のことばかりを問題にしており警戒心が強い。集団凝集性というものは，メンバーの相互作用や話し合いを通して徐々に相互援助や友愛関係の兆しが生じてから，自分自身や他のメンバーの内的な問題に触れ，集団全体としての動きについてもその力動機制に深く言及するようになって，やっと高まってくるのである。凝集性が高まると，メンバーはお互いに他メンバーの問題から学ぶことが多くなり，自分と同様な悩みが他人にもあることを知り，集団は徐々に一種の共通した感情を持つようになる。相互学習のサイクルの中で成長が助長され，メンバー相互の親密さがさらに増して凝集性がより強まると，自己理解，他者理解，人間関係理解，悩みや問題解決が効果的に進み，各メンバーのパーソナリティの健全化がさらに進むのである。

2.2.7　家族療法

　児童や青年期の人々については，家族と切り離しては治療できないという考えもある。個人精神療法でも母子並行面接という形などで家族への働きかけを重視した介入を行うことは多い。治療過程に親がかかわることで，児童の問題とそれに対する家族の影響を話し合い，児童の行動変化のための家族調整を援助したりするものである。また，統合失調症患者の治療にも家族の参加が必要であるという考えが1950年代から強まった。いわゆる家族療法というものが発展してきた背景に，統合失調症の病因を家族関係の歪みに帰する研究があった。

　ベイトソン（Bateson, R. D., 1965）らは，統合失調症の病因の中心概念として，二者関係において一方が相手に言語的メッセージを発すると同時にそれと矛盾する非言語的メッセージを与えている場合に，相手は混乱した状態に置かれるという「二重拘束（double-bind theory）」というものを提唱した。これは子どもが母親から言葉では「愛しているよ」といわれながら，母親の行動の

中に拒絶がそこはかとなく表されているような場合や，言葉で自己の権利を守れといわれながらも，実際は親に逆らわないよう求められていたりする場合などがその例である。

　また，個人の症状や問題行動は「家族ホメオスタシス」の作用の結果生じたものであり，家族システムの均衡を維持させるのに役立っているということにベイトソンらは気づいた。家族にはある一つの不変の状態を維持しようとする傾向があり，その中の一員の状態が改善されると家族の他のメンバーに障害が現れたり，一員の治療的進展を阻害してでも一つの普遍の状態を維持しようとする動きが他のメンバーから自ずと出現したりする。このような家族内のあるひとりの人間が変化するとシステムの他の部分も変化するという，それ独自の全体性をもつシステムを「家族ホメオスタシス」という。

　家族療法では，初めに問題や症状を訴えた人，つまり最初に問題や症状が顕在化し家族療法に至るきっかけとなった家族メンバーを「IP (Identified Patient)」と呼ぶ。これはこのときたまたま「患者とされる人」という意味である。あえてそう呼ぶ意図というのは，この人だけを患者にして責任を押しつけるのではなく，全体の関係の問題として解決にあたろうというこの技法の大前提によるものである。この人が変化するには，家族システム自体の変化が必要であると考える。

　精神分析などは現在の症状の原因を過去にさかのぼって解釈する直線的因果律に従って行われるといわれるが，家族療法では何が原因で何が結果かという考え方をしない。すべては家族の相互影響関係の中で起こっていることだと考える。したがって過去よりも「今ここ」での関係性を重視する。治療者は今現在表面化している問題と，その問題と家族関係との関連性を見出し，そこで展開されている家族内の相互作用のパターンを指摘して伝え，IPだけでなく，他の家族を治療に巻き込むよう努めることが多い。このように家族を一単位として捉えて，その全体システムに働きかける治療法を総称して家族療法と呼んでいる。

2章　心の援助　　65

2.2.8　その他の心理療法

2.2.8.1　森田療法

　精神科医の森田正馬が1921年ごろに始めた日本独自の心理療法である。森田療法では，神経症（森田は「神経質」という語を用いた）の不安・葛藤は健康な人の不安・葛藤と連続しており，その不安・葛藤を除去しようとすることは，異常でないものを除去しようとしているのであるから，除去しようとすること自体が矛盾だということになる。

　森田は人間の欲望の二面性を認め，「かくあるべき」と考える理想の自己と「かくある」現実の自己との衝突（思想の矛盾）が強まれば強まるほど，神経質者の現実との離反は強まり，劣等感や現実逃避的な態度に陥りやすくなると考えた。森田の欲望論はこの欲望の二面性を肯定するところから出発している。人間性の中には善と悪，美と醜の両方に対する関心があるように，内面に存在する片方の欲望だけに則って生きていくわけにはいかず，そこから森田療法の中核的理念である「あるがまま」という考えが生まれた。「あるがまま」とは事実をそのままの姿で受け入れるということである。たとえば，苦手な相手と会わなければならないとき，苦手だから何とか相手のいるその場から逃れたいと考える一方で，自分の長所を相手に示すことで相手に対する苦手意識を克服せねばという考えが浮かぶこともある。一方に苦しくても自己実現したい欲望があり，他方に逃避したい欲望があるが，両方とも個人に必ず付随する人間性だと考える。そこで，森田は逃避したい欲望を"そのまま"にして，もう一方の自己実現の欲望を高めていこうという方向性を志向する。逃避欲求のような低きにつこうとする欲望を"そのまま"にすることを「あるがまま」という。

　フロイトが人間のエネルギーと不安の源泉を「性」に求めたのに対し，森田は自然との調和を目指す人間の「生命欲」そのものに求め，人間は生まれながらにして「生の欲望」を備えているという仮説に立った。「生の欲望」の一面は，人間がよりよく生きようとする向上発展の欲望に代表される。もう一方の側面は，生を求め死を忌避しようとするために起こる「心気（ヒポコンドリー）的」側面である。これは完全欲へのとらわれと通じるものであり，

神経質者は心身の些細な不調や変化に過敏になりやすいと考える。そして，不快感を排除したい気持ちから，〈不快な感覚の鋭化〉〈注意の集中〉〈意識の狭窄〉が生じ，これらの悪循環（精神交互作用）により神経質的な症状が生まれる。したがって，森田療法では症状やそれへのこだわりの気持ちは取り上げることをせず，「あるがまま」の体得を目指す。神経質者は，心配性・内気といった弱さと完全主義・理想主義といった強さをあわせ持つため葛藤を起こしやすいのである。また不安と「よく生きたい」という生の欲望はもともと表裏一体であり，生の欲望が強ければ悩みも深くなる。彼らは自己実現の欲求を強く持っているが，悩みを消そうとするあまり見失っているのである。

　元来森田療法は入院形式で行われていたが，入院後最初の1週間は，外界から遮断された「絶対臥褥（がじょく）（静かに寝ていること）」が行われる。ここでは不安や症状は起こるままにし，治療者との短時間の面接以外は気晴らしになるような行動は禁じられ，自己と向き合うことで，クライエントの活動意欲は高まる。その後，軽い作業と日記を書くことが許される「軽作業期」を経て，園芸や木工などの重い作業を通して，観念的な態度が改まる「重作業期」に至る。その後約1カ月の「社会復帰期」を迎える。

　外来で行われる森田療法の場合，治療者とクライエントが面接の中で話し合ったことを，クライエントが日常生活の中で実践していくことが重要なポイントとみなされる。そのため外来森田療法の場合は，日記が活用される。また退院後も，「生活の発見会」という自助組織に入ることができる。

2.2.8.2　内観療法

　内観療法は，吉本伊信が浄土真宗の「身調べ」の最中に「懺悔のきわみが感謝のきわみにつらなる」体験に至り，1940年ごろに自己の内心を観察するという意味の名称で始めた，自己啓発法・心理療法である。過去の特定の対人関係の中で体験した事実を，まず両親について，思い出せる限りの過去から現在まで，年代順に内省（内観）していく。始めは小学校低学年まで，次に小学校卒業までと，具体的事実を内省していくものである。

　内観法はいわゆるカウンセリングを行わない。研修所で行う〈集中内観〉

では，クライエントは障子か屏風で囲われた畳敷の個室に楽な姿勢で座る。まず最初は，「母親（父親）からしてもらったこと」について内観する。それが終わると父（母），祖父母，級友等から「してもらったこと」を具体的に想起（内観）する。これが終わると次に，「して返したこと」「迷惑をかけたこと」を内観する。内観の間は，1，2時間ごとに訪れる面接者に3〜5分で内観を報告し，面接者は「そうですか」「次は何を調べて頂きますか？」と簡潔に応じる。一方，在宅で行う〈日常内観〉では，1日30分〜1時間，または電車を待つ間といった生活の折々に，過去の一時期と今日1日のことを内観的思考様式で調べる。内観的思考様式は，相手からの恩の「借り」を調べ，「検事が被告を取り調べるように」自己点検する体験，相手はどういう気持ちだったかを共感的に調べる体験であり，相手の人柄を述べることではない。実際に内観を行い内観されるのはクライエントであり，そこでは我執をあきらめ，真の自己発見に通じる，純粋な自己否定と他者から受けた愛の自覚に至ることが目指される。また内観を通して感じられる罪悪感は，内観が「〜にしてもらったこと」という具体的な事実を想起するため，この具体性によって過度で病的な罪悪感とは区別され，クライエントにとっての守りになっている。

2.3 「臨床の知」について

2.3.1 「臨床の知」とは何か

フロイト理論をはじめ，心理臨床の基礎をなす理論の科学上の不整合を指摘することはたやすい。しかしそうした不整合は知的怠慢に起因するものではなく，それどころか今日の知のあり方をめぐって，切実な認識論的テーマをその内に胚胎している。科学の理想に反して，その内部に多数の流派の存在を許している心理臨床は，どのような知的特色を持つのか。またそれは何を基礎としてなりたつのか。心理臨床の各理論は，それについて述べられた文献の内容を理解するだけでは捉えきれないものがある。すなわち実践，経験を要するのであるが，臨床心理学，精神医学，文化人類学といった，いわ

ゆる近代科学の概念からはみ出た学問で，一種のフィールド・ワークを通した対象との相互交渉が理論そのものにとって不可欠であるような領域に認められる知の形態を，中村雄二郎は「臨床の知」と呼び，その特色を以下の3点にまとめている。

　　①近代科学の知が原理上客観主義の立場から，物事を対象化して冷やかに眺めるのに対して，それは，相互主体的かつ相互行為的に自らコミットする。そうすることによって，他者や物事との間に生き生きとした関係や交流を保つようにする。②近代科学の知が普遍主義の立場に立って，物事をもっぱら普遍性（抽象的普遍性）の観点から捉えるのに対して，それは，個々の事例や場合を重視し，物事の置かれている状況や場所（トポス）を重視する。つまり，普遍主義の名のもとに自己の責任を回避しない。最後に，③近代科学の知が分析的，原子論的であり論理主義的であるのに対して，それは総合的，直観的であり，共通感覚的である。つまり，目に見える表面的な現実だけではなく深層の現実にも目を向ける。

　こうした特色を持つ知の形態は，近代において今日的意味での科学概念が確立してから，時代のマイノリティとして周辺に追いやられていた。まさに近代科学において，19世紀の物理学にその典型が示されるように，普遍的，客観的，分析的な形をとって，その正しさを証明してみせることができなかったためである。

　科学は，認識の対象となる物事を徹底的に客体化，対象化し，その物事が認識者の感性に訴えてくることによって生じるイメージ性，多義性，曖昧さを捨象する。こうして科学における知識は，個々の人格的，文化的前提とはまったく無関係の，独立したものとして，自己の一義性，普遍性，絶対性を主張する。しかし一見，超然としていかなる前提も持たないかに見える科学知ではあるが，それを支える根底には，たとえば，認識の客体としてのもの，および主体としての精神を，純然と，実体的に区別しようとするデカルト的二元論という認識論的習慣，人間主体の絶対性を確信する人文主義の伝統などが見て取れる。実は科学も，ある特定の文化的，社会的事情を背景に持つ

2章　心の援助　69

一つの認識習慣に他ならないのである。それは，先に挙げられたような科学知の特性を保証し，対象を限定，細分化し，そうして分割されるところの諸々の要素，部分の間の因果関係を秩序立てる際にはその有効性を発揮する。しかし，さまざまな意味と可能性を持って全体をなす状況，ないしは「場」における認識者と対象との有機的なかかわりが前提とされる探求にその力は限界がある。

　こうして中村の説く「臨床の知」は科学偏重の学問状況を反省するとともに，科学の尺度が及ばない領域に対して新しい可能性を持った学問の視点を提供しようとしている。心理臨床の実際においては，認識者と対象は明確に，また実体的には分かちえない状況にある。両者は，「セラピスト―クライエント」として相即不離の「場」にあって，ともに感覚や感情の喚起を「受ける」身体を備えた存在として，まさに身をもってそのかかわりに参与しているからである。そのため「臨床の知」は「トポス（場）の知」，また「パトス（情念，受苦）の知」とも呼ばれる。そしてここでは，科学の普遍主義に対しては「コスモロジー」が，分析に対しては「シンボリズム」が，客観主義に対しては身をもってコミットすること，すなわち「パフォーマンス」が知の基準としてよみがえるとされる。

2.3.2　共通感覚

　新しい知の可能性としての「臨床の知」に先立って，中村は知ることを生命的な営みとして捉え返すべく「共通感覚論」を展開していた。

　共通感覚という概念は，「現実」を一義的にのみ扱い，その多様性を捨象する，科学に代表される近代の合理主義的な知のあり方に対する反省の立場から強調されてきた。この概念は一つの社会の中で人々が共通に持つ，まっとうな判断力としての常識を意味しているが，それと同時にひとりの人間の内にあって五感（諸感覚）を貫き，その全領域を統一的に捉える機能も意味している。この機能とは具体的にはどういうことか。たとえば，われわれはある旋律を聴いたとき「甘いメロディー」などといい表すことがある。「甘い」とは，本来味覚によって捉えられる感覚であるが，ここでは聴覚によっ

て捉えられていることになる。すなわち，これに限らず何らかの事象を把握するとき，生命的次元，生きた「現実」，ないしは「生活世界」に立つならば，ある感覚は単独で機能するのではなく，諸々の感覚の協動と統一のもとに成立しているというのである。そこで共通感覚は，一義的には規定しえない「現実」に即した，感性やイメージとも矛盾しない，「臨床の知」のような生命的な営みとしての知のあり方の基盤と考えられている。

　中村は，その「共通感覚論」において，①「視覚の批判」，②「記憶と場所の意味」，③「修辞学の再評価」という3つのテーマを取り上げ，共通感覚の特性を記述している。①近代は，事物や自然との間に距離を取り，それらを対象化する，いわば視覚をモデルとした，視覚優位の文明を築いてきたという。これに対して，かねてより復権が期待されてきたのが触覚であった。触覚は，現代生理学では体性感覚の範疇に分類されているが，同じく体性感覚に分類される筋肉感覚や運動感覚と結びつき，協動して初めて具体的に機能する。こうして，諸感覚の統合の基礎，ないしは共通感覚の座としてあらたに体性感覚がモデル化される。②「記憶」と「場所」は，身体，イメージ，言語にかかわるものとして捉え返される。ここにおいて「（想起的）記憶」は，コンピュータのメモリに典型を見るような，それこそ機械的な暗記とは異なり，「経験を表象として喚起する自発的な」機能として考えられている。これはまた，言語との関連においては「物語」でもある。同様に「場所」も，理性や科学の観点から浮かび上がる均質で抽象的な空間とは異なった，身体，イメージ，言語を介して体制化されたまとまりと意味のある世界として捉えられる。③そして「修辞学」は，純粋な概念的思考を目指し，抽象化の道をひた走る論理主義的な思考方法に対して，生活世界，生命全体に根ざし，潜在的なものの現前化を促すイメージを胚胎する「言葉」による思考方法として再評価されている。

　戦争や環境問題に始まり，人を育て，癒すはずの教育，医療の現場においても，科学的操作の弊害が指摘されている。科学とその所産である科学技術が必ずしも人間を幸福にするものではないということは，今日ではむしろ自明となった認識であろう。中村の「臨床の知」や「共通感覚論」が注目され

るのも，こうした時代的状況を受けてのことと思われる。とはいえ，ここで中村の理論を取り上げたのは，心理学における科学的認識を軽視するためではない。科学的認識も心理学における人間理解の一翼を担うものであり，その有効性は否定できない。今日の科学をめぐる問題の根は，科学そのものにあるのではなく，科学技術と社会の功利性とが結びつくことによって揺るぎないものとして確信されるようになった科学の絶対的地位にある。しかし前述したように，科学もある時代的，社会的規定を受けた一つの認識習慣にほかならない。「臨床の知」と「共通感覚論」における科学批判はそのことを再確認するとともに，人間の認識活動を生命的営みとして捉え返し，その中にあらためて科学を位置づけようというものである。そしてこれは，本章で紹介したような，理論や技法として定式化された心理的援助の各立場についても，それらが絶対視され，生きた「現実」と乖離することがないよう，同様に試みられなくてはならない作業である。

●引用文献

前田基成・坂野雄二（1987）「登校拒否の治療過程におけるSELF-EFFICACYの役割の検討」『筑波大学臨床心理学論集』3，45-58頁

坂野雄二（1995）『認知行動療法』日本評論社

小此木啓吾ほか編（1998）『心の臨床家のための精神医学ハンドブック』創元社

鈴木睦夫（1997）『TATの世界—物語分析の実際—』誠信書房

馬場禮子編著（1999）『臨床心理学概説』放送大学教育振興会

花沢成一ほか著（1999）『心理検査の理論と実際』駿河台出版社

小林重雄ほか編（2000）『日本版WAIS-Rの理論と臨床』日本文化科学社

氏原寛・成田善弘編（2000）『診断と見立て—心理アセスメント—臨床心理学2』培風館

上里一郎監修（2001）『心理アセスメントハンドブック』（第2版）西村書店

杉原一昭・杉原隆監修（2005）『田中ビネー知能検査V　理論マニュアル』田研出版

東京大学医学部心療内科TEG研究会編（2005）『新版　TEG—解説とエゴグラム・パターン—』

●参考文献

河合隼雄編（1969）『箱庭療法入門』誠信書房

河合隼雄（1970）『カウンセリングの実際問題』誠信書房

三木善彦（1976）『内観療法入門―日本的自己探求の世界―』創元社

小此木啓吾・馬場謙一編（1977）『フロイト精神分析入門』有斐閣

岩井寛（1986）『森田療法』講談社現代新書

田中熊次郎（1987）『グループセラピー』（講座サイコセラピー10）日本文化科学社

山口隆ほか編（1987）『やさしい集団精神療法入門』星和書店

ザロ，J. S. ほか著，森野礼一・倉光修訳（1987）『心理療法入門―初心者のためのガイド―』誠信書房

中村雄二郎（1992）『臨床の知とは何か』岩波新書

氏原寛ほか編（1992）『心理臨床大事典』培風館

松原宏明（1995）「ネイチャープレイの実際」『上智大学臨床心理学研究』第19巻，上智大学臨床心理学研究室

北西憲二（1998）『実践森田療法』講談社健康ライブラリー

三木善彦（1998）『VTR　内観への招待』奈良内観研修所

森田正馬（2004）『新版　神経質の本態と療法』白揚社

ワーク1 やってみよう	「内 観 法」

実施日　　　年　　月　　日

　私たちは生きていると，様々な心の葛藤や不安，行動上の問題などを抱えてしまうことがあります。心理療法はそれらの問題や悩みに対して専門家が行う心の支援です。「心の援助」の章で紹介していますが，精神分析的心理療法，クライエント中心療法，行動療法などが挙げられます。これらの多くは西欧諸国で研究，開発されたものですが，わが国独自の文化の中から生まれてきた心理療法もあります。そのひとつが「内観法（内観療法）」です。これは浄土真宗に伝わる行方「身調べ」がもとになっており，吉本伊信が一般の人にもできる実用的な自己反省法，修養法として発展させたもので，今では心身症や神経症の治療だけでなく，非行，犯罪などの矯正教育にまで幅広く実施されている心理療法のひとつとして知られています。

　実際の内観療法は通常は次のような方法で実施されます。
1）最低1週間の集中内観とそれに続く日常内観から成り立っています。
2）集中内観では，トイレや入浴，就寝以外は個室，もしくはついたてで仕切られた部屋の中に座り，1日中過去から現在までにわたって，他者に「してもらったこと」，「して返したこと」，「迷惑をかけたこと」の3点について詳しく思い出すことが課されます。
3）指導者は2時間ごとに内観者と短い面接を行い，内観した内容をその方法の正否や進展をチェックします。
4）これらの過程を経て内観者は，懺悔心による心の変化や感謝や喜びを体験し，問題の解決や症状の緩和を体得していきます。
5）次いで，その後の日常生活の中でも内観（日常内観）をかけ，効果の維持と深まりをめざします。

年代	名 前	してもらったこと（借り）	してあげたこと（貸し）
小学校まで	（母）		
	（父）		
小学校時代			

年代	名　前	してもらったこと（借り）	してあげたこと（貸し）
中学校時代			
高校時代			

年代	名　前	してもらったこと（借り）	してあげたこと（貸し）
大学時代			

結果の見方

　あなたの人生に関わりの多かった人はどのような人が多かったでしょう？　内観を「人生の貸し借り」とみなしてみると，あなたの人生の貸し借りにはどのような傾向があるでしょうか？　年代別にどのようなことに気づきましたか？　関わりの内容には特徴がありましたか？　金銭的な面，心の面，身体的な世話に関して何か気づくことはありましたか？

ワーク1　「内観法」　　77

[ふりかえり]

3章
心 の 問 題

3.1 病　　態

　臨床の場面では，さまざまな「悩み」や「問題」を抱えた人々と出会うことがある。そこでは，「健常」なレベルからいわゆる「病理的」とされる程度まで，さまざまなレベルの「悩み」や「問題」に対応しなければならない。本章では，実際の心理臨床場面で，「異常」あるいは「病的」といわれる状態，すなわち神経症や精神病などを，「心の問題」として取り上げていく。

　一般的に神経症よりも精神病の方が「病態が重い」とされている。この「病態」について，笠原嘉 (1981) は，①「現実」と「非現実」の区別，②「自己」と「非自己」の区別，③「内」と「外」の区別が曖昧になってくる程度だと説明している。ちなみに神経症（「神経症」の項を参照）水準の人は，上の3つの区別は可能で，神経症的症状があっても社会的機能の障害は部分的で限られており，自らの症状に違和感を感じることができる（病識）ため，自ら治療を求めることも多い。これが精神病水準になると，上の3つの区別が曖昧になり，社会的適応の障害が著しく，病識がない場合も多い。しかし，予後（治療を行った結果，治療がどのような経過をたどるかの予測・見通し）については，必ずしも神経症水準の方が精神病水準よりもよいわけではなく，その逆の場合もある。

　次に，さまざまな心の問題を，病態の浅いものから深いものへと順を追って紹介していく。

3.2 不安障害

3.2.1 神経症について

DSM（『米国精神医学会による精神疾患の診断・統計マニュアル』）では，第Ⅲ版
(1980) から，神経症という診断用語は用いられなくなった。代わりに「不安
障害」「解離性障害」といった障害として分類されている。神経症という用
語はDSMで用いられなくなったが，神経症という概念についての精神医学
領域の共通の理解がなくなったわけではない。

神経症とは，器質的（身体的）な原因がなく，心理的原因によって起きる
特徴的な心身の機能障害のことである。神経症は精神病とは異なり意思の疎
通性や病識が保たれており，症状は自覚的な不安，強迫，恐怖，心気的症状
などを主としている。神経症になりやすい素質（無力性体質や自律神経の過敏性）
と過去の生活史の中で形成されたパーソナリティの特徴（未熟性，自信欠乏，
過度の几帳面や完全欲，自己顕示性，依存性，攻撃性など）が準備状態をつくり上げ，
それに心理的なストレスが加わって発生すると考えられる。

フロイト (Freud, S.) は不安を神経症の基礎的中心的現象として位置づけ，
不安が防衛機制によって変化したものが強迫神経症や恐怖症であり，不安が
そのまま現れたものが不安神経症だと考えた。不安神経症はフロイトが神経
衰弱から分離独立させ，初めて記載した神経症の一類型であり，過度の不安
を主症状とする。

フロイトは，不安の背後に性衝動の抑圧の失敗があると考えた。つまり，
性的な衝動の無理な抑圧の結果，抑圧に失敗し，その抑圧していた内容が漏
れ出て，不安として体験される。しかし，不安を必ずしも性衝動によって説
明する必要はないという意見も多く，むしろ，不安は人間がこの世に存在す
ること全般にかかわることで，自己の存在に対する自信や確信の不確かさと
関係していると考えることもできる。

「恐怖」が明確な対象をもつのに対して，「不安」は対象が漠然としており
曖昧である。不安は動悸，発汗などの自律神経系の身体反応を伴い，危険を

予期する回避のサインでもある。不安は誰にでも生じるものだが，不安が過度になって状況にそぐわないほどになれば，それは病的なものといえよう。

　本章では，伝統的な神経症概念を念頭に置きつつ，DSMの疾病分類に従って，不安障害の中から，パニック障害と全般性不安障害について紹介する。

3.2.2　全般性不安障害（generalized anxiety disorder）

3.2.2.1　症　　状

　全般性不安障害には，急な不安発作はないが，さまざまな場面でいつも不安な気分，身体的な不安症状が消えず，自分ではどうしようもないほど強い不安に悩まされる。過度な不安が運動系の緊張，自律神経系の過剰な活動，警戒心の強さなどを引き起こし，そのために普通の日常生活を送れない。運動性の緊張としてはふるえ，落ち着きのなさ，頭痛や首や肩のこりなどになって現れる。自律神経系の過剰な活動によって，呼吸が速くなる，発汗，動悸，消化器系の異常などを訴える場合もある。一方で，焦躁感が強くなり，「いてもたっても落ち着かない」気分や，ちょっとしたことに驚きやすくなるなど，「警戒反応」が見られることもある。

　臨床的にはほとんどの場合，他の疾患と合併して起こり，とくに心身症，パニック障害，うつ病などと一緒に起こることが多い。

3.2.2.2　原　　因

　器質的な原因（大脳辺縁系その他）説と心理的な原因説がある。心理的な原因としては，いわゆるストレスが関与すると考えられている。たとえば，別居や離婚の後で発症することもあれば，リストラの不安がきっかけとなって発症する場合もある。原因としては，ストレス因と，ストレスに影響されやすい個人の特質の両方を考慮する必要がある。

3.2.2.3　経　　過

　慢性的な病気であるため治療開始とともにただちに改善するということは期待できない。好転と増悪とを繰り返しながら少しずつ快方に向かっていくのだと考えておいた方がよい。中には「パニック障害」や「うつ病」に移行していく人もいるので注意を要する。

3.2.2.4 治　　療

心理療法が中心で必要に応じて薬物療法が行われる。不安や恐怖と結びつきの強い自律神経系の失調，すなわち交感神経の過度の興奮が関与していると思われるので，薬物療法では，この神経の働きを和げることで不安を取り除こうとする。ケースによっては抗不安剤，抗うつ剤が処方されることもある。

3.2.3　パニック障害（panic disorder）

1980年にDSMの中に初めて記載された疾患単位である。パニック発作は不安障害の代表的な症状であるが，その頻度はさまざまで日に何度も起きるケースもあれば1週間に数回という場合もある。

パニック発作の特徴は「広場恐怖」を伴うということである。広場恐怖とは特定の場所と結びついた強い恐怖症状であるが，広場恐怖を引き起こす典型的な場所としては，混雑した駅，デパート，電車やバスの中，エレベータの中，地下鉄の中などがある。共通しているのは「逃れることができない」という恐怖を引き起こしやすい場所であることである。本人も「怖がるのはおかしい」と頭ではわかっているのだが，理屈よりも先に恐怖に打ち負かされてしまう。パニック障害には広場恐怖を伴うものと伴わないものがあるが，広場恐怖を伴うものの方が圧倒的に多い。広場恐怖を伴うパニック障害は女性に多く，日常の生活に支障をきたしやすい。広場恐怖を伴わないパニック発作には男女差は認められていない。

3.2.3.1 症　　状

パニック障害の特徴は，パニック発作を伴うことである。パニック発作そのものは薬物依存症や身体疾患によっても起こるが，パニック障害の場合は純粋に自然発生的に一定の回数以上起こる。こうしたパニック発作を主症状とするのがパニック障害であるが，パニック発作を伴わず広場恐怖だけが認められる例もある。パニック発作が起きると，過呼吸，呼吸困難，動悸，発汗，しびれ感などの身体症状が突然生じ，非常に強い不安や恐怖を感じる状態になる。中には「心臓疾患ではないか」と内科の救急外来に運び込まれる

ケースも少なくないが，パニック発作の場合は，病院に着いた途端に症状が軽くなり，心電図や胸部レントゲンでも異常は認められない。そこで精神障害を疑われ，「パニック発作」と診断されることになる。

3.2.3.2 原　　因

身体因説では，何らかのストレスが原因となって自律神経系，とくに交感神経が興奮し，さらにはノルアドレナリンが過剰に分泌されて，身体や心にパニック障害が起こると考えられている。

認知行動理論では，ストレスに対する認知の歪みによってパニック発作が生じると考える。たとえば広場恐怖を感じる場所は，冷静に考えれば「逃げられない危険な場所」とはいえないが，ものの捉え方（認知）の歪のため，そのように考えることができない。

精神分析的な見解では，幼児期からの潜在的な分離不安を背景として生じると考えられている。たとえば，「夫が自分から離れていこうとしている」という不安を感じているのに，「そんなことはない」と打ち消し抑圧している女性の場合，不安を意識しないよう必死に防衛をしていても，何らかの拍子に「いや，やっぱり夫は離れようとしている」という考えが出てきて抑圧しきれなくなる。こういう心理状態のとき本当の不安が形を変えてパニック発作として現れてくると考える。

3.2.3.3 治　　療

薬物療法としては，抗不安薬を用いるのが一般的で，抗うつ剤が処方されることもある。

心理療法としては，認知行動療法的なアプローチをする場合，ストレス因に対していつのまにか身につけた「歪んだ考え方」に気づき，修正することを目指す。自律訓練法などのリラクセーション法を身につけることによって，不安を緩和しようとするアプローチもある。

3.2.3.4 本人・家族の注意点

広場恐怖を伴う場合が多いので，外出に伴う問題が起きやすい，家族や身近な人の理解と協力が必要となる。パニック障害に悩む人を「気が弱いから」，「根性がないから」と叱咤激励するのは逆効果で，温かく見守ることと，

発作が起きたときに静かに休める場所を確保してあげることが大切である。パニック発作のときは，本当に恐ろしく死ぬのではないかという不安に陥るが，パニック発作は身体の病気でもなければ，死に至ることも，狂気に至ることもないことを自覚することが大切である。発作が生じたら，とにかく静かに休み，呼吸を整え気持ちを静めるようにすること。また，カフェインやニコチンの摂取は症状を悪化させやすいので控える方が無難である。

3.3 転換性障害

3.3.1 転換性障害とヒステリー (hysteria)

転換性障害とは，従来転換性ヒステリーと呼ばれていたものである。フロイトの研究によってこの概念が確立し，以来「転換性ヒステリー」と「解離性ヒステリー」とに分けて扱われてきた。DSMでは「ヒステリー」という言葉そのものが使われなくなり，「転換性ヒステリー」は転換性障害，「解離性ヒステリー」は解離性障害と呼ばれるようになっている。

転換性障害は，ストレスや心の中の葛藤が身体のさまざまな症状に「転換」されて，明らかな身体障害（声が出ない，歩けない）になって現れるものである。失立失歩，失声，視力障害，痙攣など随意運動機能や感覚機能の障害が存在するにもかかわらず，その障害を裏づけるだけの器質的な異常が認められない場合に転換障害と診断される。身体的検索を行っても異常がないにもかかわらず何らかの病気にかかっているに違いないとクライエントが強く思っている場合には心気症と診断されるが，この思い込みは妄想ほど確信的なものではない。

3.3.2 症　　状

よく見られるのは運動麻痺と感覚麻痺。運動麻痺：突然歩けなくなる，手が動かなくなるなど。感覚麻痺：声が出なくなる（失声），手足や顔の痛覚がなくなる。運動麻痺といっても，自分の意志で動かすことのできる随意筋の麻痺が特徴である。

3.3.3 原　　因

　ストレスからくる不安に耐えきれないため，ストレスが身体の障害となって現れる。転換性障害には「疾病利得」がつきものであるが，疾病利得とは，病気で得られる何らかのメリットのことである。疾病利得は「第一次疾病利得」と「第二次疾病利得」とに分けて考えることができる。「第一次疾病利得」とは，病気になることで，自分の内的な葛藤を意識の外におけることによって，当面はストレスから逃げていられることをいう。「第二次疾病利得」とは，病気になることで，人の援助や愛情，関心を受けられることをいう。この2つの疾病利得が満たされている限り，転換性障害は改善されにくいと考えられている。

3.3.4　診 断 基 準

　運動機能や感覚機能を損なう症状が1つ以上あり，神経の病気や身体の病気であるかのように見える。その症状が始まる前や悪化する前に，本人にとってストレスになるようなことがあり，原因には心理的なものが関係していると判断できる。

　その症状は本人がわざと作り出しているわけでもなければ，症状があるようなふりをしているわけでもない。検査など適切な方法で調べた結果，原因は身体疾患でもなければ薬物などでもない。症状のために強い苦痛を感じていたり，社会的，職業的，そのほか重要な場面で支障がある。

3.3.5　経　　過

　原因をストレスと考えず，適切な治療を受けずにいると，本当に身体の障害が出てきてしまう場合もあるので注意を要する。手足の麻痺状態を放っておいたために筋肉が萎縮し，本当に歩けなくなってしまうことも多い。声が出ない，目が見えないといった症状は自然治癒もかなり期待でき，多くは時間が経てば自然に解消していく。

3.3.6 治　　療

　力動的な心理療法を通して，転換性障害を引き起こす原因となったストレスや心の葛藤を明らかにしていく。また，軽い抗不安薬を併用しながら心理療法を進めていくこともある。

3.4　解離性障害

　強い不安・情動体験などにより人格あるいは意識の統合性が一時的に失われ，意識のある一部分が解離する。具体的には，朦朧状態（意識混濁の状態はそれほどひどくなく，意識野の狭窄が前景にたった状態で，行動はまとまりがなく周囲の状況と関連のない行動を取ることが多い），遁走（一見まとまった行動をし，電車に乗って遠くの街へ行ったりする），健忘，多重人格，昏迷，トランスなどの症状を示す。
　意識，記憶，同一性，周囲の環境についての知覚など，通常はまとまりをもっている精神機能が破綻した状態のことを解離と呼ぶ。解離性障害（解離性健忘や解離性遁走）は，かつては「解離性ヒステリー」と呼ばれていた。解離性障害の場合も転換性ヒステリーと同様に「疾病利得」を伴うことが多い。したがって，解離性障害症状は心の奥底で疾病利得を期待しているために現れているわけだから，プラス面がなくならない限り，ずっと続くことが多い。

3.4.1　解離性健忘

　解離性障害の中で最も多い。ストレスの強い出来事を想起できなくなる障害で，きわめて強いストレスや心的外傷（トラウマ）となりかねない事故や事件に遭遇すると，人は記憶を失ってしまうことがある。これは普通の「物忘れ」のレベルでもなく，頭部の外傷などによる何らかの脳の障害のために起きる記憶障害でもない。忘れてしまうのは，それが自分にとって不都合なこと，思い出したくもない嫌なことである場合が多い。ただし「全健忘」といって，自分の名前や，生まれ，親などすべてを忘れてしまうケースもごくたまにある。

3.4.2　解離性遁走

　ある人が家庭や職場から突然いなくなり放浪した末に発見されるという場合があるが，突然，家族や職場から離れて放浪し，過去を思い出せなくなる。「自分は誰か」ということがわからない。別の人格になっていることもある。これを解離性遁走と呼ぶ。原因としては，トラウマとなるような強いストレスを体験したために起こると考えられている。

　解離性遁走は，本人にとくに強いストレスを感じさせるようなこと（借金，レイプ，友達や家族からの強い非難など）をきっかけに起こることが多く，解離性健忘に較べると，よりまとまった一つの行動を示すものであり，無意識的な目的を持った行動と見ることもできる。

　治療は，自然に思い出すこともあるが，だいたいにおいて「覚えていたくないから忘れてしまった」わけで，忘れるにはそれなりの意味があると考えられ，一般に自然に思い出すことはあまりない。抑圧を弱めて，自由に話せるような状況をつくり，抑圧された記憶を回復する。

3.4.3　離人性障害

　自己感覚が身体から遊離しているように感じられる症状を呈する。思春期から青年期にかけて生じやすく，40歳以上にはめったに見られない。女性の方が多く，男性の発症率の約2倍といわれている。自分の意識や身体の感覚が現実感を失い，異物のように感じる。

　生気や自然さを失い，自分がまるで機械かロボットにでもなったように感じる。時には自分の身体の大きさまで変わったように感じたり，自分が身体から引き離されて，遠い所から自分を眺めているかのように感じてしまうことがある。「現実感の喪失」（外界のものすべてが見知らぬ非現実的なもののように感じられる）を離人性障害に含める研究者もいる。

3.4.3.1　原　　因

　うつ病，統合失調症の初期に見られることがある。時には外傷後ストレス障害の症状として起こることもあるが，だいたいは特別な理由もなく襲ってくるもので，原因がわからない場合も多い。

3.4.3.2 診断基準

自分の心や身体から離れて，あたかも自分が外部の傍観者であるかのように感じる。離人体験の間も，外界を客観的に評価できる。まれに離人症状のために強い苦痛を感じていたり，社会的な面や仕事の面などで支障がある。

3.4.3.3 経　　過

思春期を中心として15～30歳の間に最も発症しやすく，一般に長く続くが，たいていはいずれ20代～30代のどこかで治癒する。本人は淡々とこの症状を訴えるものの，現実にはきわめて苦しい症状であることが多く，自殺もよく見られる。

自然治癒が多く，予後を予測するのは難しい。予後は悪い方に属すると思われるが，治らないことはないことは明記すべきである。

3.4.3.4 治　　療

薬物療法ではうつ病の初期の場合には抗うつ剤，統合失調症の初期症状には抗精神病薬を投与するが，離人症ではこのように理由がはっきりしている場合は少ないため，決定的に有効な薬は見つかりにくい。クライエントの様子を見ながら，抗不安薬や抗うつ剤，抗精神病を組み合わせていく。一般的に離人症の場合，精神分析的に原因を探ろうとしてもなかなかうまくいかない。

本当の原因が親子関係など環境にあるのであれば精神分析的な手法は有効だが，あまりそういうケースは見られない。因果論的な追及は避けて，「今現在の状態を改善するにはどうしたらよいか」という実利的な観点から，支持療法的に治療していく方が効果がある。

3.4.4　解離性同一性障害（多重人格障害）

解離性同一性障害とは，2つまたはそれ以上のはっきりと区別できる人格状態が交互に表れる障害のことである。これまでは多重人格障害と呼ばれていたものであるが，病態の本質が人格の偏りではなく解離症状であることからこの名称に変更された。

本人にも耐えられないほどの辛い外傷体験（トラウマ）をきっかけに発症

することが多い。たとえば親からの暴力や性的虐待など，普通のままでいたのでは到底耐えられず，かつ強い恐怖を引き起こすために，自らの心を防衛しようとして別人格が生まれると考えられる。

3.4.4.1 多重人格と統合失調症

20世紀のはじめにスイスの精神科医ブロイラーが統合失調症という概念を発表したとき，多重人格もそれに含まれていた。後にドイツの精神科医シュナイダーの診断概念が受け入れられるようになると，統合失調症の概念はずっと狭いものとなり，DSM-Ⅳ（『米国精神医学会による精神疾患の診断・統計マニュアル』）からはこの流れをくんで解離性同一性障害は統合失調症の範疇から外された。

3.4.4.2 症　　状

二重人格が多いが，時には三重，四重というように多数の人格の報告も見られる。たいていの場合，本人はいくつかの人格を持っていることを自覚しているが，「多重人格の人はほかにもたくさんいるので，別に特別なことではない」と思っている。ところが，あるとき，自分だけであることに気がついて，愕然とすることが多い。

人格が入れ替わるときには，たいてい激しい頭痛を訴えたり，頭痛のために多少意識がなくなったりする。そして意識が回復したときにはまったく別の人格になっている。場合によっては頭痛などなくても，トイレに行って帰ってきたら人格が変わっていたりとか，あるいは品物を「買おう」と決めて支払いのときにはすでに人格が替わっており，「こんなものは買っていない」と騒ぎ出すということもある。

本人の頭の中に複数の人格がいて，その人格たちがいろいろな命令を，そのとき表に表れている人格に下したり，頭の中で人格同士がお互いに円卓会議のように話し合いをする，ということもある。

3.4.4.3 原　　因

一般的にはトラウマから自分を守るために発症し，トラウマに応じて「凶暴な人格」，あるいは「きわめて我慢強い人格」，「人をとりなすのが上手な人格」というように本体の人格を守るための人格が生じる。

事例はとくにアメリカで多く報告されており，原因の90％以上が子ども時代のトラウマ，とくに親からの性的虐待や暴力であるとされる。日本では，まだそれほど多くの事例が報告されてはいないが，アメリカに較べると病因はよりマイルドであり，いじめや，恋愛の失敗，性的ないたずらといったことがトラウマとなっていることが多い。

クライエントの基本的な性格特徴として多いのは，境界性人格障害，次いで演技性障害が圧倒的である。演技性障害の場合は，暗示にかかりやすい素質をもっているために，いっそうの人格の発生が誘導されやすい。

3.4.4.4 治　療

アメリカでは催眠療法や薬物で意識を低下させて抑圧を取り除くことで，トラウマを思い出させたり，別の人格を引き出して思い出すように働きかけ，人格の統一にもっていくという方法が普通である。しかし，催眠をかけるタイミングが悪いと，かえって思い出したトラウマに脅えて，さらに多くの人格を発生させることがあるうえ，危険な事態（たとえば，自傷他害）になることさえある。

3.5　心気症（hypochondria）

身体のちょっとした変化や，些細な不調に必要以上にこだわり，重大な病気，たとえばガンやエイズではないかなどと心配し，不安におびえる状態のことをいう。その時々によりマスメディア等で話題にされている病気に影響されることが多い。ちょっとした身体の変化や不調とは，たとえば，動悸，発汗，腸の動き，わずかな痛みなどである。心気症者は，このような「症状」が重い病気の証拠であると自分勝手に解釈する場合がある。自分でも完全に信じきっているわけではなく，疑問も感じているのだが，その考えを払いのけることができない。医師が検査結果を示して否定しても譲らず，重い身体疾患であるという自分の考えに固執して，容易に医師不信に陥り，次々に医師の間をわたり歩く傾向がある。その意味で強迫観念ときわめて類似している。

心気症は神経症の一類型とされているが，心気状態は，うつ病，統合失調症にも現れる。心気状態を症状の中心とする神経症のことを心気神経症ということもある。

　心気症の自覚症状は多岐にわたるが，全身の倦怠感，不眠，頭痛，頭重，肩こり，四肢のしびれ感，胸痛，腹痛などの身体症状を訴えることが多い。また，自分の身体の状態に過度の関心を向けて，気を遣って無駄なエネルギーを消費しやすいため，疲れやすく集中することが困難で，記憶力や決断力が低下する，などの精神的な症状も認められる。

　心気症は若い人にもあるが，老人の方が目立つ。年をとって身体にもさまざまな病気を患っており，それをわかっていながら，「ガンではないか」とか「糖尿病ではないか」「心臓病ではないか」などと悩み，執拗に訴えてくる。高齢になればなるほど，頑固で説得は難しく，その根底には老人の孤独や寂しさが見え隠れしていることが多い。孤独，挫折，失恋などのストレス，クライエントをとりまく環境によって引き起こされるケースが多い。本当は別のところに不安があり，その不安が身体の不安に置き換えられたものと考えられる。

　心気症の患者の病前性格として，シュナイダー（Schneider, K.）のいう「無力者」ないし「自信欠乏者」，また森田正馬の「神経質（心配性，何かにとらわれやすい，完全欲が強い）」が見られることが多い。森田によれば，完全癖の強い内省的な「神経質」な性格を基礎として，いつも自己を観察し，身体の状態に注意が集中して，とくに病的でもない身体の状態を病気のように感じ取り，そのためにますます注意が向けられて過敏になり，ますます病気のように感じていくという悪循環に陥って，心気症状が固定されていくという。

　フロイトは，リビドーが対象から撤回されて自分の身体に向けられ，そのために身体への関心が異常に高まって，身体の違和感や不全感が生じると考えた。そのほか，精神力動的には，攻撃性が自己に向けられた状態，表面的な依存心の裏の抑圧された怒りと傷ついたプライドの表現，などの解釈がされている。

3章　心の問題　91

3.6 恐怖症（phobia）

　対象が漠然としている不安とは違って，明確な特定の事物や状況に対して，過度に強い恐怖を感じる状態を恐怖症と呼ぶ。本来それほど危険でも脅威でもなく，一般には恐れられてはいない対象を恐れ，恐れが慢性化しているため，日常生活に支障をきたすことになる。恐怖を感じることが理に適わないことだということは自覚しており，そこから解放されたいと強く願っているにもかかわらず，自分の意志では制御できず，抗いがたい恐怖にとらわれていくという点で，強迫症状としての構造を備えている。そのため，強迫神経症の一種として分類されることも多い。しかし，フロイトは攻撃衝動や不安を回避するために投影と置き換えによって恐怖症状を呈していると考え，恐怖症をヒステリーに近いものとして考え，強迫症と区別している。

　このような恐怖症状の由来を明らかにしようとする精神分析理論のほかに，恐怖症状そのものを問題として治療しようとする森田療法や行動療法がある。森田療法では，症状をあるがままに受け入れる「あるがままの体得」によって，行動療法では，強い恐怖を生じさせる対象に慣れることによって治療していく。

3.6.1　社会恐怖
　人前で不適切なふるまいや態度をするのではないかと強く心配している状態で，わが国では対人恐怖症と呼ばれてきた。

3.6.1.1　原　　因
　単一の要因に帰因することはできない。他者から「どう見られているか」「どのように評価されているか」ということに敏感な性格と関連がありそうであると考えられる。

3.6.1.2　診断基準
　人の注目をあびるような状況に激しい恐怖や恥ずかしさを感じるために，人前に出ることを極端に恐れる。また，人の集まっているところに出ると強

い不安に襲われ，パニック発作を起こすこともある。実際は大して危険でも脅威でもないと本人も頭ではわかっているのだが，激しい恐怖に打ち負かされてしまう。そのため人が集まっている状況を避け，恐怖に襲われないようにしている。または強い不安や苦痛を感じながら，そういう状況に耐えている。

　人前に出るような状況を避けたり，苦痛に感じたり，あるいは「不安に襲われるのではないか」とおびえたりするために，日常生活や仕事，社会活動や対人関係に支障がある。

3.6.2　単 一 恐 怖

　単一恐怖はある一つの対象や場所に対して強い恐怖を感じるもので，高所恐怖，血液恐怖，閉所恐怖，乗り物恐怖など，その対象はさまざまである。

　かつて「恐怖症」と呼ばれたものは，社会恐怖，広場恐怖，単一恐怖の3つに分けられるが，単一恐怖は広場恐怖や社会恐怖よりも対象が具体的であることが特徴である。

3.6.2.1　症　　状

　高所恐怖は，たとえば遊園地に行っても，ジェットコースターには乗ることができず，また乗らなければならない状況になると，パニック発作のような症状を呈することすらある。

　閉所恐怖は，たとえば会議に出ようとしても会議室のドアを閉めてしまうと不安でたまらなくなり，そっと自分で開けに行ったり，飛行機や電車に乗れないなど，どうにか恐怖を引き起こす対象を避けながら生活するのだが，きわめて不便を感じており，不適応を起こしているといえる。

3.6.2.2　原　　因

　原因をさぐっていくと2つの場合がある。一つは単純に特定の対象が怖い場合であり，心の中の葛藤が対象に転化している場合が多い。もう一つの場合は，小さいときに階段から落ちて怖い思いをしたために「高所恐怖」になったというように，心的外傷（トラウマ）とも呼ぶべき原因がはっきりしている場合もある。しかし，多くの単一恐怖はトラウマとなった特定の原因

3章　心の問題　　93

がはっきりしない場合が多い。

女性に多い「クモ恐怖」や「ヘビ恐怖」のような単一恐怖は,「遺伝的なもの」とする意見もあれば,「模倣学習」による（人がクモを怖がるのを見て怖がるようになった）という意見もある。

3.6.2.3 診断基準

特定の対象や状況に対して理屈に合わないほどの強い恐怖を感じるかどうかが基準となる。ほとんどの場合,すぐに強い不安に襲われ,パニック発作が生じることもある。本人も頭では恐怖を感じるようなことではないとわかっているのだが,そういった理屈よりも先に激しい恐怖に打ち負かされてしまう。多くの人は恐怖になる対象を避けているか,強い不安や苦痛を感じながら耐えている。

恐怖症状のために日常生活や仕事,学校,対人関係などで支障をきたしているかどうかが基準となる。18歳未満の場合,恐怖症状が6カ月以上持続していることが診断の条件となる。

3.6.2.4 治　　療

広場恐怖や社会恐怖については,少しずつ恐怖の対象に慣れていく方法（曝露療法）がとられる。生育歴や心の中の葛藤が関与していることが多いので,それらを面接で解きほぐしていく必要もある。

3.7　強迫性障害（obsessive-compulsive disorder）

強迫症状は,統合失調症の初期症状として見られたり,うつ病,てんかん,脳器質性疾患においても見られることがある。強迫症状とは,自分でもおかしいとはわかっており,したがってこれを抑えようと努力するにもかかわらず,意志に反して強い不安や不快感とともに繰り返し出現する考えや行動である。この現象は自己の内部から生じており,統合失調症の「させられ体験」とは異なる。また,それが無意味で不合理であると自覚されているため,統合失調症の妄想とも異なるが,それに束縛されて逃れられないことが特徴である。強迫症状には,強迫観念と強迫行為とがある。

強迫観念とは，不合理でつまらないこととわかっていても，意に反して繰り返し頭に浮かんでくる考えや欲求である。たとえば，本屋で立ち読みした後で本を盗んでしまったのではないか，車を運転していると誰かを轢いてしまったのではないかと心配する加害観念，「人はなぜ死ぬのか」など結論の出ない質問が絶えず浮かんでやめることができない質問癖，目についたものを数えずにはいられない計算癖，一字一句の意味を正確に理解しないと先に進めず本を1ページ読むのに数時間を要したり，1＋1はなぜ2になるのかなど，より基本的な問題にさかのぼらざるをえず，当面の現実処理ができなくなる詮索癖などがある。それによって精神活動が妨げられ，大きな苦痛を感じるのに，考えることをやめられない。

　強迫行為とは，強迫観念に伴って生じた不安や恐怖を抑えようとして繰り返し起こす行動である。これは，不安や恐怖を取り消そうとする魔術的行為と理解されており，そのため，強迫行為は多くの場合，一種の儀式のような性格を帯びている。その一定の儀式をしなければ眠りにつけなかったり，外出ができなかったり，食事，手洗い，戸締まり，歩行，その他日常行動が甚だしく儀式化され，その行動を遂行するために多大なエネルギーと時間を要するようになって，日常生活にも支障をきたし，そのことが本人にとってさらに苦痛と不安をもたらす。具体的には，甚だしい不潔感から手や衣服を何回となく洗い直さずにいられない洗浄強迫，何度も戸締まりや火の元を確かめないと気が済まない確認癖，就寝前に，シーツを伸ばし，枕元に時計を置き，右足から布団に入るなどの一定の行為を行ってからでないと眠れない就眠儀式などがある。

　強迫神経症は青年期に発症することが多く，症状は変動しやすく，年齢とともに軽減していく傾向がある。

　強迫神経症の人の多くに，次のような性格傾向が見られる。几帳面で堅苦しく，完全主義，「黒か白か」といった二者択一的わり切り方，自己抑制的で感情をあまり表さない，知性化傾向，強い競争意識，自己中心性，精力性，人生における不確実性や予測不可能性を容認できず，すべてをコントロールしようとする傾向，そしてそれが可能であるとする空想的万能感，多くの可

能性の中から一つを決断し，実行し，責任をとることを回避しようとする傾向などが見られる。尊大な自己像は，真の感情を伴って体験されたわけではなく，頭で描くだけのものであり，きわめて脆弱である。尊大な自己像の下に隠された脆弱な自己評価と自己不確実感を持ちながら，一方で完全にコントロールできるという万能感を捨てることができず，不確実さ，曖昧さ，予測不可能性を儀式的に取り消そうとする。このような儀式が症状となって出現するのである。強迫的な「白か黒か」の割り切り方，完全主義，知的，観念的傾向は，いずれも不安定な世界に対処し，自分なりの秩序を与え，コントロールを可能にしようとする努力といえる。彼らは，不安定な世界，自らのコントロールしがたい衝動，感情をコントロールしようとするのである。

3.8　摂食障害

　摂食障害とは，神経性食思不振症（拒食症：anorexia nervosa）と神経性大食症（bulimia nervosa）に分けられる。過食症と拒食症では，「食べ過ぎる」と「食べられない」という一見すると正反対の症状だが，どちらも根っこには「やせたい」という強烈な願望がある点で共通している。

　拒食症は18世紀頃からフランスで報告されているが，急激に増加したのはアメリカを中心とした1960年頃からのことである。モデル「トゥイギー」の出現から，「やせていることは美しい」という価値観が急速に一般化し，拒食症も一気に増加していった。

　それ以前も，ダンサーやファッションモデル，映画スターといった人たちの拒食症はよく見られた。最近では一般の人々，とくに女性に多くなっている。日本では80年代から次第に増えていき，90年代に入るとさらに増え，今ではきわめて一般的な精神障害となっている。

　anorexia nervosaの用語を最初に用いたのはガル（Gull, W. W., 1874）で，症状として食欲不振，無月経，徐脈，軽度の低体温，呼吸数の減少などを挙げ，器質的兆候は認められず，病因は精神状態によるものであると述べている。マイヤー（Meyer, J. E., 1961）は，これを「思春期やせ症」と呼んだ。また

1970年以降，経過中に拒食から過食と嘔吐に転じる症例が増加し，時には拒食は見られず過食だけが前面に見られる場合もあるため，拒食を現す神経性食思不振症と過食を現す神経性大食症を合わせて，摂食障害というカテゴリーの中に置くようになった。しかし，これらを一つの疾患単位として見ることができるかは，いまだ明らかになっておらず，症状や徴候により分類される症候群として考えられている。

3.8.1 神経性食思不振症（拒食症）

神経性食思不振症（拒食症）は，思春期・青年期の女性にとくに多く見られる。食欲不振，不食，摂食制限など摂食行動の異常により，短期間に著しいやせ（標準体重の−15％以下）をきたし，肥ることへの恐怖心と，どんなにやせていても，それを認めない自分自身の身体イメージの認知障害を持つに至る。食事には異常なこだわりを見せ，低カロリーの物を多く食べ，油，米飯などは避けがちだったり，また自分が食べない代わりに他の家族にはたくさん食べさせようとしたりすることもある。一方，家族から孤立してひとりで食事をとる者もいる。慢性化した人には，家族とは別に自分の食事を作って一人で食べる者もいる。体重減少に伴い，身体症状として，無月経，うぶ毛の密生，低体温，低血圧，徐脈，便秘などを生じる。神経性食思不振症の患者は，たいてい，身体はやせ細り弱っているにもかかわらず，元気で活動的で，自分を病気と思っておらず治療を拒むことが多い。さらなる体重減少のために激しい運動をし，また本人も「元気で爽快」と感じる。まるで禁欲的な修行僧のように，自分の欲求を自分の意志の力で押さえ込もうとし，そうできていると感じることに喜びを覚えるのである。

神経性食思不振症は，過食を伴う者とそうでない者に分かれる。過食を伴う者の方が，抑うつ，罪悪感，自殺企図が多い。DSM−Ⅳ−TR（『米国精神医学会による精神疾患の診断・統計マニュアル』）（2002）の分類では，神経性食思不振症は，規則的にむちゃ喰い，または排出行動（自己誘発性嘔吐，下剤，利尿剤などの誤った使用）を行ったことがない制限型と，排出行動を行ったことがあるむちゃ喰い／排出型に分類される。拒食症は過食症と別のものとして扱わ

れているが，実は拒食症から過食症へ，あるいは逆方向へと移行することは
多い。思春期に発病し，大部分が女性だが，最近は男性も少しずつ増えてい
る。

　アメリカでは思春期・青年期の女性の約4％に見られ，年々増加し，若年
化する傾向がある。好発症年齢は10代半ば頃で，思春期の女性の0.5～1％
は発症するといわれている。

3.8.1.1　症　　状

　太ることを極端に恐れ，やみくもにやせたがる。標準体重の85％以下と
いう「やせ」過ぎの状態になり，生理が止まっても，なおやせ続けようとす
る。そしてどんなにやせていても，本人はやせているとは思っていない。や
せの程度はBMIが尺度として用いられることが多い。BMIは，20～40が標
準で，20未満がやせ過ぎ，24以上が太りぎみ，26.5以上が肥満といわれる。

　過食発作を伴わない「抑制型」と過食発作を伴う「むちゃ喰い／排出型」
に分けられる。「むちゃ喰い／排出型」は，過食発作が起こるたびに吐いたり，
下剤や利尿剤を使ってまで体重を減らそうとする。

$$\text{BMI(Body Mass Index)指数　}＝\text{　体重(kg)　}÷\text{　〔身長(m)×身長(m)〕}$$

3.8.1.2　原　　因

　生物学的な原因説としては，脳内アミン説などがある。心理学的な原因説
としては，家族内の問題，とくに母親との問題が絡んでいることが指摘され
ている。その根幹には「自立ができない」という問題を抱えていて，背景に
「大人（の女性）になりたくない」という成熟拒否が潜んでいることが多い。
「少女から女性になりたくない」という葛藤が無意識の中にあるために，少
女のような体型でいることを願って，痩せようとする。したがって拒食症で
は「母親からの自立」という問題が重要なテーマとなる。逆に母親が冷た
かったり，家庭が混沌としていたりして，母親の愛情を十分に受けてこられ
なかったために愛情飢餓があって，拒食症が起こるというケースもある。社
会的な背景要因としては，「やせた身体は美しい」とする最近の風潮が大き

く影響していることは間違いない。

3.8.1.3 経　　過

　約50％はうつ病を併発するといわれており，自殺に至るケースも少なくない。とくに「むちゃ喰い／排出型」は「抑制型」よりも深刻になりやすい。身体的にもさまざまな病理を生み出し，内分泌系の異常，低血圧，徐脈，電解質の異常，甲状腺の異常，肝機能の低下などが見られる。そのために生理が止まったり，出血しやすくなって，ちょっと壁にぶつかったくらいで内出血が起きて紫斑ができたりする。「抑制型」の方が「むちゃ喰い／排出型」よりも経過がよくない。

3.8.1.4 治　　療

　重篤なケースは入院治療が必要で，内科的治療を組み合わせた治療的アプローチがなされる。まず体重を増やして，身体を普通の状態に戻すことが必要である。この場合点滴による栄養補給が行われるが，点滴を体重増加のための行動療法に活用することがある。体重が2キロ増えたら点滴を外してもよい。さらに増えたら点滴を外して病院内を自由に歩いてもよい。もっと増えたら外出を許可する。さらに外泊→退院と段階を追って行動療法的なプログラムをつくり体重増加を目指す。

　ある程度体重が戻ってくると病識が出てくる。「何ということを自分はしていたのか，こんな自殺まがいのことがよくできたものだ」といったりすることがある。

　心理療法では，病初期にさかのぼって，心の中を分析する方法は決して好ましくない。「自分は病気ではない」と主張したり，「治したい（＝体重を増やしたい）」とは思っていないから，治療に非協力的なことが多い。クライエントとの信頼関係を確立することを優先し，そのうえで認知行動療法や支持療法を行うべきである。また，背景には家族関係や家族内の問題があるため，自然の成り行きとして，家族を呼び，家族療法を行うことになる。クライエント自身が病識をもつようになると，多くはさまざまな訴えをして，本人から心理療法を求めてくることが多い。

3章　心の問題　　99

3.8.1.5　本人・家族の注意点

　まず最初に本人に話すべきことは，「拒食症がどんなに危険なものか」「死に至ることもある病」であるということである。実際，日本では死亡率は10％にのぼる。危機感をもたせて，「治さないといけない」という治療意欲を少しでも高めるようにする必要がある。深刻なケースほど，ひっそりと亡くなる「静かな死」を迎えることが少なくない。だから家族は食事をきちんと食べるように，本人が嫌がったとしても必ず管理するようにすべきである。

　拒食症のクライエントは他のことではまったく嘘をつくことがないような誠実な人でも，食べることに関しては「食べた」と完全な嘘をつくことが多い。食べ物を「食べた」といって，隠したり捨てたりする動作もきわめて機敏で巧妙なので，家族や看護者はこうした点に十分に気をつける必要がある。

　母親の愛情不足が背景にある場合は，本人が何歳であろうと，たとえ成人していようと，母親が適切で温かい愛情を注ぐことがとても重要となる。一方で，本人が「食べない」ことに対して家族が怒ったり，責め立てたりしないことも大切である。拒食へ向かわずにいられない衝動性の強さを理解する必要がある。拒食症は怒って治るようなものではないし，「わざと食べない」わけではなく，「食べられない」病気だということを理解することが大切である。

3.8.2　神経性大食症（過食症）

　自らコントロールすることが困難な摂食欲求を生じて，短時間に衝動的に大量の食べ物を食べるのが神経性大食症（過食症）である。大量の食べ物を食べても満足感がなく，空腹というより精神的飢餓感から食べているように感じられる。食べているときだけ，しばし解放感に浸ることができるが，過食をした後には，抑うつ感，罪悪感，自己嫌悪感，焦燥感などが出現し，過食した自分が浅ましく惨めに感じられる。それでも過食症者は食べるのを止められず，自らの食行動コントロールすることができないという感覚を持つ。家族に隠れて夜中に冷蔵庫の物を食べる隠れ食い，食品を万引きしての盗み

食いが見られる場合もある。

　過食したまま体重が増加する場合もあるが，肥満に対する恐怖から，過食後に嘔吐したり，下剤を乱用する場合もあるため，外見上はむしろ痩せていることもある。過食後に摂食制限，不食を試み，拒食と過食の時期を繰り返す場合もある。

　DSM−Ⅳ−TRによると，神経性大食症は，定期的に自己誘発性嘔吐をし，下剤，利尿剤または浣腸の誤った使用をする排出型と，自己誘発性嘔吐をしたことがない非排出型とに分類される。

3.9　心　身　症

3.9.1　心身症とは

　心身症とは，身体症状が前面に出ているが，診断や治療にあたっては，心理的要因についての配慮がとくに重要な意味をもつ病態である。身体的原因により発症した疾患でも，その経過に心理的要因が大きく関与している症例や，一般的に神経症とされているものであっても，身体症状を主とする症例は，広義の心身症として扱った方が好ましい結果を得られることがある。しかし，日本心身医学会の『心身医学の新しい診療指針』(1991) では，「心身症とは身体疾患の中で，その発症や経過に心理社会的因子が密接に関与し，器質的ないし機能的障害が認められる病態をいう。ただし神経症やうつ病など，他の精神障害に伴う身体症状は除外する」としている。すなわち，心身症とは身体疾患であると明記しており，神経症やうつ病などによる身体症状は心身症から除外される。

　心身症者の心理的特徴を表すのに，シフネオス (Sifneos, P. E.) が1972年にアレキシシミア (alexithymia：失感情症・失感情言語症) という概念を提唱した。アレキシシミアは，感情をうまく表現できず，まわりのできごとや身体症状などの現実的具体的な詳細ばかりを述べ，夢やファンタジーなど内的体験を語ることが少ない，などの特徴をいう。確かに，心身症者は，自らの感情の気づきや表現が少ない。精神医学の領域では，心身症者の中には神経症者よ

3章　心の問題　　101

りも重症のパーソナリティ障害を持つ者が多いと主張する研究者が多い。心身症一般にあてはまるとはいえないが，心身症者の中には，強迫パーソナリティ，自己愛パーソナリティ，境界パーソナリティを有する人たちが多く，一部には重篤な人格障害（personality disorder）が見られることもある。

したがって，心身症の診断には，身体症状，精神症状，行動パターン，パーソナリティといった諸側面を見ていく必要がある。

3.9.2 治　　療

心身症は身体病であるため，身体的治療も大切である。しかし，その発症や経過には心理要因が密接に関連しているため，心理的側面への配慮も重要で，心身両面から治療を進めていく必要がある。ただし，心理的要因の関与の度合いはケースによってさまざまで，必要な配慮の度合いもそれによって異なってくる。薬物療法だけで治癒する場合もあれば，家族関係や職場の状況の調整が必要な場合もある。また幼児期にさかのぼって生育歴を検討し直すことが必要な場合もある。

身体疾患が進行している急性期には，たとえば病気休暇をとるなどして，まずストレス状況からいったん引き離し，十分な身体的治療をすることが必要である。心身症者は，発症に先立って慢性的なストレス状況にある場合が多い。心身症者の多くは，人生のストレスとなるできごとと心身症症状との関連を，はた目には自明と見える場合ですら，まったく気づいていなかったり，否定したりする。治療者は，クライエントの人生のできごとと感情，それらと病気とのつながりを明らかにして，クライエント自身の気づきを促していかなければならない。そのためには，まずは身体症状をめぐるクライエントの訴えに十分耳を傾けることが大切である。それが治療者に対するクライエントの信頼につながるだけでなく，症状の背景にある心理的要因を探る糸口ともなる。

軽症の心身症であれば，一般の心理療法と薬物療法，さらに環境調整などによって，ほとんどが治癒する。しかし，神経症者と比べると，心身症者は，言語的なアプローチだけで問題の洞察に至ることが難しい場合が多い。その

ため，言語的な心理療法と平行して，箱庭療法，絵画，粘土などの象徴的な非言語的アプローチを用いたり，また，心身相関という観点から，自律訓練法，筋弛緩法，バイオフィードバック法など，身体に働きかけて心身両面の緊張を和らげ回復を図る治療法が有効な場合もある。

3.10 人格障害（パーソナリティ障害群）

　個人の人格がいき過ぎていて社会適応に支障をきたすものを人格障害と呼んでいる。伝統的な精神医学的の「人格」概念の中核には，遺伝的要素の強い「気質」があり，その周囲を社会・文化的な影響の強い「性格」が包んでいるとし，その「気質」と「性格」を含んだ全体を「人格」ととらえている。

　ローゼンタール（Rosenthal）のストレス・素質モデルに従って考えると，精神障害は個人の持っている「素質」と，環境的ストレスとが影響し合って起こると考えられているが，「人格」は，この「素質」に含まれると考えることができる。

　もともと精神分析家は，「治療困難な神経症には人格障害が多い」という観察を持っていた。最近では，その考えがさらに広がり，「精神障害は，人格のかたよりが不適応を起こしたために起こる」と考える傾向が強くなっている。現代の臨床心理学・精神医学では，人格障害を考慮せずには，どんな治療も成り立たなくなっている。

　人格とストレスの関係を考えると，「人格」は一応ストレスとは独立して考えられているが，現実にはこの2つは切り離すことのできない関係にある。人格とは，生得的な気質と，親子関係や生育環境とが影響し合ってできるものと考えられる。人格障害という病理を有していても，それが表面化するきっかけは，多くの場合はストレスである。

　たとえば，「境界性人格障害」と診断されるきっかけは，不登校，恋愛や進路の失敗，親子関係の破綻などによる何らかのストレスであることが多い。人格障害の中には，相対的にストレスに影響されやすい人格障害と，影響されにくい人格障害とがある。人格障害の病態の重さの深さは，ストレスにど

3章　心の問題　103

れくらい影響されるか，どんなストレスが原因になりやすいかという点にある。

　DSMで，人格障害は3つの「クラスター」に分類される。そのうち，クラスターAには，遺伝的に統合失調症の素質をもっている人の多い「妄想性人格障害」，「スキゾイド人格障害」，「統合失調症型人格障害」が含まれる。クラスターAの特徴は，自閉的で妄想を持ちやすく，神秘的な傾向があり，対人関係がうまくいかないことであり，相対的に遺伝の影響が強く，ストレスはそれほど影響しない。問題となるとすれば，主として対人ストレスである。スキゾイド人格障害は環境や人の意見，まなざしに対して比較的鈍感なため，ストレスを感じにくく，ストレスの影響を受けにくい。妄想性人格障害はとくに対人関係のストレスに弱く，ストレスが強いほど病理性は強まる。統合失調症型人格障害はとくに対人関係のストレスに弱く，ストレスが強いほど病理性は強まる。また遺伝的に統合失調症になりやすく，ストレスが引き金になって発症するケースが多く見られる（およそ25％）。

　クラスターBは「感情的な混乱の激しい人格障害」で，精神的にとても不安定で，ストレス耐性はかなり低い。クラスターBには，境界性人格障害，自己愛性人格障害，反社会的人格障害，演技性人格障害が含まれる。クラスターCは，「不安や恐怖感が非常に強い人格障害」で，回避性人格障害，依存性人格障害，強迫性人格障害が含まれる。

3.10.1　境界性人格障害

　かつて「境界例（ボーダーライン）」と呼ばれた人格の問題をDSM（『米国精神医学会による精神疾患の診断・統計マニュアル』）では「人格障害」として捉え直し，人格障害の中の「境界性人格障害」として分類した。「境界例」という言葉が初めて用いられたのは，1982年イギリスの分析医リックマン（Rickmann, J.）が「神経症と分裂病性精神病の境目にあって，どちらともいいがたい症例」を境界例と名づけたときであるといわれる。精神分析家たちは，神経症の症状を訴えて精神分析治療を受けている患者の中に，精神病症状を呈するようになる患者がいることに気づき，こうした進行を防ぐために，

このような症例の研究が数多くなされていった。

　境界性人格障害の発達水準は部分的対象関係の水準にとどまり，防衛機制として神経症者が用いる「抑圧」を中心とした防衛機制よりも未熟（原始的）な，「分裂」を基礎とした「否認」「投影」と「投影性同一視」，「原始的理想化」「万能感」「脱価値化」などの機制を優先して用いる。以下に，これらの防衛機制についての簡単な説明をする。

3.10.1.1　分　　裂

　境界性人格障害の人は，自己像や対象像のよい側面と悪い側面とが統合されていない。攻撃衝動の強さのため悪い側面があまりに危険なものになっている場合，悪い対象によってよい対象が汚染されるのを防ぐため，両者を切り離しておくことによって，よい対象を守ろうとする機制が生じる。この心的機制を分裂と呼ぶ。そのため，よい側面と悪い側面が同時に存在することを認めることができず，両者を別々の存在としてしか認められない。このような状況では，正反対の自我状態が交互に活性化する。対象および自己によい側面があっても，いったん悪い側面を見出すと，よい側面は破壊されてしまったという，非現実的で被害的，妄想的な不安を抱きやすい。このため自我の統合は妨げられ，安定した自我同一性が獲得されないので，自我機能はいっそう低下し，ますます原始的防衛機制が多用されるという悪循環が生じる。

3.10.1.2　投影と投影性同一視

　自己の中の分裂した「悪い」自己・対象表象を自己の外に投影するが，その結果，外界の対象が危険で報復的なものになり，自己はこれから身を守らなければならなくなる。これが通常の投影であるが，境界性人格障害では投影した後も，なおその対象を同一視し続ける。自己の衝動，感情を対象に投影し，そのうえで，今度はその対象と自己を同一視して，本来自己のものであった衝動や感情を和らげたり押さえ込んだりする。つまり投影の対象との間に常にかかわりを持って，相手から報復され攻撃される前に，自分から相手を押さえ込んでしまおうとするわけである。これが不十分にしか機能しないと，境界性人格障害の人は対象を絶望的に振り回そうとしたり，対象から

3章　心の問題　　105

迫害されるという被害的不安を露呈させたりする。分裂と投影性同一視は境界性人格障害の対象関係の中で悪循環を形成し，自己の悪い部分は分裂排除されて外部の対象がますます悪く危険なものとなり，内的なものと外的なものが混同され，自己と対象の境界の識別が一時的に困難になることがある。逆に，自己の中にある分裂した「よい」自己・対象表象を投影した場合は「原始的理想化」が生じる。

3.10.1.3 否認・原始的理想化・万能感・脱価値化

「否認」とは，自分で認めてしまうと不安を引き起こすような体験や関係や性質を，そのまま現実として認知するのを拒否することである。否認は，一方で外的現実を知覚していながら，他方でその知覚を否認する。つまり，現実を意識から排除してしまうことではなく，知覚している自我そのものを否認するというところに特徴がある。

「原始的理想化」とは，自己や外的対象を非現実的に，すべて「よい」対象とみなすことによって，そこに「悪い」側面が進入し，その対象を汚染してしまうことを防止することである。したがって，自己や対象があらゆる長所や価値を備え，何ら欠点がないと思い込む。分裂により自己から一切の「悪い」部分を排除して自己を理想化し，その理想化された自己と理想化された対象が関係を結び，自己と対象の理想化が相互に強化される。対象にわずかな欠点が見出されると，それは「悪い」対象に由来する不安を引き起こす。これに対して理想化を保持するために，自己と対象は完璧に「よい」存在となり，「悪い」対象の侵入を防ぐ。境界性人格障害の患者は完璧で理想化された対象に自己を従属させ，庇護を求めるか，あるいは全能対象と自己を同一視して「自己愛的万能感」を発展させる。あるいは，今まで理想化されていた対象を急激に「脱価値化」し，完全に「悪い」対象として，非難，中傷，軽蔑するようになる。このように自己や対象の評価が，完璧に「よい」から完全に「悪い」へと急激に逆転することが境界性人格障害の特徴である。

以上のような原始的防衛機制を用いるために，境界性人格障害の人は，依存と攻撃の間で揺れ動く不安定な対人関係を持つことになる。対人状況によって気分が非常に変わりやすく，しかもそれに伴って激しい感情表出と衝動的

行動化が見られる。愛を強く求めるかと思えば，激しく怒り出すといった感情表出や，性的行動，犯罪的行動，自傷行為などの衝動的行動化が見られる。

　このような不安定で激しい行動の背後には，自分は愛されてこなかったとの「見捨てられ不安」がある。したがって，心理的には，愛されていないという孤独感，空虚感やそれに由来する不安定な自己イメージに苦しむ。彼らは非常に傷つきやすく，対人認知に関しては，相手を全体として捉えられず，自分の味方（よい対象）か敵（悪い対象）かといった分裂した見方しかできない。そのため，空虚感を満たそうと他者に強い依存感情を抱くが，それが満たされないと感じると，それまで味方であった対象が一気に敵に転じ，自分を見捨てる者として激しい怒りを向け，攻撃的・衝動的行動に走る。その結果，他者が離れていき，ますます空虚感がつのる悪循環が生じる，という対人関係，自己像，感情の不安定および著しい衝動性の広範な様式で，成人期早期までに始まり，種々の状況で明らかになる。以下のうち5つ（またはそれ以上）によって示される。

　①現実に，または想像の中で見捨てられることを避けようとするなりふりかまわない努力

　　注：基準⑤で取り上げられる自殺行為または自傷行為は含めないこと

　②理想化とこき下ろしとの両極端を揺れ動くことによって特徴づけられる，不安定で激しい対人関係様式

　③同一性障害　著明で持続的な不安定な自己像または自己感

　④自己を傷つける可能性のある衝動性で，少なくとも2つの領域にわたるもの（例：浪費，性行為，物質乱用，無謀な運転，むちゃ食い）

　　注：基準⑤で取り上げられる自殺行為または自傷行為は含めないこと

　⑤自殺の行動，そぶり，脅し，または自傷行為の繰り返し

　⑥顕著な気分反応性による感情不安定性（例：通常は2～3時間持続し，2～3日以上持続することはまれな，エピソード的に起こる強い不快気分，いらだたしさ，または不安）

　⑦慢性的な空虚感

　⑧不適切で激しい怒り，または怒りの制御の困難（例：しばしばかんしゃくを

起こす，いつも怒っている，取っ組み合いのケンカを繰り返す）

　⑨一過性のストレス関連性の妄想様観念または重篤な解離性症状

　めまぐるしく変わるさまざまな神経症様症状（ヒステリー症状，強迫症状，心気，不安感，拒食・過食など）を呈し，自傷，自殺，非行，性的問題，アルコール・薬物乱用，家庭内暴力など多くの問題や症状を断片的あるいは同時に出す。また，一過性の精神病様状態になることもある。

3.10.2　自己愛性人格障害

　「自分は特別な人間であり，特別な才能や美貌を持っている。だから誰からも称賛されるべきだし，特別な待遇を受けるのは当然である」というような肥大した自尊心を持っている一方で，他人にどう評価されるかに非常に過敏なタイプの人格障害である。

3.10.2.1　原　　因

　欧米では，親の愛情不足にその原因を見るのに対し，日本では，幼いころから母親の過保護によって「自分は特別なんだ」という感覚が植えつけられてしまった結果であると考えられている。常に相手に「自分は特別なのだ」と思ってもらいたがり，そう扱われることを期待し要求しているので，人から批判されたり，自尊心を傷つけられたりすると，きわめて強い怒り（自己愛性憤怒）を生じさせる。時にはその怒りがうつ病や身体表現性障害，不安障害などに変化することもある。このような「特別扱い」が受けられないとき，危機の引き金になることが多い。

3.10.2.2　診　　断

　以下の9つの条件のうち，5つ以上があてはまると自己愛人格障害の診断基準を満たすことになる。

　①自分は特別重要な人間だと考えている。

　②限りない成功，才気，美しさ，理想的な愛の幻想にとりつかれている。自分は才能にあふれているから，どんな成功も思いのままだし，すばらしい相手とすばらしい恋愛ができるなどと思い込んでいる。

　③自分は特別であって独特なのだから，同じように特別な人たちや地位の

高い人たちにしか理解されないし，そういう人たちと関係があるべきだと信じている。

④過剰な賞賛を要求する。

⑤特権意識を持っている。自分には特別に有利な計らいがあって当然だと思い込んでいる。

⑥自分の目的を果たすために，いいように他人を利用する。

⑦共感する力に欠けている。つまり，他人の感情や欲求が理解できず，認めようともしない。

⑧しばしば嫉妬する。または他人が自分に嫉妬していると思い込んでいる。

⑨尊大で傲慢な態度が見られる。

3.10.2.3　経過と予後

経過としては，たとえば就職して社会に出て期待どおりの扱いを受けられないなどして，これまでの自己イメージが破綻し壁にぶつかるときに，勇気を持って自分の現実や問題に直面できるかどうかが分かれ目になり，その際，本人の「現実を直視する勇気」と，周囲からの「特別扱い」をしない接し方が必要となる。

3.10.2.4　治　　療

自己愛性人格障害の治療には薬物療法よりも心理療法が適しているが，治療者には相当の配慮が要求される。自己愛性人格障害者は「自分は特別だ」と思って生きているから，その特権意識を突き崩すことは本人のアイデンティティを壊すことにほかならず，これは大変な作業となる。したがって，クライエントの自尊心を守りながら時間をかけて支持的に接しながら，信頼を得られたところで本当の問題は自分の人格にあることを話して問題の本質を突いていき，その納得を促していく必要がある。その作業は，本人も気がつかないくらい少しずつなされていく必要があり，結局のところ，当人にとって身の丈に合った自尊心を持つように促す作業となる。

3.10.3　反社会性人格障害

反社会性人格障害とは犯罪行為を頻繁に繰り返すことによって特徴づけら

3章　心の問題　　109

れるが，犯罪的な行為を繰り返しても，良心に乏しいため，ほとんど罪悪感や不安，うつ気分に襲われることもないという。アメリカの刑務所では囚人の50～70％に反社会性人格障害が認められるという報告がある。彼らは愛する能力，人の気持ちがわかる力や優しさが不足しているが，その一方で相手の顔色をうかがいながら嘘をついたり，いうことをくるくると変えたりして，人を操作することには非常に長けているため，表面的には非常に魅力的に見えることもある。

3.10.3.1 　診　　断

15歳以来，反社会的な行動が認められ，次の7つの診断基準のうち，3つ以上が認められる場合をいう。

①逮捕の原因となる行為を繰り返し行うことで示されるように，法を守るという，社会的な規範に従うことができない。

②人をだます傾向がある。たとえば自分の利益や快楽のために嘘をつく，偽名を使う，人をだますといった行動を繰り返す。

③衝動性が強く将来の計画が立てられない。

④怒りっぽく，攻撃的で，頻繁にケンカしたり，繰り返し暴力をふるう。

⑤向こう見ずで自分や他人の安全を考えない。

⑥一貫して無責任である。たとえば一つの仕事を続けられない。借金を返さないといったことを繰り返す。

⑦良心の呵責を感じない。たとえば人を傷つけたり，いじめたり，人の物を盗んだりしても，反省することなく，正当化する。

3.10.3.2 　原因と経過

反社会性人格障害とは，18歳以前から，その年齢なりの反社会的な行動が見られていたのが，18歳になっても続き，18歳以降は年相応の実行力に支えられて犯罪性を帯びてしまうほどの行動に及ぶものをいう。15歳以前から嘘をつく，万引きを繰り返す，暴力をふるう，動物を虐待するなど「行為障害」と呼ばれるさまざまな問題行動を取っている場合が多いという。

原因としては，親の過保護，甘やかしのために少年の自尊心が過度に肥大することに原因があるという説もある。それゆえに挫折を感じやすくなり，

彼らが挫折をすると自分の存在を知らしめてやろうという欲求が動き，一挙に犯罪，とくに「目立つだけ目立ってやろう」とする単独の凶悪犯罪へ走りやすい。実は自分が「何ものでもない」ことに耐えられず，「自分は世間の皆が思うほど目立たない人間ではない。勇気のない人間ではない。自分の勇気を見るがいい」，というまるで自己の存在証明のような形で犯罪が行われていく。そのため，被害者はたまたまそばにいた人が選ばれることになる。

　かつての犯罪者には非行少年タイプが多かったが，現代では個人が孤独の内に閉じこもり，それが空想，幻想，妄想へと展開し，被害妄想的なものを絡めながら犯罪の計画がなされ，かつ冷静に殺人が実行されるようなことが起きやすいという。

　反社会性人格障害になる素因を有していても，ストレスの少ない穏やかで平和な環境で育った場合，反社会性人格障害には発展しにくい。反社会性人格障害の背景にはとくに父親の暴力や犯罪など，攻撃的なストレスと関連があるといわれている。また，反社会性人格障害には，遺伝的な要因も強いといわれ，親もまた反社会性人格障害であるというケースが少なくないため，治療の際にも，なかなか親の協力と理解が得られない場合が多いという。

　経過としては，年齢を追うごとに，さまざまな段階を経て，反社会的な傾向がかなりまろやかになっていく。40歳を過ぎるころになると，このような人格障害から離れていくことが多い。ただし慢性的な薬物乱用や他の精神障害を呈するという形に変化するケースも少なくないので注意を要する。

3.10.3.3 治　　療

　反社会性人格障害の治療は外来治療では困難である。なぜなら彼らには根本的に罪悪感が欠如していたり，失敗から学ぼうという意識がなかったりするため，入院して自分の問題に直面せざるをえない状況をつくる必要がある。彼らは概して，入院などの制限がある環境の方がむしろ落ち着いて素直になる場合が多い。過度の自由はかえって彼らの自己コントロールを失わせてしまう。周囲にとっての困難は，そもそも患者自身に治ろうとする意欲が乏しいことにある。しかし，それだけに，なおさら患者に対する絶えざる励ましと愛情のこもった支持を送り続けることが必要であることも事実である。

反社会的人格障害には集団療法的なアプローチも有効である。しかし，その場合，グループの参加メンバーの中に反社会的な傾向から離脱した人たちがいることが条件となる。十分に離脱していないと，グループで集まることで，かえって反社会的な傾向で一致してしまい，治療目標とは逆の方向に向かってしまう危険性がある。

3.11 統合失調症

3.11.1 統合失調症の名称

統合失調症は躁うつ病と並ぶ2大内因性精神病の一つである。1899年，ドイツのクレペリン（Kraepelin, E.）は，思春期に発病し，次第に進行していき，ついには精神荒廃，痴呆状態に至る症候を，一疾患単位として「早発性痴呆」と呼んだ。その後1911年に，スイスのブロイラー（Bleuler, E.）が，この疾患の本質は知能の低下にあるのではなく，観念の連合の統合性が解体するという連想機能の特有の分裂にあると考え，Schizein（分裂），phrenia（精神状態）の造語である「スキゾフレニア（schizophrenia〔英〕・Schizophrenie〔独〕）」という名称を提案した。ただし，ブロイラーは，これを単一の疾患とはせずに，あくまで症候群とみなしている。

かつて日本ではschizophreniaは「精神分裂病」と翻訳されていた。ブロイラーは，あくまでschizophreniaの心理的特徴である精神機能の分裂（思考，感情，体験の間の相互の分裂，精神機能の要素的構成の分裂，人格の構造連関の喪失など）を表現していたにすぎず，そこに治療の可能性を見出していたが，日本語の「精神分裂病」という名は，精神（理性）が分裂しているというニュアンスがあり，病者の人間的価値を損なわせ，治療に対して悲観的な印象を与えるという問題が指摘されていた。そこで，その後わが国において，schizophreniaの日本語訳をブロイラーが意味していたニュアンスにより近い「統合失調症」という名称に変更することになった。ここでいう失調とは，一時的に調子を崩したということで，回復の可能性があることを示唆している。

実際，統合失調症は，発生頻度の高さ（一般人口の0.7〜0.9%）と特異な病像，

治癒の困難性などにより，これまで精神医学領域で最も重大な疾患とされていたが，有効な治療薬が1950年代に発見されて以来，薬物療法の進歩により，今日では精神荒廃に至るものはごくまれになってきている。

3.11.2　統合失調症の原因

統合失調症は発生頻度の高い精神病であるが，その原因はいまだ明らかになってはおらず，さまざまな要因が多次元的にかかわっていると考えられている。発病には遺伝的な要因もかなり深く関係していることが統計的に示されているが，遺伝疾患と断言することはできない。また脳の組織病理学的所見も決定的なものは見出されておらず，内分泌学的，生化学的所見も病因と特定できるようなものは見つかっていない。その一方で，セロトニン代謝障害説，ドーパミン過剰仮説など，多くの生化学的な所見が発表されている。

また，心因・家庭因・社会因から統合失調症を考える立場もあり，統合失調症の経過には，これらのさまざまな条件が影響することが広く認められている。心因・生活史的要因に関しては，とくに統合失調症の個人的心理療法を通して，さまざまな重要な知見がもたらされている。

統合失調症の厳密な原因は明らかになってはいないが，ドーパミンなどの脳内の神経伝達物質の代謝の変動と関係していると思われるある種の脆弱性と，環境要因とが相互作用した結果，特定の神経回路が過度に賦活された状態が基盤となって，発症するのではないかと考えられている。

3.11.3　統合失調症の症状

統合失調症に特有の身体症状は見出されていないが，一方，精神症状はきわめて多彩である。

3.11.3.1　前駆症状

一般に統合失調症の発現に先立って，神経衰弱状態や種々の神経症に類似した症状などを呈する。主観的には，不眠，不安，緊張，肩こり，頭重，易疲労感，思考・記憶・注意集中力の低下などを訴える。あるいは周囲からの圧迫感を漠然と感じたり，抑うつ気分に陥り，罪責感を抱き，自殺を考えた

3章 心の問題　113

り，逆に不自然な高揚感を覚えたりする。また，心気症，離人症，強迫症状などの症状を呈する。しかし一般に，徴候のわりには，深刻味は乏しく，真剣に悩む風情に欠けていたりする。中安信夫（1990）は，顕在発症する前の段階の特異的4主徴として，自己の意思によらず体験そのものが勝手に生じてくると感じられる「自生体験」，注意を向けている対象以外の種々の些細な知覚刺激が意図せずに気づかれ，そのことによって容易に注意がそれるという「気づき亢進」，どことなくまわりから見られている感じがするという，幻の他者が自己に向けるまなざしの，意識性による感知である「漠とした被注察感」，何かが差し迫っているようで緊張を要するものの，なぜそんな気持ちになるのかわからなくて戸惑っている「緊迫困惑気分」を挙げている。

　客観的には，これらの訴えをしながら，徐々に学業や職業といった社会的機能が低下し，身辺のできごとに対しての興味が薄れ，世間から離れ，人を避けてこもりがちとなる。そのうち，生活や服装もだらしなくなり，奇妙な言動が目についてくる，という形で発病することが多い。

3.11.3.2　発病時の症状

　発病は突然訪れることもあれば，徐々にという場合もある。何らかの状況因が関与している場合もあれば，まったくそれが見当たらない場合もある。いずれにせよ，統合失調症が発現してくると，以下のような症状が現れる。

　1）思考障害

　最初は本人自身がある程度自覚して，「頭が働かなくなった」「考えがまとまらない」などと訴えるが，時を経るにつれて自覚がなくなってくる。

　思考過程の障害としては，話がまわりくどく，まとまりがなくなる「連合弛緩」，さらに進むと何を表現しているのか一見理解できなくなる「滅裂思考」，会話の途中に突然止まってしまう「思考途絶」や，自分だけに通用する言葉をつくってしまう「言語新作」，無関係な単語をただ羅列する「ことばのサラダ」等が生じる。

　思考内容の障害として多く見られるのは「妄想」である。妄想の内容には多少とも現実離れしたところがあり，誰とも共有されることはないが，本人は絶対的に現実だと確信しており，誰に説得されようとも訂正することがで

きないという特徴がある。

　病初期に，圧倒されるような世界の変様感である「妄想気分」を体験する統合失調症者も見られる。このような気分のときは，外界の事象を自分と関係づけて考える「関係妄想」を生じやすいし，その被圧倒感から妄想内容は被害的な色を帯びやすい（「被害妄想」）。統合失調症者は「テレビで自分のことをいっている」「近所の人が自分の噂をしている」「盗聴器が家の中に仕掛けられて，見張られている」「他人が自分を陥れようとしている，嫌がらせをされる」などと訴えて，本人だけにわかる証拠を挙げる。被害妄想が食べ物と結びついて「食べ物に毒が入れられている」と訴える「被毒妄想」，大勢の人たちがいる場所で，みんなが自分を注目し，観察していると思う「注察妄想」などを持つ人もいる。

　妄想はこのほかに，「心気妄想」「嫉妬妄想」「罪業妄想」「誇大妄想」「憑きもの妄想」「好訴妄想」「否定妄想」などがある。「心気妄想」は，自分の身体に違和感を感じ，これを妄想的に解釈する。「嫉妬妄想」はパートナーが浮気をしていると確信したりする，男女の愛情関係に現れる被害妄想である。「罪業妄想」は，自分が償いようのない大罪を犯したと思い込み，深い罪責感を持つものである。初期で比較的珍しいが，不可思議な現象に対抗するように自己を過大に評価する「誇大妄想」もある。誇大的な着想をする「誇大着想」，自分を高貴な血統の子孫であると確信する「血統妄想」，自分を神や神の予言者であると確信する「予言者妄想」，偉大な発明をしたと確信する「発明妄想」，異性に愛されていると確信する「恋愛妄想」などの形をとって現れることもある。「憑きもの（憑依）妄想」は，神，悪魔，犬神や狐狸などの何かの霊が自分に乗り移り，思考，言動を支配するというものである。「好訴妄想」は，他人が自分の法的権利を侵害したと確信して，頻繁に訴訟を起こそうとするものである。「否定妄想」はすべての実在性を否定する妄想で，脳がない，胃がないなどと主張し，自己の存在，神の存在を否定するのみならず，家族などの親しい人たち，死，場所，時間，世界などを否定するに至ることもある。妄想の一形態として，周囲の人を妄想的に別人物だと錯覚する「人物誤認」が見られることもある。

3章　心の問題　　115

思考面に現れる影響症状としては，自分が考えることが他人から影響されていると感じる「させられ思考」，自分の考えを人に取られると思い込む「思考奪取」，また逆の場合として他人の考えが吹き込まれると思い込む「思考吹入」，何もいわなくても自分の考えが他人に伝わってしまうと思い込む「思考伝播」，自分の考えがわかられてしまうと思い込む「思考察知」などがある。

　2）幻覚

　幻覚とは，「対象のない知覚」であり，知覚の各分野に生じうるが，統合失調症でよく見られるのは「幻聴」である。それも，人の声で話しかけられるという形が多い（「幻声」）。幻聴は妄想を伴うことが多く，また幻聴から妄想が形成されたりもする。統合失調症者は被圧倒感にさいなまれ，幻聴の内容も自分の批判や悪口，命令などが多い。自分の考えていることが声として聞こえたりする「考想化声」などもある。幻聴は本当に人が話している声のように聞こえる場合もあれば，テレパシーが伝わるように何の媒介もなしに直接伝えられる場合もある。

　幻聴に次いで，統合失調症でよく見られる幻覚は「体感幻覚」である。体感幻覚は鮮明な実体的な体験で，「脳が引っ張られる」「身体の中を電気が走る」「性器に機械が入っている」など奇妙な内容が多い。体験の仕方はさまざまであるが，自分の身体が外の他者からの影響の下にあるという布置が，神経症の心気症とは根本的に異なっており，統合失調症独特のものといえる。

　3）自我障害

　統合失調症者が世界から圧倒されて，自由にふるまうことができない状態からさらに進むと，他者から支配され影響されると感じるようになる。行動は他者から操られ（「させられ体験」「作為体験」），それが思考面に表れると，前述したように思考奪取，思考吹入，思考伝播，思考察知などの体験となって，他者によって自分の思考が影響されるようになる。また，離人症は，神経症としても現れるが，統合失調症者の疎隔には，ある体験が自己のものだという自己所属性の喪失感があり，作為体験の能動性の障害と関連するところが大きい。

ドイツのシュナイダー（Schneider, K.）は，統合失調症の病態は，自我の境界がもろくなっていることに原因があると考えて，それを反映する特殊な形の幻覚，妄想を抜き出し，統合失調症の「一級症状」と名づけた。たとえば，考想化声，話しかけと応答の形の対話性の幻聴，自己の行為に口出しをする形の幻聴，身体への影響体験，思考奪取やその他思考領域での影響体験，思考伝播，妄想知覚，させられ体験などを一級症状として挙げている。統合失調症の症状の特徴として，自我漏洩症状を伴っていて，多かれ少なかれ他律的，すなわち主体性が損なわれていることが挙げられよう。

4）感情障害

病状が進むと，感情の起伏が少なくなり，平板化していく（「感情鈍麻」）。このほか，悲しむべきときに笑い出すなど，置かれている状況にひどく不適切な感情を表す「感情倒錯」が見られる。感情と表出との関連性が損なわれていると思われる。また，同一の対象に対して同時にまったく相反する感情を示す「両価性」が見られるなどの混乱もみられる。

5）自閉性

「自閉性」は，統合失調症の慢性状態の本質を表す概念とされている。感情鈍麻や物事への興味や気力・意欲の低下，何もしなくなる「無為」，閉居などの特徴だけでなく，自閉は人格水準の低下，荒廃状態，不完全緩解などの状態の背景をなすものとして考えられている。

外界や他者との関係の中で，不信と絶望，自己の存在を脅かすほどの不安と恐怖に圧倒されて，外界や他者とのつながりを絶ちきり，自らの殻の中に閉じこもることが，統合失調症的自閉である。完全な自閉とは，他者の存在を認めることもなく，また自己が他者に認められることもない完全に無視している状態である。

6）緊張病症候群

興奮と昏迷が緊張病特有の表現である。興奮状態は，「精神運動性興奮」と呼ばれ，多動になり，急に興奮して，暴行や器物破壊，自傷，自殺企図などをするが，しばしば動機が一見不明である。「昏迷」は，これと対照的で，自らはまったく動こうとしなくなり，じっとしたまま反応がない状態である。

3章 心の問題　117

しかし，意識はしっかりとあり，外部の状況を明瞭に認識している。

　そのほかに，まったく口をきかなくなったり，食事や診察，服薬を拒否したりする「拒絶症」，同じ運動，動作を繰り返したり，同じ姿勢を取り続けたりする「常同症」，たとえ不自然な姿勢であっても，相手によって取らされた体位を取り続ける「カタレプシー」，相手と同じ言葉や動作，表情を繰り返す「反響言語」「反響動作」「反響表情」，相手にいわれるままの行動をする「命令自動症」，表情や身のこなし，話し方などの表現行動がわざとらしくなる「衒奇症」，自分だけに通用する新しい言葉をつくる「造語症」などが見られる。

　7）その他

　ひとりで話していたり，笑っていたりする「独言」「空笑」も見られる。また，被害者的で自閉的な自らだけの世界にのみ自己の存在価値と生存の理由を見つけ出した統合失調症者と対面したとき，われわれは，そこでその人と交流することの困難さ，あるいは交わることのない，相互に一方通行的なやりとりをしていると感じる。疎通性，深い感情的接触を持てないことが，統合失調症の一つの特徴である。

　統合失調症者と接すると，面接者に共通してある種の直感的な感情「プレコックス感」が生じる。オランダの精神科医リュムケ（Rumke, H. C.）は，統合失調症者に対人接近本能の障害があるため，面接者自身の本能的対人接触が確かな手応えを失い，一種の困惑感を覚えるためにこうしたプレコックス感が生じるとし，診断において意義あるものとした。

　なお，上記の症状は，病勢の激しい急性期にはっきりわかる形で認められる陽性症状と，慢性期などに目立たない形で残る陰性症状に分けられる。陽性症状としては「妄想」などの思考異常，「幻聴」などの知覚異常，「興奮」や「混迷」などの行動異常がある。陰性症状としては「感情鈍麻」などの感情異常，「アパシー」などの意欲異常がある。

3.11.4　統合失調症の分類

　統合失調症は，次のような4病型に分類することができる。

3.11.4.1　破瓜型（破瓜病）(hebephrenic type/hebephrenia)

　ヘッカー（Hecker, E.）が「破瓜病」と命名，その後クレペリンがこれらの病像を一つにまとめて早発性痴呆とし，緊張病，妄想型統合失調症を含む3亜型に分類した。発病は20歳前後に多く，初期症状は目立たず徐々に発病して慢性の経過をとる。幻覚・妄想などの陽性症状は顕著でなく，無関心，無為，感情鈍麻などの陰性症状を主徴とする。病が進むにつれ，人目を避け，仕事や学校を休み，自室に閉じこもりがちとなり，無精で不潔，無為となり，独語，空笑が見られる。治療が行われないままに，さらに進行すると，思路の滅裂，感情鈍麻，自発性欠如へと至る。感情鈍麻，自発性低下が主体で，幻覚，妄想を持たないものをとくに単純統合失調症，類破瓜病と呼ぶことがある。

3.11.4.2　緊張型（緊張病）(catatonic type/catatonia)

　カールバウム（Kahlbaum, K. L.）によって，独立疾患とされ，「緊張病」と名づけられたが，クレペリンがこれを早発性痴呆としてまとめた。発病は20歳前後で，激しい興奮状態あるいは混迷状態で急性に発症し，比較的短期間で寛解するが，放置すると再発を繰り返すことが多い。再発を繰り返すと，感情鈍麻が目立ってきて，何らかの欠陥状態を残すことが多いので，再発の防止が重要な点である。症状としては，上述の精神運動性興奮，昏迷や緊張病症候群が見られ，派手であるので，まわりが気づいて医療機関に連れてくることが多い。

3.11.4.3　妄想型（paranoid type）

　発病は30歳前後から40歳前後で，幻覚や妄想を主症状とし，他の統合失調症症状は少ない型である。慢性の経過をとり，長年にわたって徐々に進行し，一部は寛解するが，長い時間かかって人格崩壊に至る場合もある。幻覚は幻聴が多く，妄想は被害妄想，次いで誇大妄想がよく見られる。

3.11.4.4　残遺型（residual type）

　統合失調症の慢性状態に対する名称で，何回かのシューブ（増悪）あるいは，長く続いた病的過程の後に陥る状態である。急性期に見られた陽性症状は消退するが，感情および思考面での障害が残っていることが多い。感情は

貧困化し，対人的疎通性に欠けることが多い。また，思考障害は残存していても日常生活を妨げるほどではない。

3.11.5 統合失調症の治療

統合失調症に対しての治療の第1の選択は薬物療法，それに続いて，社会復帰を前提とした作業療法，そして心理療法が現時点での中心となっている。

3.11.5.1 入院治療

クライエントの状態が急性期で激しい興奮や強い幻覚妄想状態であったり，自殺や他傷の危険性がある場合には，やむなく入院治療が必要になってくる。重症症状の慢性化や強い陰性症状や自我障害のために，社会生活が困難なことがある。このときは入院生活が長期化せざるをえない場合もあり，そのようなクライエントにとっては，入院生活そのものが人生の場になり，生活環境や生活の質が重要な課題になる。

それゆえに入院環境の質の向上，入院における生活カリキュラムの充実，作業療法や芸術療法などリハビリテーションを目標にした，よく計画された生活が治療的になる。病院生活そのものがクライエントの人生に意義をもたらすような条件を整えることが必要となる。

統合失調症の治療にかかわる問題が最も問われるのは，この慢性化した重症例長期入院の問題である。クライエントや家族にとっては，障害によるハンディキャップ，社会的ハンディキャップに対するメンタルケアが大きな問題になっている。

3.11.5.2 地域精神医療

入院をするほどの重症な陰性症状が持続しているわけでもなく，引きこもりの程度も中等度のクライエントの中に，職業などに適応困難なクライエントが30％ほど存在する。彼らはときおり再発して入院が必要なこともあるが，概ね外来通院治療を続けながら，自宅やアパートなどで生活することができる。彼らは社会参加の場を確保することが困難なため閉じこもりがちになりやすく，それが長期的に持続すると社会的自己を確立する条件を失ってしまいやすい。外界に対する興味や積極性，対人緊張の問題などを改善する

ためにも，リハビリテーションを兼ねた社会参加の場を確保する必要がある。

　社会的技能を獲得するためのデイケアセンター，作業所，授産施設，福祉工場など，職業的能力の向上を目指すもののほか，患者支援センター，患者クラブなど，クライエントの相互援助や相互交流の場所を目指す施設や組織もある。これらの施設を確保し，運営していくためには，公共施設や病院施設など，社会全体が，福祉国家や障害者を援助する自由と権利を積極的に認めていくものでなければ実現は困難である。

3.11.5.3　心 理 療 法

　1対1の個人療法が主流となる。統合失調症者の心理療法としては，支持療法，すなわちクライエントの気持ちをくみ取り，自尊心を守ってあげながら，そのうえで適切な助言や指導をする方法が一般的である。一方，精神分析学を基礎とした力動的心理療法を用いる場合もある。この場合，積極的に原因を探し，「なぜ病気になったのか」「どうすればいいのか」と理解を深めていく方法を用いることもある。

　a）疾病ハンディキャップと社会的ハンディキャップの心理の理解

　中程度や重度の慢性経過に苦しむクライエントは，そのための疾病ハンディキャップや社会的ハンディキャップによる多くの葛藤的な喪失体験をしているために，その援助を心がけることが重要となる。統合失調症者のこうした喪失体験は入院形態であれ，地域精神医療のリハビリテーション施設であれ，常にクライエントが直面せざるをえない課題である。

　思春期の発達的課題の達成条件を失ったり，社会的不利のための社会的自己の確立の条件を失わざるをえないクライエントの心の葛藤を理解し援助していくことが，殊に重要な課題となる。

　b）社会技能訓練（SST）

　SST（Social Skill Training）では，対人関係の築き方，会話の仕方や切符の買い方など，クライエントの社会性を養い，適応する力をつけることを目指す。社会復帰に必要な能力を身につけるうえで重要な役割を果たす訓練である。

　c）集団心理療法

　人との接し方を自然に学び，社会性や人の気持ちを理解する共感性を身に

つけていくには集団心理療法的アプローチも有効である。

d）家族療法

家族がクライエントに対して理解を深める。クライエントを批判するのも禁物だが，かまい過ぎることも再発を招きやすくする。心理療法と薬物療法の進歩によって，病識をもつクライエントが増えている。本人・家族の注意としては，病気を自覚し，積極的に「治そう」とする意欲を持てば，治療の効果は上がりやすくなるということである。

そこで家族の注意点の3カ条として，「干渉しすぎない」「批判がましいことを言わない」「過保護にならない」が挙げられる。つまり，クライエントに対して，「やさしい無関心」でいることが大切であり，適切な距離を置きながらも，きちんとクライエントの行動や心を理解し，危ないときにはいつもそばにいてあげるという心構えでいることが大事である。いつもそばにいて何かと面倒を見ることは，逆に本人の力を奪うことになり，いっそう依存的にさせて自立心を失わせてしまい，結果的に治りにくくしてしまう可能性がある。

3.12　気分障害（抑うつ障害群）

3.12.1　「うつ状態」と「うつ病」について

うつ状態とは，精神化疾患，身体疾患，ストレスへの反応，本人のパーソナリティなどあらゆる要因によって起こりうる一つの状態像（症状）のことである。一方「うつ病」とは，うつ状態を呈するあらゆる精神疾患を指すことが多い。

3.12.2　うつ病になりやすい性格

3.12.2.1　執 着 気 質

下田光造（1950）が紹介した概念で，執着気質の人は，世間では「模範生」「優等生」と見られる傾向がある。自責傾向が強く他人に責任転嫁をしないので，いわゆる「いい人」と思われることが多い。ストレスを回避せず（できず），むしろ立ち向かっていこうとするタイプで，そのためにストレスを

122

蓄積しやすい傾向がある。ストレスをうまく処理できているときは能力が全面的に発揮されて，社会的にはむしろ有能な人が多い。しかし，ストレスが十分に処理できない状況に追い込まれるとうつ病に陥る。

3.12.2.2　メランコリー性格

テレンバッハ（Tellenbach, H.）が提起したもので，性格特徴は執着気質に似ている。性格の中核は，秩序を重んじる，几帳面で完全主義の2点で，自己は秩序（周囲の評価）の上に成立しており，秩序が乱れたり，自分に対する周囲の評価が下がると，自分の存在が危うくなるためにストレスを実際以上に感じ，うつ状態に陥りやすくなる。転居，転職，別離などのストレスの多い出来事を普通の人以上にストレスに感じる。

3.12.3　双極性障害（躁うつ病：bipoloar disorder）

躁うつ病（manic-depressive psychosis）は，統合失調症と並ぶ内因性精神病の一つであり，感情障害（躁状態とうつ状態）を周期的に繰り返し，統合失調症のように人格的荒廃に至らないことを特徴とする。DSM（『米国精神医学会による精神疾患の診断・統計マニュアル』）では，気分障害（mood disorder）の中の双極性障害（bipolar disorder）と呼ばれる。これらの名称で呼ばれる方がより広汎な障害を含み，躁うつ病という場合，厳密には内因性の障害を指す。

躁うつ病については，古くから関心が持たれていたようであり，紀元前4世紀にヒポクラテスがうつを「メランコリア」と表現していた。その後もうつに関して多くの記載，研究があったが，現在の躁うつ病の概念は，1913年にクレペリンが早発性痴呆と対置させて，疾患単位として「躁うつ病」と名づけてうち立てたものである。

双極性障害の発症率の男女差はなく成人の0.4～1.2%というデータがある。双極性障害はⅠ型とⅡ型に分類されるが，Ⅰ型双極性障害は，躁病と大うつ病の相がはっきり認められるタイプで，Ⅱ型は，大うつ病が認められるが躁病の方は軽いタイプである。

3.12.3.1 症　　状

1）うつ状態

双極性障害のうつ状態は，後述する大うつ病のうつ状態とはっきりとした差はない。現在のところいえるのは，躁うつ病の方が慢性化しやすいことと，うつのときに不眠よりも過眠の傾向が見られること，食欲低下よりも過食の方が見られることなどが，大うつ病との相違点として挙げられる。

うつのときには，大うつ病と同じように3分の2に自殺念慮が見られる。アルコール乱用やパニック障害を併発することも多く，ときに身体化障害，心身症を併発する。心身症としては消化器系に障害が起こりやすく，十二指腸潰瘍や過敏性大腸炎などがよく見られる。

2）躁状態

躁状態になると，おしゃべりになりしきりに動き回るようになりやすい。まるで何かにせき立てられるように常に身体を動かしたり（行為心迫），多弁になって，自分の能力や財産などについて吹聴する，かと思うと不機嫌になりやすく，ケンカっ早くなることもある（気分の高揚，精神運動性興奮）。

躁状態がいき過ぎると思考が支離滅裂となり，統合失調症の思考障害と見分けがつきにくくなることがあり，「考えがどんどんわいてきて止まらない」という状態（観念奔逸）になりやすく，話がどんどん脱線してしまう。

躁状態は一見すると気分爽快のように見えるが，実際には行動化傾向が強く衝動性も高まり，不機嫌にもなるため，うつのときよりも自殺率が高くなるので，周囲の注意が必要である。

典型的な双極性障害では，ある一定期間の正常な期間をおいて躁状態とうつ状態を繰り返すが，時に正常期間がほとんど存在しないまま躁状態とうつ状態を繰り返すものがある。

急速交代型と呼ばれる双極性障害は，双極性障害の症状が年に4回以上認められるような，症状の変化が激しい場合で，慢性化する傾向が強いので注意が必要である。

3.12.3.2 双極性障害の原因

原因については今のところ定説はないが，おそらく多くの因子が絡み合っ

て発病に至ると考えられている。比較的確かな要因として、まず遺伝が挙げられる。双極性障害は単極性のうつよりも遺伝の関与がより大きいことが認められている。また、重症例は軽症例より一致率が高いことも知られている。

心理的因子として、病前性格や発病状況の研究が進んでいる。クレッチマー（Kretschmer, E.）によれば、躁うつ病の約65％が肥満型体格を示し、性格特徴として40～70％が循環気質（陽気で明るく、情にもろく、社交性があり、親切）を示すとされている。前述した「執着気質」や「メランコリー親和型」と呼ばれる性格特徴を示す人が、何らかの事情で、この性格特徴の維持が困難となる状況になったとき、彼らの几帳面さや過度の良心が彼らを追いつめ、発症の危険が生じる。具体的には、昇進、転勤、退職など職場における状況の変化、配偶者の死亡や子女の結婚・出産などの家族成員の変化、その他、引っ越しや身体疾患などの変化が、発病状況となりうる。

3.12.3.3 診断基準

躁とうつの両方か、躁だけが見られる場合双極性障害（躁うつ病）と診断される。躁だけが見られる場合も「躁病」とはせずに躁うつ病に含めるというのは奇妙に聞こえるかもしれないが、純粋に躁状態だけが続くというのは臨床的にいってありえない。つまり、現時点では躁病しか見られていないとしても、やはり「やがてはうつ病がくる」と予測できる。

診断基準はそれぞれ、うつ病と躁病に従う（うつ病の診断基準については「大うつ病（うつ病）」のところを参照のこと）。

3.12.3.4 本人・家族の注意

躁とうつとがかわるがわるやってくるため、家族は大変な思いをするが、本人も苦しい（とくにうつのとき）ので忍耐強く支えてあげることが必要である。躁のときはむやみにはしゃいでしまう状態になるが、本人がどこまで自覚し自分をコントロールできるかが周囲の介入のポイントとなる。逆に、うつのときに本人が「もう自分はおしまいだ、もう治らない」と悲観するのは理屈に合わないことで、うつ状態は必ず去ることを冷静に自覚することが大切である。

家族は本人が躁の状態になる前の普通の状態のときに、それなりの注意を

3章　心の問題　　125

しておく（あらかじめクギをさしておく）必要がある。たとえば，双極性障害の人が，決まって毎晩飲み歩くようになる，パチンコなどのギャンブルにのめり込む，女性（男性）に夢中になる，買い物で何百万円も買い込む，よその家に上がり込んで話しかけ，ケンカになって追い出されるなどの徴候が現れたときには注意が必要である。

うつのときには，本人はとても苦しいのであるから，「今は大変なんだから，静かにそっと休んでいた方がいいよ」といたわり，決して非難がましいことはいわない方が望ましい。

3.12.4　大うつ病（うつ病）

1960年頃まで，日本ではうつ病は躁うつ病の中に含めて説明されていたが，その後この2つは性格が異なることが明らかになり，現在では明確に区別されている。

アメリカのデータではうつ病の生涯有病率は15％，女性は25％と高めである。

3.12.4.1　症　　状

特徴的な症状は，病的な抑うつ気分，気力や関心の低下，自責感，精神運動制止（言語・動作ともにゆっくりに見える），不眠，食思不振，体重低下，自殺念慮などがある。感情的にはひどく落ち込んでゆううつな抑うつ気分にあるが，焦燥感が強い場合もある。思考内容は，自分自身，環境，将来のすべてにわたって悲観的（「自分はだめな人間だ」「治らない病気にかかってしまった」「お金がなくなって破産する」など）になる。以上の症状が2週間以上持続する場合，大うつ病と診断される。

うつ病の特徴として，身体症状を伴うということがある。身体症状（全身倦怠感，頭痛，頭重感，腹痛，吐気，便秘，生理不順など）だけが目立って，気分の問題が見過ごされがちであるので診断に注意が必要である。

睡眠は入眠困難，中途覚醒，早朝覚醒などすべて起こりうるが，うつ病に特徴的なのは早朝覚醒である。また気分の日内変動があることも特徴である。早朝に目覚めるが気分はすぐれず，起き上がることもできずに悶々と過ごす。

朝はとくに悪く，夕方には少しは楽になることが多いが，重症になれば一日中抑うつ気分に苦しむこともある。

　普段は適応もよく能力のある中年の会社員や主婦が，表情もまったく別人のようになることがある。小児や思春期などには，抑うつ感を言葉で表現できず，問題行動などの行動障害で現れることが少なくない。

3.12.4.2 発　　症

　20代に発症することが多く，時点有病率が女性で5～9％，男性で2～3％，生涯有病率が女性で10～25％，男性で5～12％というデータがある。

3.12.4.3 治　療　法

　治療のポイントは休養と薬物療法である。適切な休養をとらずに服薬だけをしていても効果が上がらないことがしばしばある。安心して休養をとるために，医師の診断書など明確な形で指示を出す必要があり，余裕をもった休養期間の設定が回復には重要である。逆に，小刻みに休みを延ばしていくのは，できれば避けたいことである。

　心理療法は，抗うつ剤の投与と平行して心理療法を行うのが一般的である。重症の治療には心理療法モデルよりも医療モデルが適している。力動的で探索的な心理療法は心理的に負担となることもあるので，うつ症状が強いときには避けるべきである。

　クライエントは一般にうつ病になりやすい性格をもともと持っている。子どものころから否定的な見方をしやすく，何ごとにつけ悲観しやすい性格がある。この「歪んだものの見方」にクライエント自身が気づくよう，焦点をあてていき，これらを変化させていくことでストレスや生活上の出来事に影響されにくい性格に変えていく。

　うつ病を予防するには，「気晴らしの行動レパートリー」の活用も有効である。すなわち，誰でも普段何げなくやっている気晴らしの行動パターンがある。気分が滅入ったとき，「これをすると，気分が変わって少し元気が出る」という行動をとっているもの，たとえば，「育てている花をながめる」「気に入った公園に行く」「犬をなでる」など，普段気づかないうちにやっている行動レパートリーを見つけ出しておいて，「気分が沈みそうだな」と感

3章　心の問題　　127

じたときに意識的にその行動をとり，うつに陥らないようにする。

3.12.4.4　家族・本人の注意

一般的な精神障害であるにもかかわらず，意外に周囲の人から理解されていない。家族からも「怠けている」「だらだらしているのは精神的に弱いからだ」と思われていることが多く，そのためにクライエントが苦しむことになっている場合が多い。

もともと，うつ病になる人はきまじめで几帳面な人が多く，他人に指摘されるまでもなく，本人自身が「自分は怠けているだけじゃないか」と自分で自分を強く責めていることが少なくない。

本人も周囲も，「これはうつ病という病気の症状であって，怠けではない」ということをしっかり認識し，いたずらに責めないようにすることが大切である。

周囲の人や治療者の「自殺念慮」に対する対応は重要で，うつ病になると陥る「死にたくなるほど辛い」気持ちには共感すべきだが，それでも自殺しないことをはっきり約束してもらう必要がある。

時には入院治療の決断も必要になるが，入院直前はとくに注意を要する。重症のときほど注意が必要なことは当然だが，回復期には意欲が戻ってくるので，かえって自殺念慮を実行に移してしまうことがあるため注意が必要である。順調に回復していても病状には波があることを説明しておくとよい（「暖かくなったり寒くなったりしながら，だんだん春がくる」といったイメージで）。

●引用文献
氏原寛ほか共編（1992）『心理臨床大事典』培風館

American Psychiatric Association（米国精神医学会）編，高橋三郎・大野裕・染矢俊幸訳（2003）『DSM－Ⅳ－TR精神疾患の分類と診断の手引』（新訂版）医学書院

●参考文献
笠原嘉（1981）『不安の病理』岩波新書

土居健郎・笠原嘉・宮本忠雄・木村敏編（1987）『異常心理学講座Ⅳ　神経症と精神病1』みすず書房

土居健郎・笠原嘉・宮本忠雄・木村敏編（1988）『異常心理学講座Ⅴ　神経症と精神病2』みすず書房

土居健郎・笠原嘉・宮本忠雄・木村敏編（1990）『異常心理学講座Ⅵ　神経症と精神病3』みすず書房

福島章・村瀬孝雄・山中康裕編（1990）『臨床心理学大系11　精神障害・心身症の心理臨床』金子書房

中安信夫（1990）『初期分裂病』星和書店

中安信夫（1996）『初期分裂病　補稿』星和書店

American Psychiatric Association（米国精神医学会）編，高橋三郎・大野裕・染矢俊幸訳（2002）『DSM-Ⅳ-TR精神疾患の診断・統計マニュアル』医学書院

4章
発　達

4.1 「発達」という心理学上の観点

　心理学で人間の行動の変化について研究する場合，大きく2つの根本的な立場に分けることができる。一つは，経験による行動の比較的永続的な変容すなわち「学習」による変化を研究しようとする立場である。もう一つが「発達」による変化を研究する立場である。それは，人間の行動が時間の経過とともに変化していく様子を捉えようとするものである。

　人間は，子どもから成人へ，そして老人へという時間の流れを生きている。その中で，ある時期が来ればその時期相応の身体的精神的成長を遂げる。まるで，その時が来るまでずっと包み隠されていたものが，時期に合わせて結び目を解かれて現れてくるように，その人の身体や心の有様が変化していく。発達とは，このような人間の変化を捉えていこうとする観点である。

　また，それぞれの時期にそれ相応の環境の変化や人生の課題に直面し，それを乗り越えることによって，人は成長していく。このように，大きな時間の流れをいくつかの時期ごとに区切り，それぞれの時期の特徴を捉えようとするのも発達という観点の特徴である。とくに，このように発達の流れを時期ごとに把握しようとする考え方を発達段階という。

　発達段階については，多くの研究者がそれぞれ独自の理論を唱えている。人生という大きな時間の流れを，どのように捉えるかによって，さまざまな考え方をすることができるのである（図4-1参照）。

131

研究者 ＼ 年齢	0 1 2 3 4 5 6 7 8 9 10 11 12 13 14 15 16 17 18 19 20 21 22 23……25 26……60……65…

研究者								
Stralz, C. H.	乳児期	第1充実期	第1伸長期	第2充実期	第2伸長期	成熟期		
Cole, L.	乳児期	児童前期	児童中期(男)(女)	児童後期(男) / 児童後期(女)	青年前期(男) / 青年前期(女)	青年中期(男) / 青年中期(女)	青年後期(女)	
Slem, E.	乳児期	未分化融合期	分化統一期	成熟前期	成熟期			
Kroh, O.	幼児期	第1反抗期	児童期	第2反抗期	成熟期			
Bühler, Ch.	客観の時期	第2期主観の時期	第3期客観の時期	第4期主観の時期	第5期客観の時期			
Hurlock, E. B.	乳児期	児童前期	児童後期	思春期(男) / 思春期(女)	青年期			
Piaget, J.	感覚・運動の時期	前概念の時期	直観的思考の時期	具体的操作の時期	形式的操作の時期			
Sears, R. P.	基本的行動の時期	2次的動機づけの時期 / 家族中心学習　家族外学習						
Maier, H. W.	1次的依存の確立	自己ケアの確立	意味ある2次的関係の確立	2次的依存の確立	依存と独立のバランスの達成			
Erikson, E. H.	基本的信頼感	自律性	積極性	生産性	同一性	親密性	生殖性	完全性
牛島義友	身辺生活時代	想像生活時代	知識生活時代	精神生活時代	社会生活時代			
Havighurst, J. R.	乳幼児期	児童期	青年期	壮年期	中年期			

図4-1　発達段階の区別（早坂泰次郎，1978）

4.2　成長・発達の基本的考え方
―エリクソンのライフサイクル論をめぐって―

この章では，エリクソン（Erikson, E. H.）の発達理論を中心として，発達について考える。エリクソンは自我心理学の立場に立つ心理学者で，フロイトの精神分析的発達理論を発展させた。自分自身を「フロイト理論の忠実な継

承者」としているが，彼の主張はフロイトの精神分析理論とはかなり異なった面を持っている。

エリクソンの発達理論の特徴は，精神，身体，社会，文化・歴史といった多次元的な存在として人間を捉えようとするところにある。精神的存在，身体的存在，社会的存在，文化・歴史的存在である個人を統合していく主体のことを，エリクソンは「自我」と考えたのである。フロイトが生物学にこだわり，人間の精神を性的側面から捉えたのに対し，エリクソンは社会的・文化的側面を強調したところに特徴がある。

以下においては，エリクソンの発達論の特徴となっている3つの点について検討してみよう。

4.2.1 エリクソンの発達論の特徴

4.2.1.1 人格の漸成論

エリクソンの発達論は，漸成論（epigenetic development theory）の立場をとっている。つまり，人間の人格は段階的に形成されていくという観点である。人間の発達にはあらかじめ予定された成長発達のプログラムがあり，それが個体を取り巻く環境の中で刺激を受けて1つずつ現れてくるということである。

エリクソンによれば，人間には年齢に応じた発達段階があり，それを土台にして次の発達が準備される。すなわち，人格発達は順序的な積み重ねによって発展していき，ある段階の発達課題を達成しなければ次の段階には進むことができない。彼はこの発達段階を8つに分け，それを1つの表にまとめた（表4-1）。

4.2.1.2 心理・社会的発達段階

エリクソンの発達理論では，人間の発達を心理・社会的発達と呼んでいる。つまり，個体と環境との相互作用という視点から，人間の発達は個人を取り巻く社会と切り離して考えることはできず，個々人の諸欲求と，社会・文化からの期待との間に起こる葛藤と緊張のもとで繰り広げられていると考えたのである。この葛藤や緊張は，心理・社会的な危機をもたらすが，それらを

4章 発 達 *133*

表4-1　エリクソンの心理・社会的発達の8段階（Erikson, E. H., 1959）

人 生 段 階	心理・社会的危機	重要な対人関係の範囲	心理・社会的様式と仕事	心理的・性的段階（フロイト）
1　乳児期	基本的信頼　対基本的不信	母親的人物	得る：お返しに与える	口愛―呼吸,感覚―運動（合体的様式）
2　幼児期前期	自律性　対　恥と疑惑	親密な人物（複数）	保持する：手放す	肛門―尿道, 筋肉（貯蓄―排泄的様式）
3　幼児期後期	積極性　対　罪悪感	基本的家族	思い通りにする（追いかける）：まねをする（遊ぶ）	幼児―性器, 歩行（侵入―包括的様式）
4　児童期	生産性　対　劣等感	近隣・家族	ものをつくる（完成する）：ものを一緒につくる	潜伏期
5　青年期	同一性獲得　対同一性拡散	仲間集団と外集団指導性のモデル	自分自身である（または自分自身でないこと）：自分自身であることの共有	破瓜期（思春期）
6　成人前期	親密　対　孤立	友情, 生, 競争,協力の相手	他者の中で自分を失い,〔再び〕発見する	性器期
7　中壮年期	生殖性　対　自己耽溺	分業と共同の家庭	今を主体的に生きる, 世話をする	
8　円熟期（老年期）	完全性　対　絶望	"人類", "わが種族"	過去にあったことによって生きる：存在しなくなることに直面する	

　解決し, 克服していくことによって, 個人の自我はあらたな力を獲得していくのである。

　また, エリクソンは, それぞれの発達段階において達成しなければならない発達課題があると考えた。そして, それぞれの段階には優勢となる発達課題と発達の危機とがあり, その危機の解決に成功した場合と失敗した場合とが「対」の型で提示されている（表4-1参照）。

　各発達段階における発達課題は, その段階で最も著しい成熟を遂げる身体器官や身体部位と関連があり, また, 社会的な関連性も有している。つまり, それぞれの段階において成長と発達を示す身体部位や器官が, 個人の行動に

その段階特有の心理的・社会的意味を付与するわけである。エリクソンの発達理論は，このように身体的な成熟過程に基盤を置きながら，同時に社会的現実からの影響も重視する。

　先に述べたように，各発達段階でなされる課題の達成や危機の克服は，前の段階ですでに準備がなされており，それが後の段階においてさらに進んでいくのである。そして，各段階の発達課題を達成し，危機を克服することによって，自我にあらたな資質が獲得されるのである。

4.2.1.3 相　互　性

　エリクソンは，人間相互の関連にも注目している。個々人の成長・発達は，各段階における他者との出会いや，他者との協同作業の中で達成されるものである。それは，どちらかが一方的に影響を与えるものではなく相互的なものである。たとえば，乳幼児が発達の危機を克服できるのは，母親の世話のおかげである。しかし，一方で母親は乳幼児を世話することで自分自身も成長し，母親自身の発達課題を達成していくことになる。つまり，両者とも，自分の成長のためには相手が必要なのである。乳児は生理学的にも未熟で，環境に依存しなければ生きていけない。しかし乳児はその未熟さゆえに大人の注意を引き，家族全体を動かす力も持っている。

　このように親と子，人と社会との関係は協調関係の上になりたっており，その相互作用に焦点をあてて記述しているのがエリクソンの発達理論の特徴である。

4.3　発達段階の概要（青年期まで）

　エリクソンは，精神的な健康は，各発達段階に固有の発達課題の達成と，それに伴って生じる心理的危機の克服によって獲得されると考えている。逆にいえば，人生には，どの段階にも心の健康を損なう危機が多少とも存在するというわけである。とりわけ，ライフスタイルが急激に変化する時期には，心理的危機もいっそう際立つことになる。そういった転機とは，子どもから大人への移行期である青年期，親になるとき，あるいは壮年から老年への移

行期である更年期などであるが，そのような時期には，心身の不安定や歪みやストレスが経験される。この人生の移行期に必然的なストレスの上に，さらに他の要因が加わると，重大な心理的危機が生じることになる。

　ここでは，エリクソンの発達段階に従って，人間の成長・発達をそれぞれの発達段階に区分し，その課題と危機について述べる。

4.3.1　乳児期（出生〜1歳ごろ）〔基本的信頼と基本的不信〕

　「永遠的な自我同一性は，最初の口唇期の信頼がなければ，存在しはじめることさえできない」とエリクソンが述べているように，誕生から1歳前後までの乳児期において，子どもが最初に直面しなければならない発達課題は「基本的信頼（basic security）」である。

　「基本的信頼」という，人生で最初の最も基本的な発達課題を達成することは，将来の自我同一性の形成にとって必要不可欠なものである。そしてその形成の失敗あるいは不十分さが，その後のすべての病理性の原因にもなりうる。

　生まれて間もない乳児は，養育者（ことに母親）がいなければ，食べることもできなければ，体温を維持することすらできないまったく無力な存在である。それゆえに，この時期の乳児にとって，養育者は世界そのものであるといえよう。

　この時期に養育者によって空腹が満たされたり，汚れたおむつを取り替えてもらったりして十分に必要な欲求が満たされ，どんなときも変わらぬ愛情を注いでくれるという体験を重ねることによって，乳児は「自分は安心して生きていてよい」「世界は信ずるに値する」という信頼感を持つようになるのである。これが乳児期における「基本的信頼」である。もちろん，この「基本的信頼」が確立される途上で，実際には乳児はさまざまな不快な体験をすることもあり，「不信」を抱くことも多い。そして，もしこのような不快な体験があまりにも多く重なれば，乳児にとって世界は信じられない危険なものになってしまう。しかし，この「不信」もまた「危険に対する心構え」「不安への予期」という意味で，ある程度は必要な体験だともいえる。大切

なのは「基本的信頼」と「不信」の割合が適切であることである。十分に信頼できる体験をした乳児は，多少の不安や苦しみに対しても耐える力が身につくわけである。

4.3.2　幼児期前期（1歳ごろ～3歳ごろ）〔自律と恥・疑惑〕

　1歳から3歳前後までの幼児期前期において，子どもが直面しなければならない発達課題は，「自律性」であり，発達の危機は「恥・疑惑」である。

　生後8カ月前後に見られる人見知りや，強く抱かれると身をよじって抜け出そうとする動きの中に，すでに準備されている幼児の「自律性」の現れを見出すことができる。それまでは母親と未分化な一体感の中にあったわけだが，幼児は次第に母親と自分がまったく別個の存在であることに気づき始める。ここから，「自律性」という発達課題への取り組みが始まるのである。

　この時期の幼児は，起立歩行や離乳，排泄の習慣，言葉の学習などといった重要な発達課題を成し遂げていく。つまり，身体を自分の意思のままに動かすことが可能となり，物理的にも母親と分離できるようになる。さらに，言葉の獲得によって，自己表現や自己主張が容易となり，それまで以上に他者に影響を与えることが可能となる。このような運動能力や言語能力の発達は，「自律性」の形成にとって重大な役割を担っている。そして，それまでは単純だった情緒体験や対人認知力も次第に分化していく。また，排泄の自立も大きな意味を持つが，肛門括約筋を「自律的」に使って「保持」したり「放出する」ということを知ることになる。つまり，自分の態度いかんによって（排泄の）結果が変わるということを知り，自ら自分のために，何かを自由に選択するという「自律性」を経験することになるのである。このことはやがて，相対立する行為や愛情（たとえば愛と憎しみ）を自律的に統合することにもつながってくる。つまり，この時期，愛と憎しみ，従順と反抗，自己表現の自由と抑制といった相反する感情や態度が，それぞれどのくらいの割合で幼児のパーソナリティに組み込まれていくのかは，人生において決定的な意味を持つことになる。その際，「自律性」の感覚は，その望ましい割合を持つことを可能とするのである。この時期に養われた「自律性」は後

4章　発　　達　　137

になっても，決して挫折することはないという自信を幼児に与えるのである。

　ところで，まだ依存的であるが自我意識の芽生えつつある幼児が「自律性」を発達させるためには，幼児の自己主張に対してバランスの取れた両親などからの協力が必要である。つまり幼児のしつけなどに際して，両親が確固たる態度を取りながらも，同時に幼児の失敗や自己主張をも受け入れる寛大さを持つことが大切である。こうして，幼児は自分のわがままを統制したり，他者に思いやりを示すことを学び，自律的な自分にプライドを持つことができるようになる。反対に，外からの統制があまりに厳し過ぎたり，挫折の体験が度重なったり，あるいは乳児期の段階で基本的信頼が充分に得られていないような場合には，未熟な自分が人前にさらされているのではないかという恥の感覚や，二次的不信としての疑惑が幼児の心に過剰に形成されてしまう。

　ここで，「自律性」をめぐる病理について触れてみよう。幼児期が「自律性」を獲得する際に，大人と子どもとの間の相互調整がうまくいかないと，「自分自身の身体」に対する無力感や外界に対する無力感のために，退行（赤ちゃん返り）するか，偽りの前進（わがまま，自分の排泄物の攻撃表出としての使用，誰にも頼らないかのようなふるまい）を示す。また，自分自身を過度に調節しようとしたり，過度の良心を発達させようとすることになる。また，何度も繰り返す遊び（強迫性，時間の浪費）をしたり，特定の儀式（決まった手段と順序での行動）に固執することもある（→強迫神経症）。また過度の良心があるために躊躇し，いつも「恥」を感じ，弁解し，見られるのを恐れて人生を送るか（→うつ病），時には，その過度の埋め合わせとして反抗的な形をとることもある。いずれもその後の自我同一性の課題をめぐって，多くは青年期以降に症状として出現するが，もちろん幼少期に何らかの形で現れることも稀ではない。

4.3.3　幼児期後期（3歳ごろ〜6歳ごろ）〔積極性と罪悪感〕

　自律性を確立し，自分が一人の独立した人間であることを確信した幼児は，今度は自分が「どんな種類の人間」になろうとするかという課題に直面する。

この時期の子どもにとって，両親は怖い存在でもあるが，同時に非常に力強く，また美しい存在として見えてくる。それゆえ，両親に同一化し，何とかして両親のようになりたいと望むようになる。そしてこの時期には，より激しく自由に動き回ることを学び，無制限なほどに行動範囲を拡大させていく。そして，理解不能なことについて質問するほどに言語能力を発達させ，またその結果として，豊かな「想像力」が生まれてくることになる。しかし，その想像力は時には子ども自身を脅かすこともあるほどで，その中でも子どもは自分に自信を持ち，自発性，積極性を持ってこの危機を乗り越えていかなくてはならない。いわば，「傷つかない積極性」を身につける必要があるのである。

　またこのころになると，とくに性的関心をはじめとして，さまざまな事柄に関して，人に見られたときだけでなく，自分で空想しただけでも罪悪感を抱くようになる。これがやがて個人の道徳性の基礎となるのである。しかし，両親など周囲の大人が道徳性の達成に過度に熱心な場合，子どもは過剰な罪悪感にとらわれ，その道徳，良心は融通のきかないものになってしまうこともある。反対に，もし両親が子どもの罪悪に目を光らせるよりも，その積極性を受け入れ，「一緒に何かをする」ことを通して，年齢は違っても「価値は同じである」という経験をするチャンスを多くつくってやるならば，子どもの潜在的な憎しみや罪悪感は緩和されることになる。その結果，子どもはあまり抑圧的でなく，ほどほどの良心によってコントロール可能な「積極性」を伸ばすことができる。

4.3.4　児童期（6歳ごろ〜12歳ごろ）〔勤勉性と劣等感〕

　ほとんどの社会において学校生活が始まるこの時期の子どもは，自分自身や異性の親に向けていた性的関心が一時期抑えられ，友だちや勉強などへ目を向けるようになる。このような時期をエリクソンは，「性的エネルギーが昇華されて技能を要する活動に関心が向け直される時期」と捉えた。そして，人生のうちで最も好奇心が強く，未知のものに取り組み探求していく生産性や勤勉さを発達させていくことが，この時期の発達課題とされる。またここ

では親への依存関係から少しずつ分離され，学校や仲間といった社会集団やそこでの競争への適応が重要な課題となってくる（ギャング・エイジ）。つまり，自分の属する集団において，十分に基本的技能を習得できるほど，勤勉で有能だと自分でも他人からも認められるような存在になるか，それとも劣った存在として不全感を持つか，の分かれ道でもある。したがって，学業に失敗したり，仲間はずれにされたりするようなことがあると，子どもは劣等感を感じ，興味や意欲がそがれてしまうこともある。エリクソンは，この時期の危機として，勤勉性の感覚を得ようとして劣等感に陥る点を挙げている。つまり子どもは身辺の世界に飽くなき好奇心を抱き，旺盛な意欲でそれに取り組もうとするだけに，競争場面に出会い，図らずも敗北感に打ちのめされてしまい，意欲がそがれるのである。両親や教師が厳格過ぎて子どもを枠にはめようとしたり，逆に子どものしたいままに放っておこうとすれば，子どもの自発性が奪われるか，あるいは勤勉さに欠けるといった事態が引き起こされることになる。この時期，周囲の大人は「バスに乗り遅れさせまい」とする同調への強制ではなく，子どもひとりひとりの個性に目を向け，子どもを尊重し，育てていくことが大切とされる。

　また，多少視点を変えてこの時期の子どもの特徴を考えると，まず，親以外の者への同一化を挙げることができる。それまで「お父さんみたいになりたい」「お母さんみたいになりたい」といっていた子どもが，「大きくなったら野球選手になる」とか「バレリーナになりたい」「花屋さんになりたい」「先生になりたい」などというようになる。そして，自分なりに考えた秘密のトレーニングを始めたり，バレリーナ風の身のこなしで歩いたり，「研究してるの」といいながら色水遊びをしたりする。あるいは，年上の遊び仲間が持っているのとよく似たおもちゃや衣服を欲しがったり，口癖やちょっとした仕草を真似てみたりということもよくある。こうして，より広い選択対象の中から，自分という感覚をかなり明確に持ったうえで，自分も将来こうなりたいと憧れるモデルを選んで模倣し，それを自分の中に取り入れようとするのである。いわば，社会という感覚を伴った同一化である。

　次に，この時期の子どもが大人の社会とまったく異質な価値基準の中で生

活していることを指摘できる。もちろん，エリクソンのいう「勤勉さ」や，同一化との関連で，大人社会と共通の価値基準による自分や仲間の位置づけもなされている。授業でしっかり発言できる子どもが一目置かれたり，運動の得意な子どもがクラスのヒーローになれたり，絵や楽器の上手な子どもが尊敬されたりする。その一方で，大人から見ればまったくばかばかしくてだらないことで，時間やお金の無駄使いのようなことが，子どもの社会では高い地位をもたらす重大な要因であったりする。古くはメンコ，ベーゴマなどから，スナック菓子の「おまけ」のカードやシールなどがそうである。子どもたちは，みんなが集めているカードを自分もたくさん，そしてできるだけ珍しいものや主人公がポーズを決めているものなど，みんなが欲しがるようなものを手に入れたがる。オタク的に，みんながあまり知らないような些末なことまで詳しく知っていることも誇りになるし，ルールに則って自分の腕前で仲間から奪い取ること（メンコなど）も名誉になる。そしてたいてい，このような宝は大人たちには「秘密」とされる。こうして，子ども社会でだけ通用する事柄について，子どもたちは大変な興味を持つと同時に，非常に大きなエネルギーを投入する。このような入れ込み方の中で子どもたちは，社会への効力感や社会での有能感を獲得・確認・拡大し続けているのである。その際，同性の仲間集団への参加がとくに大きな役割を果たしている。

4.3.5　青年期（12〜20歳まで）〔自己同一性と同一性拡散〕

　青年期に身体は急速に成長・変化し，とくに第二次性徴と呼ばれる現象に直面する。女子の場合には，初潮を経験したり，乳房の発達など女性らしい丸みを持った体形になるなどの変化を体験したりする。男子は，精通や変声の経験をはじめとし，筋肉や骨格が男性らしくがっしりとしてくる。

　この性的な成熟に対して，青年たちがいかに取り組むかが新しい課題となる。この時期には身体面の成熟が急速に進み，それによって以前の自分のイメージとの間にギャップが生じ，今の姿をどのように受け止めたらよいかについて混乱が起こり，自分の性的な成熟に対して対応が難しくなるため，危機を招きやすいのである。母のような女性になることへの拒否としての拒食

4章　発　　達　　*141*

による摂食障害（思春期やせ症）の女子もいる。父のような男性になることを拒否し，母のように丸くなろうとして，過食のうえに肥満症になる男子もいるかもしれない。あるいは，現代の理想的な身体の持ち主と思われているマス・メディアに登場するアイドルやモデルのように，自分の身体を変えようとするかもしれない。アイドルのような体形を理想とするために，自分の現実の体形が受け入れられず，果てしない理想を求め，現実とのギャップゆえに悩みは深くなり，時に危機的な状態に陥ることもある。

　また精神的・社会的には，大人と子どもの中間に位置し，それゆえ多くの困難が生じるといえる。たとえば，この時期には親からの自立と，親への依存といった対立する力の葛藤によって，不安やストレスを経験する。親や年上の人たちの立場を妬ましく思う一方で，彼らに保護されたいという気持ちを持ち，その狭間で揺れるわけである。自立した個人として主張はしても，親の目にはまだまだ子どもと映ることも知っているので，時に反抗的になりやすい。この時期は，子どもでもなく，大人でもない不安定な境界人としての時期ゆえに，それ自体がストレス源になるのである。とくに，自分が同一化できるような他者が身近にいない場合には，心理的な危機が生じやすくなる。また，この時期以前の発達上の問題が未解決のままに残されていると，危機はいっそう増幅されることになるであろう。たとえば，自立のためには欠くことのできない基本的な自律心を持たない子どもは，この危機の中で進路を見失う可能性がいっそう大きくなるわけである。

　青年期の最大の課題は，これまでの発達の諸段階において形成されてきた〈自分〉の中から，取捨選択し統合していく「自己同一性（アイデンティティ）」の確立である。すなわち，青年が直面する諸問題（進路の選択，恋愛，親からの自立）において，青年は常に「本当の自分とは何か」を問われ，理想と現実，親の期待と自分の希望との間に大きな葛藤を体験しなければならない。そして，その中から本当の自己を見つけ，一貫して保てるようにならなければいけない。この葛藤を解決することができないと，自分はいったい何者なのか，いったいどうなりたいのかということが曖昧になって混乱に陥る（同一性の拡散）。そうして希望を失った青年は反逆的になったり，自分だけの殻に閉

じこもったりする。反対に，もし，基本的信頼のうえに肯定的な自己像，世界観が形成されている場合ならば，青年は，現実や理想を上手に統合し，自分をユニークで，まとまりのある一個の人間（どんなときでもどんな自分であっても，自分は自分だ）と感じることができるようになるのである。

ところで，青年期の危機に対応する行動は，その後の生活の中で危機を克服していく際の基本的な形となるといわれている。そして，青年期のアイデンティティ（自己同一性）の確立が不十分である場合，その後の発達段階において青年期的な課題（自己同一性の獲得）を達成しなければならなくなる。青年期は，自分とは何か，何になりうるかの問いを繰り返しながらも，依存と自立の葛藤の中にいて援助を求めることが多くなる。青年期の人々がカウンセリングを求める割合が，他のどの年代の人よりも多いのはこれまで述べてきたような背景に基づくわけである。

4.4　成人期のライフサイクル

かつてはエリクソンの発達段階でいう青年期の終わり（20〜25歳）から，老年期の初め（60〜65歳）に至るまでの人生の段階は，一定の構造を持った比較的安定したものであった。

しかし，現代では青年期の終わりは，社会的にも明確に定めがたくなっている。昔は，成人すれば職業に就き，結婚をして家庭を持ち，子どもをもうけて親になるもの，というように着実に家庭や社会の中でその地位を占めていく構造が定められていた。しかし現代のような多様化した社会状況の中では，いわゆる「モラトリアム人間」や「ニート（neet）」と呼ばれる，適齢期に達しても，職場や地域社会への参入が猶予されている人たちが多くなった。

言い換えれば，かつての発達の図式に従うと，成人するということは，「生産」の担い手となるということであり，人間の発達も「（物質的）生産性」を中心に考えられていた観がある。しかし，高学歴社会，子どもの数の減少という家族・社会状況の変化に加え，環境問題や社会全体の行き詰まり感など，誰もが根底的な不安を抱える現代では，青年期から成人期への移行の図

4章　発　　達　　143

式を単純に描くことは困難になりつつある。

　平均寿命の急激な伸びに伴って，老年期以降にもまだまだ長い人生が控えている状況では，60代以降の老年期の意味も変わりつつある。かつてのように，社会的にも職業的にも中年期・壮年期が「人生の頂点」であり，50代後半から60の声を聞くころには，社会の表舞台から退いていく，という図式は単純にはあてはまらなくなりつつある。

　従来までの発達心理学は，いわば中年・壮年期を人生の頂点，ゴールとしており，それに至る青年期までを中心に扱ってきた。しかし，エリクソンは中高年期，老年期という人生の段階にもそれぞれ重要な発達課題があり，その発達課題の達成に関連して，それぞれに危機が生じる可能性もあることを提起した。つまり，成人期以降の人生のライフサイクルは，決して自然に一様に平穏無事に流れていくものではなく，それぞれに目標と危機をはらんだものであることがわかってきた。

　本節では，成人期・中高年期の問題に焦点をあてる。

4.4.1　成人期の発達区分

　孔子は『論語』の中で，「我十有五にして学に志し，三十にして立ち，四十にして惑わず，五十にして天命を知る。六十にして耳順い，七十にして心の欲する所に従いて矩を踰えず」と述べていた。ここから，30代は「而立」，40代は「不惑」，50代は「知命」，60代は「耳順」，70代は「従心」と，それぞれの年代を表す代名詞にもなっている。

　しかし前述したように，人によっては，成人期の前にある青年期が延長していたり，60代を過ぎても「老年」と呼ぶには精神的にも身体的にもまだまだ活発な人が増えていることから，単純に年齢によって発達段階を区分することが難しくなっている。

　エリクソンは成人期を成人前期と成人後期の2段階に分けている。

4.4.1.1　成人前期──親密・連帯と孤立──

　青年期までに自我同一性をある程度確立させた人は，成人前期になると次第に両親から独立して，自らの生き方と関連して他の人々の存在に関心を持

ち，接触を求めるようになる。そして，個人としての自由な生活を楽しむと同時に，他者との関係においても責任を果たせるようになっていく。それは，友情，リーダーシップ，闘争，直感，愛情などの形で親密さを求め，体験すること，つまり，仕事に就き，異性と交際し，結婚し，そして自分の家庭を持つことであり，ここから具体的な人生が始まるといえよう。しかし，親密な関係の獲得に失敗した人は，自閉的な孤立の世界に退くか，あるいは心のこもらない，形だけの対人関係しか持てなくなってしまう。アルコール依存，離婚，犯罪の常習などの問題は，親密な関係の確立に失敗した結果もたらされる孤立と関連していることも多い。

　青年期には主として自分自身に向けられていた関心が，この時期には次第に他者とのかかわりへ向けられるようになっていく。また結婚への心理的な準備がなされていく。そして子孫を生み育てるという課題に直面するのだが，子どもを持たない人もいる。自ら子どもを持たない場合にも，たとえば指導者・保護者・教育者として，社会的に次の世代を「産み，育てる」という役割を果たすことは多い。またこの時期，仕事を通しての自己の価値観の実現ができるかどうかという現実的な問題にも取り組むようになる。

4.4.1.2 成人後期（中壮年期）（30〜65歳）——生殖性と停滞性——

　この年齢になると多くの人は定職に就き，家庭を持って子どもがいるなど，家族としての生活パターンもある程度定着してくる。この時期には，前段階で達成された「親密さ」を基盤にして，「生殖性」を成長させていく。「生殖性」とは，生み出し創造することであるが，生み出すものは子ども，子孫だけに限らない。労働の所産，知的な創造物，芸術作品などもそれに含まれる。そこで生み出されるものは個人の死後も，世代を引き継いでこの世に存在し続けることができる。しかしこの生殖性を十分に発達させられなかったり，生殖性が弱い人の場合，生殖性から偽りの「親密さ」へと退行しがちになる。すると貧困な人間関係に陥りがちになったり，自己の内に引きこもってしまいがちになることがある。その結果，社会的な自己を発達させることができないことはもちろんであるが，人との関係性の中で成長していく内的な自己を実感することができず，「停滞」しているという感覚を抱くようになる。

4.4.1.3　中年の危機

1）ライフサイクルと中壮年期の発達課題

　高齢化社会といわれ平均寿命が長くなればなるほど，中年期以降の生存期間はかつてなかったほど長くなりつつある。人生40年とか50年といわれた時代には，人は働き盛りの年齢を過ぎると間もなく世を去ることが多かったので，中年期以降の人生をいかに送るかということは，それほど深刻な問題ではなかった。しかし，現代では社会的には第一線を退いた後も数十年の人生が残されるわけである。そういうところから最近の発達心理学では，人間の一生を，単に子どもから大人になるプロセスだけでなく，誕生から死までを含めた一つの全体として捉えて，「ライフサイクル」として考えるようになった。このライフサイクルの中で，中壮年期はちょうど人生の中間，「折り返し」の時期にあたる。

　エリクソンは，この中壮年期（成人後期）の発達課題は「生殖性」であると述べている。また，ユング（Jung, C. G.）はこの年代のことを「人生の正午」と呼んでいる。つまり人の一生を一日にたとえると，これまで上ってきた太陽が西の空に傾いていく途につきつつあることを感じるときといえよう。この時期は，これまでの人生を振り返るときでもある。たとえば，子どもの成長を見ることは，親の自分がこれまで生きてきた人生，生きることのできなかった人生を考え直すきっかけとなる。

2）上昇停止症候群と中壮年期の自己実現

　人は，「よりよい人生を生きたい。満足と喜び，そしてできれば人の役に立てるような人生を送りたい」という自己実現の欲求を持っている。しかしその欲求は必ずしも実現されるとは限らない。とくに中年期に差しかかると，徐々に体力，気力の衰えや疲労の蓄積をおぼえることが多くなる。また他方で，若いころに比べて対人関係も広がり，優れた人にたくさん出会い，経験を積んでくると，自分自身の限界が次第によく見えてくるようになる。青年期には多少の無理をしても，努力をすればそれなりの結果が出せるという自負，ある種の万能感を抱いていたとしても，中壮年期に入るとなかなか思うに任せないことも多いとわかってくる。これまで順調に地位も上がり，収入

も増え，家庭も豊かになってきたのに，その「上昇」が，もうこの先は保障されないということを自覚するときに，人は心の危機を迎える。それがあまりに突然に襲いかかってきて，対応ができない場合には「上昇停止症候群」という精神的な危機に陥ることもある。

3）若者中心の現代における中壮年の自己実現

中年期には青年期とはまた違った目標があり，成長があるはずだが，しかし青年期的な価値観に立つ人から見れば，それはマイナスとしか映らないことであろう。現代は「若々しいこと」「健康であること」が重んじられ，人々は「アンチエイジング」に走り，「老い」や「病」，「死」は片隅に追いやられがちである。

人も社会も，生きている限りは若々しく，強く，生産的なときもあれば，衰えを感じる中で熟成し深みを加えるときもある。人は一生涯成長を続ける可能性を持っているが，成長の目標はその年代に応じて変わってくるはずである。成長のリズムも壮年期や老年期では，青年とは違ってくることだろう。中壮年に差しかかり，自分自身の真の価値や生きがいを見出していくことは，確かに困難な作業である。しかし，それだけに中年期以降は，目に見える価値よりも目に見えない本物の価値へ，物質的な価値から精神的・宗教的な価値へと目を向けることのできる時期でもある。そしてそのような転換は，多かれ少なかれ誰でも経験する「中年の危機」をくぐり抜けることを通して達成されるのである。

4.5 老 年 期

4.5.1 心身の老化

中年期を折り返すころから，人は心身の機能が次第に低下していき，老化の徴候を認めるようになる。身体面でいえば，運動能力が低下して反応速度が遅くなる。精神的な機能の面でも60代を境にして，知覚や認知，記憶といった能力の面で次第に低下の兆しが見られるようになり，中年期のころまで持っていたような，複雑で入り組んだ状況の中ですばやい判断を行ったり，

弁別するというような反応力が鈍くなっていく。思考面では，次第に柔軟性が乏しくなっていき，性格面でも頑固さが前面に出るようになる。また，感情的に脆弱になって，老人特有の涙もろさ，怒りっぽさが表面化することもある。こういった心身両面における変化は，いわば本人の意志とは無関係に進行することで，かなり唐突な「老い」の自覚，不如意性（思うようにならないこと）の自覚として体験されることが多い。このことに社会的要因などの他の要因も加わってこじれると，老人特有の精神障害の引き金になることもある。

　老人性精神障害には神経症，うつ病，総合失調症，老人性認知症などがある。老人の神経症の特徴は頭痛，肩こり，不眠などの心気的な訴えを伴うものが大部分で，ヒステリーや強迫神経症は比較的少ないといわれる。発症には身体的な不如意性や，老化に伴う行動範囲の限局化，家族との人間関係のトラブルなど，心理・社会的に孤立せざるをえない状況がその背景となっていることが多い。うつ病や統合失調症の場合でも，老年期のうつ病や総合失調症の発症においては，環境的な要因との関連が深く，他の年齢以上に社会的環境の変化が発病に関与していることが知られている。老人期うつ病は非常に強い不安や焦躁感を伴うのが特徴で，落ち着きのなさや，苦悶，興奮を示す例（激越型）が多く，他の年齢層のうつ病よりもさらに自殺につながる危険性が高いのでとくに注意が必要である。

　老年期の精神障害の中でも，とりわけ介護や治療に困難を伴うのが老人性認知症である。症状としては，知的機能の低下（いわゆる「ぼけ」の症状）が主となるが，症状が進むと幻覚，妄想を伴ったり，不穏な興奮状態を呈して，夜間に徘徊したりするというような，いわゆるせん妄状態を示す場合もある。老人性認知症の治療では，できるだけ対人的な接触を多くするようにして，家族内で介護することが望ましいといわれているが，そのためには家族の非常に強い根気と忍耐が要求されることになる。

　しかし，上のような生理的な老化と比較すると，心理的な機能の面では，必ずしも衰退の一歩をたどるというわけではない。老人は，豊富な経験から得た知識や判断力を要するような場面では，若者にはない総合的な精神機能

を発揮することも多い。名工や名匠といわれる人に高齢者が多いように，身体的な作業においても，量的にではなく質的に高い仕事をするのは老人のようである。このように，加齢に伴った生理的老化ということだけで老人の心理を捉え尽くすことはできないし，だからこそ老年期のさまざまな心理的問題を単に生理的老化だけで説明しようとすることは問題であるといわなければならない。つまり，老年期に生じる心理的問題は，青年期や中年期以上に身体的な影響を被りやすく，また一方で社会・環境的な要因をその背景としているということである。

では，老年期においてライフサイクルに生じる社会・環境的な変化にはどのようなものがあるか，見てみよう。

4.5.2　老年期をめぐる社会状況

数え年の70歳を祝う「古希」は「古代より希なり」という意味を持っている。このように，長寿は昔は心身ともに強靭で幸運にも恵まれたごく限られた人にのみ許されたことであった。だからこそ長寿は愛で祝うべきことであって，長い年輪を経て生き残った「長老」には，家族や地域社会から特別の尊敬と信頼が寄せられていた。しかし，現代の高齢化は得がたい幸運の結果というよりは，急速な医療技術の進歩によって，むしろ「長く生かされている」という印象の方が強い。

老年期の社会的境遇を変化させる大きなできごとに，退職や引退をめぐる問題があるが，これによって人は青年期から中年期を通じて築き上げてきた社会的基盤や生活基盤を一挙に失うことになる。また家庭においては，息子や娘が卒業・就職によって社会的に独立していったり，孫が生まれるというような変化が生じるのもこのころである。こうして，親や世帯主としての実権を次第に次の世代に譲りわたしていくときでもある。また，老年期に入ると経済的基盤も揺らぎ始める。かつて年老いた家長が一家の経済的な実権を握っていた時代があったが，そのような時代とは異なり，現代では定年で職を失うと同時に自らの労働によって生計を立てるのではなく，年金の支給や福祉によって生計を立てたり，子どもの世話にならなければならなくなる。

4章　発　　達　　149

いずれの場合も次の世代に経済的に依存しなければならなくなるわけで，こ
れは労働によって生計を立てるという社会人として重要な生きがい，アイデ
ンティティを奪うことにもつながる。

とくに現代のように若者中心の文化の時代では，より生産的であることを
優先し，そこに価値を見出そうとするから，若さや健康を前面に押し出すこ
とによって，その対極にある老いや病や死といったことを排斥しようとする。
しかし，忘れてはならないことは，そのように若さや健康を強迫的に追い求
める文化の背後には，常に老いや死に対するおそれや嫌悪の感情が潜んでい
るということである。

4.5.3 死の自覚

死の問題については次章でも述べるが，老年期は自己の死への自覚が強ま
る時期でもある。しかし一面では，死はあくまでも「他人事」であって，死
の自覚ということも，他人の死をきっかけとしてもたらされることが多い。
老年期に入ったころから，人は新聞の死亡欄に自然に目がいくようになって
いる自分に気づくものだという。多くの人が中年期までには親の死を体験す
る。そのときに，「次は自分の番だ」という自覚が芽生え始めることが多い。
そして老年期に入ると，同年輩や年下の知人がひとりまたひとりと亡くなっ
ていくのを見ることになる。また配偶者の死を体験するのもこの時期が最も
多い。このような親しい人たちを失うという体験は，大切な依存対象を喪失
するということだけでなく，その人たちとそれまで共有していた社会的な基
盤をも，同時に喪失することになる。また，そこであらたな生活のスタイル
の立てなおしを強いられることにもなる。配偶者のことを英語では"better
half"と呼ぶが，配偶者との死別はそれまでの人生の最も多くを共有してき
た伴侶を失うということであり，また生活上でも大きな変化を強いられるた
めに，新しい状況に適応するには，非常に大きな困難を伴うことが多い。と
りわけ夫を失った女性よりも，妻を失った男性の場合にその問題は深刻だと
いわれている。

4.5.4　ライフサイクル論における老年期

　従来の発達心理学では，運動能力や知的能力など外的に観察可能な行動や機能に注目することが多かったので，その観点だけから見ると，発達は青年期でほぼ完了してしまうことになる。フロイトの発達論も青年期（性器愛期）を発達の頂点としているが，エリクソンはユングの影響を受けて，フロイトの発達段階を延長する形で，さらに老年期までをも含めたライフサイクル論を展開した。

　エリクソンは人生を8つの段階に分けて，それぞれの発達段階に発達課題とそれに失敗したときに陥る危機を割りあて，その課題と危機との力動的な対立・均衡の中から，希望，意志，目的などといった力（同調傾向）が生まれてくると考えた（表4-1を参照）。老年期の発達課題は「完全性」で，そこに生じる危機は「絶望」であり，そしてその対立の中から生じる力が「叡知」である。これを簡単に説明すると，老年期というこの最後の段階では，自らの人生を振り返るという作業をすることになる。そして乳児期から成人期に至るまでに体験した葛藤の中から獲得した力を，統合していかなければならない。しかし個人にとって自分の人生が満足できるものでなく，生きるにも値したとさえ思えない，ということを認めざるをえないときに，人は絶望に陥ってしまう。それでも，自分の一生は自分の責任で引き受けなければならないわけであるが，自らの一生を自分の責任で引き受けることができずに，「栄光の過去」にこだわってあまりにもそれに執着すると，現在の人生に対する「侮蔑」の感情が生じる。このような侮蔑や嫌悪感に支配されている人は，自分の人生をありのままに肯定するということができないし，そこで他人と協力し合って生きるということもできにくいので，結局自分自身をも侮蔑することになる。エリクソンは，老人に見られる人間嫌いや厭世感，自嘲的傾向や気難しさの背後には，このような絶望に根ざした侮蔑の感情が隠されていると看破している。

　さらに晩年になって書かれたライフサイクルに関する論文の中で，エリクソン（1982）は，老年期がライフサイクルの最初の段階（乳児期）へと回帰する橋渡しをする段階でもあることを指摘している。ライフサイクル論が発達

段階説にとどまらず，「サイクル」たる特質はここにあるといえる。

　老年期の危機を引き起こす「絶望」は，人生の最初の段階（乳児期）にある「希望」へと橋渡しされるというわけである。と同時に，エリクソンの漸成論的な発達論の中では，各段階で獲得される特質は次の段階に進んでも消失するものではなく，形を変えて存続し続けるものだということになっている。たとえば乳児期に獲得される「希望（hope）」は年を経て老年期には「信仰（faith）」へと形を変えることになる。つまり，老年期は自らの人生とその究極としての死を，さらに「死後の生」をいかに受け止めるかということが問われるときだが，それは科学的な認識レベルの問題ではなく，まさに「信仰」の問題であり，宗教的，哲学的な信念の問題といえよう。

　また，中壮年期に獲得された「生殖性」は老年期になると，生物学的な生殖性としては衰えるが，いわば祖父母的な生殖性へと変化する。ここでは，次の世代への継承ということが問題となり，子どもや孫の世代へと家族が受け継がれていくことが心理的に重要な意味を持つ。子どもや孫を持たない老人の場合も，技能や知識を次の世代に伝達するという形でこのテーマが重要となることが多い。

4.5.5　映画『野いちご』について

　ベルイマン（Bergman, I.）の映画『野いちご』は，ライフサイクル，老年期，死というようなことについてわれわれに多くの題材を提供してくれる作品である。エリクソンはこの映画を絶賛し，これを題材にして人間のライフサイクルを論じている。

　この映画に登場する主人公のスウェーデン人の医師，イサク・ホルイ博士は，50年間にわたる功績が認められてルンド市において名誉博士号を授与されることになるが，物語は，隠居先からルンド市への自動車の旅の途中でのさまざまな出会いやできごとを舞台にして展開される。エリクソンは論文の冒頭で「見知った土地を抜けていくこの道程は，子ども時代への，そしてさらにはその向こうにある彼自身の未知の部分への巡礼という象徴的な意味合いを帯びているのである」と説明を加えている。

この映画のテーマは，老年期における人生の「振り返り」ということと，さらにその先にある「未来」に備える準備という2つの面から考えてみることができよう。ライフサイクルの各段階で，われわれには自分自身の人生を何らかの形で振り返るということが必要となるが，この老年期という段階は，次に来たるべきものが「死」であるために，このテーマはこれまでになかったほどに重要性を帯びる。しかしそれだけに，この作業のプロセスには多くの苦痛と不安が伴うし，それをしないで済ませようとする抵抗も強くなる。ホルイ博士の場合は，面倒な人づきあいを避けてひとり孤高の生活を送ることによって，その課題と直面することを避けてきたといえる。しかし，50年間の医師としての業績を表彰されるという機会が，皮肉にも彼の「振り返り」の契機となる。彼は表彰式の会場のある都市へと向かう自動車旅行の途上で，さまざまな人々との出会いを体験するが，映画の中ではそれらの登場人物は，それぞれ彼が過去に出会い深くかかわった人々を象徴的に表している。

　人生を振り返るということは過去の傷つきを率直に見つめなおし，再体験するということでもあり，過去の傷は抑圧したり逃避したりすることでは癒されることはない。博士の場合，それは初恋の人サーラを弟に奪われたことであり，妻の裏切りという現実であったが，彼はそのショッキングな事件を体験したとき，怒りや悲しみという感情を自分のものとして十分に体験することができず，その感情を抑圧してしまっていた。このように彼のそれまでの人生は生き生きとした感情を圧し殺してきた日々であった。そのような生の感情を自覚することは，彼にとって実に孤独で痛みを伴うプロセスであった。しかし，彼は旅の途上で見た夢をきっかけにして，それらの感情をリアルに回想して再体験することになる。その振り返りと再体験は劇中の脇役のひとりをして「腕のよい外科医の手術のような」といわしめるほどの作業であった。こうしてホルイ博士のライフサイクルは前進し始めたのであった。

　老年期における「未来」とは，すなわち死を意味している。そのため死後の自分の姿をどのように思い描くかということが重要な問題となる。めぐりくる季節のように人間のライフサイクルを考えるとすると，「死」の向こう

4章　発　　達　　153

にある「生」というものを何らかの形で想定することになる。一つは生まれ変わり，転生ということになるが，死後の生命が実際に存在するかどうか，ということは客観的に検証しようのないことだ。しかし，個々人がこのことをどのように考えるか，死後の生命に対してどのような態度をとるかによって，死に対する態度と，老年期の送り方が大きく変わってくるようだ。多くの人々が「死後の生命」を信じていた時代には，誰もが死後の生に対して共通の見解を持ちえただろうし，死を受け入れるための儀式も存在していた。しかし既成の宗教がかつてほどに力を持たなくなった現代では，老いや死をいかに受容していくかという問題は，個々人の手に委ねられることになってしまった。だからわれわれひとりひとりが自分の生と死についていかなる「神話」を持ちうるか，ということが大切なことになってくる。

　この映画では興味深いことに，この点に関して主人公の息子の嫁であるマリアンヌが，重要な役割を果たしている。女性的なものや女性イメージは，人（とくに男性）が死に至るプロセスを受け入れる際に，そのやさしく知恵のある導き手として重要な役割を果たすようである。このことは青年期や壮年期の生産性中心の価値観や冷徹な科学主義が，いうならば「男性原理」に支えられていることと好対照をなしているといえよう。

　実はマリアンヌ自身もある相談事があってホルイのもとを訪ねていたが，彼は「面倒なこと」に巻き込まれるのを嫌って彼女の相談に乗らないでいた。その相談事とは，妊娠したマリアンヌに対して，博士の息子である夫が子どもを持つことへのおそれと不安のために，子どもを生むことに反対しているということについてであった。彼女はどうしても子どもが欲しいと思っていた。

　生物学的な法則からいっても，子どもを持つということは，世代の交代，つまりやがては自分がこの世からいなくなるということを暗黙のうちに意味している。老年とは，自己の破壊や滅びが次第に避けられない現実として目前に近づいてくるときでもある。その運命を回避し，現実から逃避するために人々はさまざまな策を弄する。そうして避けがたい運命が自分のことではないと，あたかも傍観者のような態度をとろうとするわけである。そうして自分の内にわき起こってくる不安の感情を抑圧するのである。

マリアンヌの提示してきた問題は，博士自身の問題とも重なり合うもので
もあった。だから彼は彼女の相談に，最初は親身に乗ろうとしなかったのか
もしれない。しかし，あらたな創造が行われるとき，そこに破壊がいつも伴
うように，あらたな生命の創造には死が伴うのである。その「真理」を認め
たときに博士は救いを得たわけである。こうして世代から世代へとライフサ
イクルの円環は継続していくのであるが，それゆえに破壊に対する最後の抵
抗としての防衛も強固となる。

　女性的なもの，女性イメージは，死へのライフサイクルをたどるのに重要
な役割を果たすことがある。ここでいう「女性的なもの」とは，いわゆる客
観的で冷徹な科学主義とは正反対の性質の心的内容を持つものである。

　『野いちご』においてマリアンヌが提示した問題とは何であっただろう
か？　それは子どもが欲しいという彼女の希望に反して，主人公の息子であ
る夫が子どもを持つことに抵抗していたという事実であった。人は次の世代
（子ども，孫，弟子等）へと受け継ぐことによって，自己の一部を永続させるこ
とができる。しかし，子どもを持つ，あるいは何かを継承する，ということ
は自分が退くということである。生物学の法則からいえば，そのことは自分
自身がやがて死ぬことを暗黙のうちに意味している。

　聖書の中に有名な「ひとつぶの麦」のたとえがある。一粒の麦は，それが
地に落ちていったん死ななければ，やがて多くの新しい実を結ぶことはでき
ないというたとえである。このように老年とは，自己破壊や滅びが，次第に
避けられない現実として目前に近づくときでもある。しかし，同時にそれは
個人の意識にとっては耐えがたいものでもあるため，人はその現実を回避し
ようとする。たとえば，運命に対し傍観者的になって自己の内にわき起こる
不安を抑圧する。しかし，あらたな創造には破壊が伴うように，あらたな生
の創造には死が伴う。

　結局，老年期には，創造的，生産的であるということの質そのものが問わ
れなければならない。それはエリクソンがこの時期に大切な生産性（生殖性）
とは，壮年期的な物質的，生物学的な生産性ではなく，「祖父母的な生殖性」
にあるといったこととも関連している。

4章　発　　達　　*155*

4.5.6 老年期と神話

エリクソンのライフサイクル論は，個人のライフサイクルを，誕生から死へ向けて直線的なイメージとしてではなく，完結した円環のようなイメージとして描いているように思われる。またあるいは，世代から世代へと一つひとつの鎖の円環がつながっていくような連鎖としてイメージしているようでもある。そしてこのような継承，伝達がスムーズに行われるためには，その文化の中で共有される一定の儀式が必要であると述べている。

民族的に伝承される儀式の背後には必ずそれを支える「神話」が存在する。かつてユングはアメリカを旅行してプエブロインディアンの居留地を訪れたとき，部族の老人が実に生き生きとしており，威厳に満ちていることに感銘して，その理由を尋ねた。すると部族の長老たちは，自分たちは太陽の運行を支える儀式を司っていること，もし自分たちがその儀式をやめてしまったら，遅くとも10年くらいのうちに太陽は昇らなくなるであろう，と答えたそうである。日本のアイヌの文化の中では，老人の話す理解不能な言葉は「神の言葉」として受け止められるという。このことはいわゆる「ぼけ老人」を見る現代のわれわれのまなざしを思うと，実に考えさせられるところが多い。河合隼雄（1989）はそのような老人を単に痴呆老人と受け止めるのと，「神の言葉」を話す者として受け止めるのと，どちらが人間としてのかかわりを濃くしてくれるものかと問題提起している。

人が生きていくためには，このような個人の神話を持つことが必要だろうと思われる。つい最近までは，科学技術の発達はわれわれにバラ色の未来を保証してくれるだろうという「神話」があったが，現代ではその科学神話も次第に崩壊しつつあるようである。たとえば，科学神話の申し子のような原子力が核兵器として，あるいは原子力発電として開発されればされるほど，人類の生存や生きていくために必要な自然の生態系自体を脅かすことが次第に明らかになりつつある。生産的であること，客観的で検証可能であることを求める価値観は，いうならば青年期・壮年期までの価値観だといえよう。老年は死を前にして人生を問い直すときであり，そのようなときに，客観主義的で生産性を追求する価値観は意味をなさなくなる。むしろ個人が自らの

人生についていかなる神話を持ちうるかということの方が，重要な問題となってくるだろう。

4.6　女性のライフサイクル

　最近の社会の変動とともに人間のライフサイクルのあり方も変動しつつある。とりわけ「昭和」の時代を生きてきた日本の女性のライフサイクルは，社会的変動を抜きに考えることは無意味なほどである。その中でも戦前，戦中，戦後，高度成長期，安定期と大きく変化した時代を通じて生きてきた女性たちは，日本女性のライフサイクルの変化そのものを体験してきた人たちである。この年ごろの女性にとっては，時代の転換点が，各個人の思春期から成人期，中年期から初老期という個人のライフサイクル上の転換点と重なっているため，そのことが微妙な影を落としているようである。

　この年代の女性たちは，少女時代は親に仕え，嫁入りしては夫や姑に仕え，老いては息子に仕えるというモラルを教え込まれて生きてきた人たちだが，実際自分が姑になったときには，嫁は自分のいうことには従わないし，子どもは親を尊敬しなくなっているというように，非常に「損な」時代に生まれたと実感している人が多いであろう。

　しかし別の面から見れば，それ以前の女性たちが経験しなかったような時間的，経済的なゆとりや自由も享受している。その原因の一つは平均寿命が伸びたことだろう。現在では60代の女性を「老人」と呼ぶのは適切ではない。「高齢化」とは，いわゆる「老後」が延びたのではなく，むしろ中年期を過ぎてもなお元気で活発な人々がたくさんいることをいうのだろう。また社会全体が経済的にゆとりを持つようになったことで，日々の収入を得ることや子育て，家事に没頭し，一生を終えていた一世代前の女性たちには得られなかったような時間的，経済的ゆとりが持てるようになっている。しかし今度は，この「ゆとり」や「自由」をどう使うかということが問題となる。男性の場合は，「会社」のような社会があらかじめ用意してくれる枠組みの中で精いっぱい努力をするという方向性が与えられているわけだが，女性の場

合にはそういった社会的な受け皿がないことが多い。だから，中年期以降の人生を自分の創意工夫によって切り拓いたり，価値を見つけたりしていかなければならないが，これは女性にとって非常に大変なことである。

　臨床心理学者の河合隼雄は，ある初老の女性の見た非常に印象深い夢を報告している。夢の中でその女性は，同時に西の空に沈みゆく太陽と東の空から昇る太陽の両方を見たということだ。つまり沈む太陽は，象徴的にこの女性の人生が後半に差しかかっていることを表している。しかし昇る太陽はもう一方で，この女性が心の奥深くに青年期的な夢や欲求を抱いていることを告げている。この夢は大変ドラマチックで印象的だが，この夢に表された主題は，この年代の女性，つまり「昭和」の時代に生まれた女性の心性に共通するテーマであるように思う。この年代の女性は思春期，青年期の大部分を戦争・戦後とともに生きて，いうならば青年期がなかった人たちだ。

　現在，中年期や初老期の離婚が急激に増えているそうである。子どもも独立して手がかからなくなり，夫も退職して，時間的，経済的なゆとりが出てくると，「何かをしたい」という内的な衝動が一挙に離婚の宣言という形で表面に出てくるともいえる。だから，その離婚の特徴は，行動パターンが年齢に似つかわしくなく思春期的だというところにある。つまり，思春期の子どもが親に反抗してパッと家を飛び出すのに似た形で，妻が一方的に退職した夫に離婚を宣言する…というようなケースが増えている。人生経験も積んで他の面では分別豊かな女性が，突然にとる行動だけに，そこには深い内的欲求が関与していることが考えられる。

〈事例──ある60代の女性の事例〉

　Bさんは60歳を少し過ぎたばかりの女性だが，「竹を割ったような」という表現がピッタリくるようなカラッとした人柄で，ちょっと見にはとても60代とは思えないほど若々しい女性である。夫はずっと国際機関の要職にあって一昨年退職し，現在は外見には「悠々自適」の生活を送る境遇にある。夫の在任中はほとんどが海外勤務だったため，彼女も随行して駐在員夫人としていろいろと夫の手助けをしてきた。とくに海外では「家族ぐるみ」で仕

事上の来客をもてなすことが必要だったが，バイタリティあふれるＢさんはこの責任を率先してこなしてきた。ご主人の仕事上の成功の陰には，少なからずＢさんの「内助の功」があったようだ。

　しかし最近，そんなＢさんも自分の半生を振り返って「自分にはいったい何が残っているのか？」と考えることが多くなった。するとふとさびしさをおぼえることがあるそうだ。Ｂさんが心理療法（カウンセリング）を受けるようになった直接のきっかけは，夜間に突然襲ってきた動悸と息苦しさだった。医者に行って診察を受けても原因は不明で，総合病院で精密検査を受けたが，そこでも身体的には「異常なし」という結果だった。

　このような取り立てて身体的な原因がないのに，身体の症状を訴える人が最近増加しているようである。医者にかかっても具体的な身体の異常は見つからず，結局「自律神経失調症」というような病名がついたり，時には「気のせいですよ」とか「心理的なものです」といわれて釈然としない思いを抱えて帰っていく人が増加する傾向にある。中には「自分は頭がおかしくなってしまったのでは？」とか，「精神病なのかしら？」と心配する人もいる。心と身体の関係というのは，実は非常に複雑で奥深い問題で，単に「心理的なもの」とか「気の持ちよう」という説明でかたづくほど単純なものではない。そういった「原因不明」の身体症状が起きたとすれば，それはその人の心の深層がその人自身に何かを告げ，知らせようとしていると考えてみることが有効だといえる。そのように考えることによって，それまでに気づかずにとおり過ぎていた部分，見過ごしてきた心の大切な部分に目を向けるきっかけとなる。そうしてその苦痛な体験をより「意味ある」ものへと変えることも可能になるのである。

●参考文献
エリクソン，E. H. 著，小此木啓吾・小川捷之ほか訳（1973）『自我同一性』誠
　　信書房
エリクソン，E. H. 著，仁科弥生訳（1977）『幼児期と社会1』みすず書房
エリクソン，E. H. 著，仁科弥生訳（1980）『幼児期と社会2』みすず書房
氏原寛ほか編（1992）『心理臨床大事典』培風館

5章
性と死の心理学

5.1 性心理学

　性の問題は，単に性的な差異や性的行為の問題としてだけ考えるべきではない。精神分析を創始したフロイト（Freud, S.）は，性的エネルギーであるリビドーの現れにも，「性器的」なものと，「性的」なものとがあるとした。すなわち，前者は性的器官と直接結びついて性欲の満足を求めるが，後者は性器とは直接結びつかず，広い意味で，全身的快感の充足を求めようとするものである。性的器官の未成熟な幼児にも性欲は見られるし，性的機能の衰退期にある老人にも性的欲望は存在する。その意味で，「性的」なものは，「性器的」なものよりはるかに広い範囲にわたり，人間にとってより根本的なものであることをフロイトは示している。

　この精神分析でいう「性」の問題は，われわれの心の問題と深くかかわっており，さまざまな葛藤の理解への鍵となる。性の問題を人々のこころの問題にたどりつく重要な鍵と見るのがフロイトの精神分析の立場であるとすれば，そのようなことがいえるのは，結局，性欲性のうちに，世界に対する人間のあり方，その時代と他者に対する人間の存在の仕方が投影されているからだというのが，現象学派，現存在分析をはじめとする，いわゆる「人間学派」の人々の考え方である。

　ひとくちに人間学派といっても，この概念の中にはさまざまな学派や名称が含まれている。主なものを挙げれば，ドイツ語圏では現象学派，実存論的人間学，現存在分析，実存分析，了解心理学であり，フランスでは現象学的

161

または構造論的分析のほか，一般に実存分析と呼ばれているものがある。またアメリカでは，実存分析，現存在分析と名づけられ，それぞれ独自の論述を展開している。

このような立場に立つ人が「性」について述べていることは，いわゆる「心の問題」をもつ人が示す性的なものの意味の中には，過去と未来という時間性，自己と他者という関係性といったような，人間存在そのものの根源的なレベルとの関係において，性の問題のもつ一般的な意味を考えていこうということである。このようななかでは，人々の性的な態度は，他者に対する一つの原初的な態度であり，性欲は「対他・対自・存在」の必然的な構造として考えられるのである。

性と「心性（こころ）」の問題を考えるときに，この2つの立場を概観することには大きな意味があると思われる。

以下において，この2つの立場，「精神分析」と「人間学派」における「性」と「心性」について整理することとする。

5.1.1　精神分析の立場から

かつて「性」の解放が叫ばれ，現在では「性的欲望」や「性的衝動」がかなりの部分において解放された時代といわれているが，最初にその先端を切ったのがフロイトである。フロイトは，ヒステリー患者の治療の体験の中から，人間の行動の源泉となるエネルギーは，すべて性的本能から出ているという考えに到達した。従来，性欲は異性との性的な結合を求める衝動としてのみ理解されていた。したがって，性欲は幼児には無く，思春期・青年期に至って初めて生じるものと考えられてきた。しかし，フロイトはその考えを覆し，さらに，従来の「性本能」の概念を拡大して，より広い意味を持たせるようになった。

つまり性本能という概念を，感覚的な「快」一般を追求しようとする情動と，対象関係的欲求（依存欲求）にまで拡大して，人間の心的な成長・発達の中核にあるものとして据えたのである。この本能は，思春期に初めて出現するものではなく，乳幼児期からすでに存在し，人間の活動の大半がこの本

能に拠っていると考えた。

　精神分析のこの考え方は，それまでの人間観に対して，大きな変革をもたらすことになり，心理学・精神医学にとどまらず，思想・芸術など，さまざまな分野に大きな影響を与えることになった。また，われわれの日常の「性」についての考え方にも多くの影響を与えてきた。フロイトの生きた時代のヨーロッパでは禁欲的なキリスト教的倫理観が支配的で，「性欲」を「罪悪」として捉える傾向が根強かったが，フロイトはむしろ性欲の存在の意義を認め，性欲や性衝動を人間存在の中核に据え，それを昇華することこそが，人間の「正常」な発達を促すのだということを示した。そして，もしその正常な発現が阻まれるようなことがあれば，かえって正常な発達に支障をきたすと考えたのである。

　ここでは，そのフロイトの性的本能とその発達について，概観することにしたい。

5.1.1.1　リビドーについて

　フロイトが最初に見た患者はヒステリーを中心とした神経症患者であった。フロイトはヒステリーの治療を通じて，神経症の発病には何か性的な要因が深くかかわっているのではないかという点に着目し，その本能的なエネルギーを「リビドー」と命名した。

　フロイトの本能論は一種のエネルギー理論であり，彼は性本能を一種の物理的なエネルギーになぞらえて，その充填と発散のプロセスを解明・整理しようとした。したがって，性欲も他の物理的エネルギーと同様に，充填→緊張→発散→充填というパターンが常に繰り返される。しかし，エネルギーが通常に放出される道筋がふさがれてしまうと，性エネルギーは鬱積してその圧力を増しながら，出口を求めることになる。そして，最後には通常の出口以外のところから放出されることになる。

　この性エネルギー・モデルによって，フロイトは神経症の症状を説明しようとした。彼はリビドーという用語を，最初は「飢え」や「渇き」といった欲求と同じような，単純な「性欲」という意味で用いていた。しかし，後には性器だけではなく，身体の各部分から供給される性的興奮を意味するもの

5章　性と死の心理学　　*163*

として，用いられるようになった。

　フロイトによれば，神経衰弱や不安神経症は，現在の性生活におけるフラストレーションによって生じた不安感情であり，ヒステリーや強迫神経症は過去の性的な心的外傷によって引き起こされる病理である。しかし後に，この性的外傷は，必ずしも現実に起きた事実ではなく，幼児期の空想から生じたものであると訂正している。つまり，心に生じた性的な欲望や，性的行為の実行が抑圧され，空想として転化されたものである。

5.1.1.2　幼児性欲とリビドーの発達段階

　フロイトの偉大な業績が，一つに幼児性欲の存在を認めたことと，性的な興奮が性器だけでなく，全身で生じるという点を指摘したことである。性器以外の身体の各部位，つまり，口唇，皮膚，肛門に起こる性的興奮がいかに強いものであり，かつ，いかに生涯にわたって長く持続するものであるかということを，フロイトは世に知らしめた。この口唇，肛門，男根という性欲は，一定の順序をもって出現してくるが，フロイトはこれをもって独自のリビドーの発達段階の理論を考え出したのである。

　リビドーの発達段階のうち，前3つの段階を前性器的段階と呼ぶが，この欲動は「部分欲動」とも呼ばれている。これらの性的興奮は，成人にとっては性的なクライマックス（オルガスムス）に到るための「前戯」であるが，幼児の場合はこの性的興奮をオルガスムスなしに，それ自体を反復的に求めるのが特徴である。このことからフロイトは，幼児期の性欲を一種の倒錯とみなしている。幼児は自分の身体で自らを満足させることから，幼児期の性欲は「自体愛（autoerotism）」であり，また，たとえ相手があっても一方的に自己の快楽を追求するのみで相互的でないことから，「自己愛的（ナルシスティック）」であるとフロイトは考えた。

　フロイトは，性欲はいわゆる生殖とは別のものとして考えており，生殖に影響を及ぼしはするが，単に生殖機能に止まるものではなく，人格全般に影響を及ぼすものとみなしている。その意味で生殖能力がもたらされる「性器愛期」は，性欲の「第2の開花期」であるということもできる。したがって，幼児期の性欲が，いかに個人の対象関係に影響を及ぼすものであるか，また

成人のパーソナリティに影響するかということをフロイトは示したのである。しかし，逆にそのことは，あらゆることを性欲を軸として考えることになり，「汎性欲主義的」として批判をあびることにもなった。

　このフロイトの理論は，彼が生きた時代であるビクトリア王朝期の禁欲的な時代背景を念頭において考えられるべきである。現代では，こういった汎性欲的な理論に対しては抵抗も少ないであろうが，その一方で，性的タブーの強かったフロイトの時代ほど，人間の深層を解明する理論としての迫力ももち得ないのではないだろうか。

　それではフロイトのリビドーの発達段階を順を追って見ていくことにしよう。

　1）口唇期

　フロイトは乳児が母親の乳房に大変な執着を寄せることや，手に触れるものを何でも口にもっていくことに注目した。

　乳児が母親の乳首を吸うこと（sucking）は，単なる栄養摂取だけを目的にして行われるのではない。このことは，満腹なときでもそういったsuckingが行われること（「空吸い」）からもわかることである。このときの乳児の満足げな表情からフロイトは，母親の乳房を吸うときの乳児の唇があたかも性感帯のようなはたらきをするのではないかと考えた。

　しかし，この口唇に対するリビドーの割り当てがあまりに強すぎると，やがて倒錯的なキスを好む大人になったり，アルコール依存，ヘビースモーカー，ヒステリー性の嘔吐を伴う摂食障害を起こすようになるとフロイトは考えている。しかし，この口唇による栄養摂取と快の体験は，母親との情緒的な交流という体験と深く結びついており，単にリビドーの備給という面だけでは考えられないところもある。つまりこの時期の母子関係に失敗することによって，食べることや口唇的な快感が，乳児にとって満足をもたらさないものとなる。それがやがては摂食障害，異常性欲を引き起こすもととなるとも考えられるのである。

　2）肛門期

　生後8カ月から3，4歳の段階は肛門期と呼ばれる。この時期には肛門，

直腸粘膜，その周辺の括約筋へとリビドーの備給が行われる。大便をすぐ排泄せずにためておくこと，たまったものを自分の好きなときに排泄すること，この一連の行為は肛門期の幼児にとって苦痛でもあるが，それとともに強い快楽をもたらすものでもある。

このとき，幼児は自分の筋肉を使って能動的に快感に達することをおぼえる。また，苦痛に伴う快感をも受動的に体験する。

大便はこの時期の幼児にとって「汚いもの」ではなく，自分の身体の一部であり，親に対する最初の「贈り物」でもある。このプレゼントを親の要求に応じて自分の身体から素直に手放すという体験を通じて，親に対する柔順さや受け身的な態度が形成される。逆に，時には手放すことを拒むことによって，親に対する反抗的な態度，言い換えれば自律的で能動的な態度が形成される。大人が命令したときに排便することを幼児が頑なに拒絶し，自分の好きなとき，好きな場所でしようとする傾向があまりにも強い場合は，後年のサディズムの徴候と見ることができるとフロイトは考えた。また，この攻撃を効果的に行うためには，出したいときにも我慢せねばならず，便を溜め込むことに伴う苦痛を甘受する（そのことに快感をおぼえる）ことになるが，このことは後年のマゾヒズムの徴候と彼は考えた。

このように大便を排泄する・溜め込むという肛門期の相対立する欲求をめぐって，両価感情（アンビバレンス）が芽生えることになるが，これが極度に強い場合には後年の強迫神経症，強迫性格の原因となると考えた。

　3）男根期（エディプス期）

この時期（3，4歳〜6，7歳）になると，リビドーは性器の一部に達する（備給される）ようになる。つまり男児は亀頭，女児はクリトリスである。

この時期の幼児は性差に対して注目するようになり，それに伴って性器への関心が高まってくる。子どもがよく「赤ちゃんはどこからくるの？」という質問をしたり，「お医者さんごっこ」をして遊ぶようになるのもこの時期である。しかし，このころの子どもには，女性には腟という女性器があるということがわからない。そのため男女の性別の区別は，もっぱらペニスが有るか無いかによって判断される。

3，4歳になると幼児は異性の親に対して性的関心を向けるようになる。しかし，それと同時にライバルとなった同性の親に対しては敵意を抱くようになる。そしてその地位に自分が取って代わりたいという願望が生じる。しかし，そういった願望を抱くこと自体が幼児のこころの内に罪悪感（「パパを憎む僕は悪い子」）を生じさせることになり，その罪に対して下されるに違いない罰に対する恐怖心が芽生える。この恐怖心のことを「去勢不安」と呼ぶ。この段階は男女ともに両性の解剖学的な差異に関心が高まる時期であるが，そのなかで男児は「女の子は去勢されたからペニスがないんだ」というファンタジーを無意識的に抱くようになり，父親への敵意と罪悪感から「自分も去勢されるのではないか」という恐れと不安を抱くようになる。母親を独占したいという欲求と，父親への嫉妬，敵意，罪悪感などが複雑に絡まった感情を，フロイトはエディプス・コンプレックスと呼んだ。これはギリシャ悲劇のエディプス王の名から取ったものであるが，知らぬ間に父親を殺害し，母親と結婚してしまったために，その罪を贖うために自らの目をえぐり出し，放浪の旅に出るというエディプス（オィディプス）の物語に由来するものである。

　さて，男児はエディプスコンプレックスからくる去勢不安のために，母親に対する性的愛着を一時断念，あるいは抑圧せざるをえなくなる。そして父親と争う代わりに父親を見習ってその特性を取り入れ，「男らしさ」を身につけていくことになる。このことを父親への「同一化」という。

　しかし女児の場合，このエディプスコンプレックスも事情が異なることになる。なぜなら，男児の性愛の対象は母親であるが，女児はもともとの対象は母親であるが，この時期に母親から父親に移るからである。女児は自分にペニスがないことを発見すると，その点で自分は男児とくらべて劣っていると感じる。そして自分も男児のようにペニスをもちたいと思うようになる。このことを「ペニス願望」と呼ぶ。フロイトはこのことを女性の嫉妬深さにつなげて考えている。

　そして，それまで愛情の対象であった母親も自分と同様にペニスをもっていないということを知って失望し，自分をペニスなしに生んだことに対して恨みを感じる。それとともに自分もペニスを持ちたいと願う。そのために女

児は父親に愛情を向けるようになる。したがって男児の場合は，去勢不安のためにエディプスコンプレックスが終結するといえるが，女児の場合にはペニス願望によってエディプスコンプレックスが始まるということができるのである。以上は「陽性のエディプスコンプレックス」と呼ばれるもので，実際にはこれとはまったく逆の「陰性のエディプスコンプレックス」と呼ばれるものがある。この場合，男児が女児のように父親に対して優しい態度を取り，その愛情を求めるとともに，同時に母親に対しては嫉妬的・敵対的態度を取ることになる。実際，男女ともどちらか片方のエディプスコンプレックスということはなく，陰性・陽性の両方のエディプスコンプレックスが複雑に絡み合っていて，通常は陽性の方が強いというのが実情であろう。

　4）潜伏期

　次の段階はおおよそ学童期にあたる時期と重なっている。エディプスコンプレックスが抑圧され，父親との同一化が生じることによって子どもの性本能は足踏み状態になる。しかし，性欲は消えてなくなるわけではなく，抑圧された性欲の一部は同性の友達との間の友情・団結などの感情の形成に用いられることになる。またこの時期には幼児期から持ってきた性欲は，性的色彩が薄められた形で異性の親に向けられるが，これによって優しさ，思いやりのような感情が育ってくる。

　この時期はいわゆるギャング・エイジと呼ばれる段階であり，主として同性同士で遊ぶことにエネルギーの多くが費やされる。この同性間の交流は，男女それぞれの性的同一性の強化に役立つものである。

　5）性愛期

　この時期は小児の性生活を「正常」な形態に移行させる時期である。すなわち，性的対象を自己の身体の一部から他者へと移行させ，自体愛が対象愛へと変化する時期である。この時期の変化には，女子であれば月経の開始，男子の場合には射精という身体・生理的な準備状態が整うという背景がある。これは一般に第二次性徴と呼ばれるものであるが，要するに男女ともに性交の可能性・準備が完了するということである。この時期にくると，もうすでに性的願望（愛情願望）は実現可能なところまで到達したことになる。した

がって，この年齢は本能の嵐が荒れ狂う時期でもある。この時期の青年は禁欲に走ることによって，この嵐を鎮めようとする。たとえばスポーツや武道などで肉体を酷使するのもその一例である。しかし，逆に自慰や，性的逸脱行為にはしる場合もある。精神的にも肉体的にも，禁欲と快楽との間を激しく動揺し，悩み多いのがこの時期である。それゆえにこの時期をうまく乗り越えられないと，同性愛に走ったり，精神障害の危機に陥ることもある。

またこの段階はいわゆる「自分をつくる」時期であり，社会の中で自己の同一性を確立する時期でもある。すでにもう，出来合いの超自我（エディプスコンプレックスの去勢不安のもとで両親の超自我を取り入れることによって形成された）では本能衝動を抑えることができない。したがって，新たな超自我を必要とする。それゆえ青年は両親から離れ，他人との同一化を通じて本能衝動の制御可能な自分を形成することが必要となる。

また同時に，潜伏期から存続していた異性に対する優しい感情は，激しさを増した性的欲求と対立しつつも結合して，精神的にも肉体的にも人を愛することのできる独立した人格となる基礎が形成される。特定の恋人や配偶者の選択を現実の人生問題として考えられるようになるのもこの時期からである。

5.1.2　人間学派の立場から

前述したように，「性」の問題を精神医学ないし心理学の問題として最初に真正面から取り上げたのはフロイトであった。そこでは，性愛の問題が人間の成長・発達および，心の問題に深くかかわり，とくに神経症レベルにおいては，性愛の歪みにこそもっとも普遍的な原因があると確信されるまでになっていた。

このようなフロイトの見方に対しては「汎性欲主義」との批判があり，フロイト自身がその修正を試みてはいた。しかし，批判者たちから見れば相変わらずフロイトのいう，性愛の衝動は最初から盲目的・生物学的なものであり，人格の成長，発達に応じて，対象を変え，選択するにすぎないと考えている，と見られていた。

この点において，「人間学派」における性の問題に対する見解は，とくに現存在分析の立場を見ただけでも，精神分析的な考えを土台にしつつも十分に異なっていることがわかる。現存在分析学派においては，性愛は「人間がどこまでも共同存在を志向する現存在であること」の証であり，性愛の障害とは，官能領域における他者とのかかわりあいの障害の具現化にほかならないとされているのである。

以下においては，この「人間学派」からM.ボス（Boss, M.）とR.メイ（May, R.）の理論を中心として「性」と「こころ」の問題について検討してみよう。

5.1.3　M.ボスの精神分析批判と性愛についての基本的考え方

ボスの立場からは，フロイトは人間存在を，肉体，感覚，情熱，欲動，性愛の対象といった部分に分け，それぞれを孤立した存在として考えているように認められた。また，ひとりの人間の中のさまざまな部位からの衝動が集まり，そこを源とし，対象となる他の人間（情動目的）に向かっていくようにも見えたようである。

フロイトのこの考えは，性愛を単なる「運動」や「作用」と考え，または「欲動の解消」と考えるものであり，この観点をさらに進めると，人間の文化や芸術さえも「昇華された性欲動」とみなされることになる。ゆえにこれは性愛を，個としての人間同士の「関係性」や「相互性」から生ずる，一つの世界内存在の可能性，とする現存在分析の立場とはとうてい相入れないものである。

この「関係性」や「相互性」を，現存在分析では「我・汝」という言葉でも表すが，これらの「関係性」において，性愛がいかなる意味をもつか以下において見てみよう。

ボスは恋愛（これまで「性愛」という言葉を用いてきたが，ここではボスにならって「恋愛」とする）を一つの「作用」とか「態度」，あるいは「感覚」「感情」「昇華された欲動」など，分割されるようなものとしてみなすべきではないという。これまで，本来「我・汝」という関係の中にある人間を，さまざまな部位に分けることによって，客観的，対象的な心理学的概念の中に閉じ込めて

きてしまったが，そのようなことを止めれば，人々は，ひとりの人間の恋愛が，ある特別な方法によって世界内存在を可能ならしめるということを体験することになるとする。

すなわち，人が恋愛関係のクライマックスにおいて，自らの愛を全うしようとするとき，その人はむしろ，その人自身やそれまでの自己ではなくなるわけである。つまり彼は，この世の中では，会社員であるかもしれないし，商人，農民であるかもしれない。しかし恋愛の中にある彼は，それとはまったく違ったやり方でおのれの世界を知覚し，理解するようになるのである。恋する人間は，その関係性の中で，それまでの自己をこえて，あらゆる豊かな可能性に満たされて自分自身を見ることができるようになる。また自分自身だけでなく，恋する相手も（またその相手との関係も），もはや有限で，個別的で，滅ぶべき存在ではなくなる。恋する両者との関係を通じて，個の世界は静止し，「我」と「汝」の根源的かつ本質的な姿があらわになってくるのである。それゆえに，まさにこの恋愛において，滅ぶべき人間は永遠性と出会い，永遠の形相と原図との統合を体験することができるというのである。

さらに，ひとりの人間，孤立した人間は，この世において有限性と虚無しか見出すことができないが，人を愛する人間は，あらゆる種類の狭量さや不安，無意味性，虚無化や疎外を克服することが可能になると述べている。「我と汝」の愛による一致の内において（その関係性においてのみ），人は豊かな可能性を実現しうるのであり，永遠性や，無限性というようなことにも参与できるとするのである。

また，ビンスワンガー（Binswanger, L.）の言を借りてボスは，愛し合う人間同士が，「我と汝」の関係性において「われわれであること」は，二重の意味において両性具有的であると述べる。すなわち「われわれである」という関係性そのものが男性的でもあり，女性的でもある。またその関係において，その成員各々が両性具有的となるのだという。つまりおのおのが受容的でありながら，同時に能動的にもなりうるのである。さらに，ビンスワンガーにとって，恋愛には二重の不思議があるという。つまり，恋する不思議に伴って生じる恋される不思議である。しかもこのことは，男性の恋が前者

で女性の恋が後者にとどまるという意味ではない。むしろ，男女の恋愛のそれぞれが，2つの不思議を男女それぞれの特有なあり方において持っているのである。したがって，最高の恋愛とは，男性の恋愛と女性の恋愛との間にある差異が，上の二重の意味において止揚されることである。

このように人間性の本質にひそむ価値は，まさに恋愛において実際にあらわになる。つまり，愛する人と愛される人とが一つになり，そこに男でもなければ，女でもない，また両性のどちらでもあるという価値を実現するのである。つまりそこで人間は個人をこえ，性をこえ，さらに時間をこえた永遠なる人間の本質像を思い描くことができる。これは単なる人間の想像の産物でもなければ，現実から遊離した観念でもなく，むしろ「最高の存在の充溢および本質性をもった心の実在者」（ビンスワンガー）を表すことになるのである。

このようにボスにおいては，性の問題は関係性において捉えられ，人間の本質像を描き出すものである。

5.1.4 R.メイにおける「性」と「エロス」

5.1.4.1 「性」の現状

メイは，現代において人々はあたかもテニスを習うかのように，性についての知識を得，生命保険に加入するかのように性と愛の関係について考えているという。そして実は，性をこのように「手軽な」ものとしている現在の風潮の背後に，逆に精神的な欲求の抑圧があるのではないかと推測する。フロイトが精神分析の理論を生み出したビクトリア王朝期の倫理的拘束に支配されていた婦人の背後には，行為の抑圧があった。それに対して，今日ではむしろ「感情」が抑圧され，「情熱」が窒息しそうな状態があると指摘する。

現代では，性を感情抑圧のテクニックとして過剰に用いた結果，性と愛（エロスとしての）との分離が起こり，その結果生じたのは性の無力化，虚無化である。まさに現代では，エロスの不安から逃れるための道具として性が用いられていることになる。しかし，エロスを避けることによって，本来，性がもっていた力が奪われ，その結果，性とエロスの両方を無力化してしま

うのである。

そして現代では性はむしろエロスに対抗するものとして人々に受け止められ，エロスのもっている不安創造的な側面を意識せずに済ませるための手頃な道具になっている。しかし，そのために性自体を狭い意味に限定することになってしまっている。

メイはこのようにして，人々が性に夢中になればなるほど，性が本来かかわりをもっていたはずの人間関係は希薄なものとなってしまうことを強調しているのである。ここでメイを通してエロスと性との関係を，両者を比較しながら見てみることにしよう。

5.1.4.2　性とエロスについて

ギリシャの創造の神話の中では，エロスが生命の矢（男性の象徴）をつかんで大地の冷たい胸に突き刺した。……すると，ただちに褐色の地表が生い茂った新緑に覆われた，とある。これは，エロスが性に生命を与えるための道具として用いた様子を象徴的に表現したものである。神話の中のエロスは，「生命の精」をもたらすもの（「エロスは人間の男女の鼻孔に息を吹き入れ『生命の精』を与えた」とある）である。

エロスを人間的な意図と行為の意味を体験することとして定義するならば，性はむしろ身体的な緊張の解消の機能を果たすものとして，生理学的に定義することができる。性が刺激と反応のリズムであるならば，エロスはむしろ人間の存在の状態である。人は性により身体的緊張を解放する。したがって，性は生理学的な体験として定義できる。一方，エロスの方は人間的な意図とそれに基づく体験を意味するとされるのである。

性そのものは刺激と反応のリズムであり，そしてその喜びは，「緊張の還元（解放）」であるが，エロスは一つの存在そのものであり，その喜びは，興奮からの解放ではなく，むしろそれに浴し続け，それを増大しようとすることにある。つまり，解放を求めるのではなく，むしろ耕作し，生産し，世界を形成しようとすることである。したがって，性が刺激の解放・減少を求めるのに対し，エロスは刺激の増大を求める。つまり，性は相手（対象）を欲求することであるが，エロスは願い，憧れることである。その目的において

5章　性と死の心理学　　*173*

も，両者は異なっているわけである。性の目的は，欲求の満足とその後にくる弛緩である。それゆえに性行為を終えた後，人々は眠りにつくのである。しかし人を恋する者は，相手のことを寝もやらず思い続け，「華麗なる体験」の新鮮な面を絶えず思い出し，賞味し，発見しようとする。エロスの目的はオルガスムスとその解消ではなく，（他者への）願望であり，憧れであり，永遠性に手を差し伸べることであり，個人の存在の拡張を生じるような，新しい次元への飛翔であるとされる。相手に対する人間的な優しさが表出されるのは，まさに相手と一体になりたいという衝動のゆえである。この優しさ，いたわりの源となるのは性ではなく，エロスである。エロスは真の合一，つまり2人の人間が免れがたい分離と孤立を克服して，完全な関係性を確立することである。ここにメイの強調点がある。

　性という言葉は，（ギリシャ，ローマにおいては）動物的な用語であり，人間だけでなくすべての動物にあてはまることである。一方，エロスはその翼を人間の想像力から得ており，テクニックを超越した，人間を機械的なルールよりも遥か上方にある軌道へと誘うものである。

　メイはプラトン（Platon）の考えを借りながら，性は背後から押す力（衝動: drive）であるが，エロスは人を前から引き寄せる力であると述べている。さらにエロスの人間を結びつける力を，万物に生気を吹き込む（informing）力と呼んでいる。エロスは，この世界の混沌と多様性に，意味とパターンを与え，形式のないものに形式を与え，分解しようとする傾向に逆らって，統合を与えようとするものであり，分離したものが全体性へと憧れる力である。

　心理療法の中では，人々を健康なものに向かわせようとする推進力，すなわち永遠の伸長意欲，自我の拡大，真・善・美を求めようとする永遠につきることのない衝動がエロスである。これはフロイトの大洋体験（oceanic experience），ニーチェ（Nietzsche, F. W.）の運命（amor fati）の中にも見出される要素である。ここでいう運命とは特定の，あるいは偶然に生じる不幸のことを意味するのではなく，知性，力の点で限られており，絶えず弱さや死に直面している人間が，その有限状態を受け入れ，かつそれを確認するときの運命のことである。カミュ（Camus, A.）も，運命を意識して受け入れる勇気

ある人間の中に，自らのエロスを奮い起こすような何ものかの存在を見て取っている。このことは，フロイトの理論の中にある「幼児的万能感」の克服にもつながることであろう。

エロスは自己実現につながるものであるが，それは気まぐれな願望の充足であるとか，現実を「征服する」というような観念ではない。そのような態度は，ギリシャ人にとっては傲慢であり，神々への冒瀆，悪しき運命（doom）への誘惑にすぎないとみなされた。

5.1.4.3　フロイトの考えの弱点とエロス

フロイトは，性をほとんど「愛」という意味と同じくらいの広義な意味で用いていた。そこには盲目的に可愛がることから，養育，さらに創造性とか，宗教性まで含んでいた。このことは，ビクトリア王朝期の文化において広範な抑圧が行われた結果，性がその他のあらゆる人間活動の中に染み出してきたことと表裏の関係をなすものとされる。

メイはまた，性本能，衝動，リビドーというような用語を用いるさいのフロイトのあいまいさに注目して，彼の思想の展開につれてその意味が変えられていることも述べている。フロイトの用いる性，リビドーという概念の中には生理的な枠をこえる要素をも見て取ることができる。しかし，フロイトは性愛期的（リビドー）モデルに固執しており，その背景には彼独自のリビドーの経済理論があり，リビドーの水力学的モデルがあった。すなわち，リビドーは一定の（経済的な）量からなっており，ある人間が誰かを愛すると，自分自身の持っていた愛はやがて枯渇すると考えていたのである。

たしかに人は愛に陥るとき「自我喪失の恐れ」とも呼ぶべき不安に襲われることがある。しかしメイは，これを経済原則に基づいて，量的なモデルで表現することは危険であると指摘する。メイによれば，愛に陥ることによって自分自身の存在を見失ってしまうのではないかという心配は，新しい経験の世界へ投げ込まれるときの，めまいのショックから来るものであり，世界が一挙に広がり，今まで夢見たこともなかった新しい地域に直面することへの不安からくるものである。「自らを相手に与えながら，自分を維持できるであろうか？」，この不安がわれわれを脅えさせるのである。しかし，メイ

はこの新しい大陸の広漠さと危険に対する不安を，自我存在の喪失と混同してはならないという。むしろ不安こそ「人間的」と彼は考える。誰もが自分の恋愛経験からわかることは，フロイトの見方とはまさに正反対である。愛に陥るとき，人は自分自身をいよいよ価値あるものと感じ，平素以上に自分自身に気を配るようになる。愛に陥ったある青年が，突然，自分自身に内的な自信や確信をもって歩き出したとする。これを，「帰ってきたリビドーのカセクシス（逆備給）」ととることはできない。というのは，愛していることからくることの価値観は，その愛が自分から出たものであるか，相手からきたものかということとは関係がないからである。

　フロイトは，戦争神経症の患者の治療を通じて，患者が戦争中の苦しい外傷記憶から逃れようとするのではなく，実際には逆に現実生活や夢の中で再三再四それを想起し，体験し直すという事実を観察している。このことから，フロイトはやがて，「死の本能」という概念に到達するのである。性的衝動それ自体の満足や，緊張の緩和に伴うリビドーの満足は，究極的には無機的なものへと向かうことであり，死へと向かう傾向のものであることをフロイトは次第に悟っていったわけである。『快楽原則の彼岸』（1920）の中で，フロイトは，本能とは人間（生物）の本来の状態を回復しようとするものであるということを強調している。つまり，生命が興奮のより少ない状態へ，無機質の状態へと回帰することである。生物の目標は，興奮のまったく無くなった状態，すなわち死へと向かうことである。この時点からフロイトに変化が起こり，著作の中でエロスが中心的な役割をとるようになったとされる。つまり，タナトス（死の本能）に対立するものとして，エロスが「生の本能」として登場してくるのである。エロスは生を確保するために死の傾向に対して戦う力である。

　しかし，フロイトにおけるもっとも重大な矛盾は，性本能とエロスとを同一視しようとしたことにある，とメイは批判する。「フロイトは彼の洞察のすべてを（エロスの再発見まで含めて）古いリビドー理論の中に閉じ込めようとした」と。ただ，ここでメイは，現代社会でわれわれが直面するジレンマこそ，フロイトの直面したジレンマと酷似しているという。すなわち，「存在

の究極的な目標が衝動の満足であるという仮定は，性を，退屈と凡庸の袋小路の中に導き入れてしまった」ということである。

メイは，フロイトが学問をし，仕事をした文化はすでに疎外された文化であったとし，その疎外はすでに部分的には，愛（プラトンのエロス）と性（フロイトのエロス）の定義の中に現れているとしながらも，一方的にフロイトの考えを打ち消しているわけでもない。フロイトの中にもまた，プラトン的なものが含まれており，むしろフロイトとプラトンはともに両立し，人間の心的発展にとって必要なものを半分ずつ代表しているわけである。

5.1.4.4　未来を志向するエロス

メイが自らの臨床体験から述べているが，神経症患者の中で，そしてわれわれの社会の中で欠けているものは，情動というものが後方からの圧力ではなくて，何か前方のものを指向することであり，何かを形成するための刺激であり，情景を形成するための呼び声であるという認識である。感情というものはその瞬間の偶然の状態ではなくて，むしろ未来を指向するもの，何かあれかしと欲するあり方でもある。また，感情は常に個人の領域で，自らの個我を個人として体験するとき，しかもたとえ実際には他に誰もいなくても，他人のことを思い浮かべるときに起こるものである。感情というものはまさにわれわれの世界内の重要な人物とのコミュニケーションの方法であり，他者との関係を形成するため手を差し延べることである。その意味で，感情はまさに一つの言語であって，それによってわれわれの人間関係がつくりあげられているのである。

情動を「押す力」とみなす場合，情動は過去とかかわりをもつものであって，幼児的なもの，過去の因果関係につながってくる。このことから，患者の幼児期を調査することが重要なことになる。メイは，これを情動の第1の側面と呼んでいる。

しかし，情動には第2の側面があり，この側面は進歩的，目的的な側面であると述べる。これは現在を出発点にし，未来を志向する面であり，芸術家の絵の具や筆のように，世界に向かって意味ある関係をつける方法であるとする。この第2の面は，経験の新しい可能性へ人間を解放することである。

5章　性と死の心理学　*177*

われわれは新たな可能性について考える能力を想像力から取り出して，それを実現する能力によって未来の建設に参与するのである。これこそエロスそのもののもつ特性と，メイは考えるのである。

5.1.5 性的発達の異常〔性的倒錯について〕

　人間の心の「正常」と「異常」の問題は，常に社会の価値基準の影響のもとにあり，いちがいにその境界を設けるわけにはいかない。さまざまに人々が自分の生き方，価値観を主張し，それが違っていてもよいという風潮が強くなるとともに，これまで「異常」とされてきたものも片隅に排除されるのではなく，それなりのあり方として，存在し続けることが可能となってきたように思われる。とくに，精神疾患における症状の緩和の報告はそのことを物語っており，従来の固定した価値観が揺るぎ出し多様化してきたことにより，世の中でうまく生きていけなかった人々が，しだいに社会にその場を持ち，受け入れられるようになってきたことを示している。そのことは，よりいっそう「正常」と「異常」について，問題を提示しているように思われる。

　性愛についても同様のことがいえよう。とくに現代の社会では，何が「正常」で何が「異常」かについても準拠すべき基準があいまいになっており，その判断はきわめて困難になっている。

　性的倒錯が社会問題として公然と議論されるようになったのは，19世紀中頃以降とされる。ザッヘル＝マゾッホ（Masoch, L. R. v. S.）に始まり，サド侯爵（de Sade, D. A. F.），ヴェルレーヌ（Verlaine, P. M.），ランボー（Rimbaud, J. N. A.），そしてオスカー・ワイルド（Wilde, O.）などが，そのときどきにおいて行動および著作でもってさまざまな問題を時代に投げかけてきた。その中では，不幸な結末を迎えた人の方が多い。現代社会を見渡してみると，スポーツ紙，週刊誌，インターネットのサイトにおいては，いわゆる「性的倒錯」同好の士へのメッセージが堂々と記載され，やみくもに影の部分においやられているという雰囲気はなく，19世紀中頃の風潮と比較すればその差は大きい。

　本節では，このような錯綜した価値観の中で，「性的倒錯」をどのように考えたらいいのかについて整理をしてみたい。その中で，性的倒錯の分類と

その特徴，その心理的機制について，若干述べていきたい。

5.1.5.1　性的倒錯の分類とその特徴

ここでは，従来の基準に従い，性的倒錯の分類とその特徴について概観してみよう。フロイト（Freud, S.）は，性愛の倒錯現象を性対象の倒錯（インバージョン）と，性目標の倒錯（パーバージョン）に分類した。ここで言葉の説明をしておくが，性対象とは，その人にとって性的な欲求を発揮するのに都合がよい人や物そのものをいい，性目標（行動）とは性欲を満足させる行為を意味する。つまり，性対象の倒錯とは，成人異性とか性交渉に向かうべき本来的な相手から離れて，その人にとって欲求を発現するのに好都合な人や物そのものに異常に関心を示してしまうということである。

そして性目的の倒錯は，性対象となるべき相手に対して，いわゆる正常な性行為の達成に向かわず，その途上にあるものが目標となり，いわゆる正常な性行為から見れば，中途半端なところにとどまったような行為になるわけである。

ここでは一応2つに分けてみたが，普通には，性欲を引き起こす対象と，それを満足させる行為とはきわめて密接につながっており，実際には，両者を切り離して考えることはできないことの方が多い。性対象の倒錯と性目的の倒錯について，それがどのような現れ方をしているのかを次に述べておきたい。

１）性対象の倒錯

性対象の倒錯の主なものとしては，自己愛（ナルシズム），同性愛，服装倒錯（トランスヴェステイズム，男装あるいは女装癖エオニズム），幼児性愛（ペドフィリア），老人性愛（ジェロントフィリア），屍体愛（ネクロフィリア），獣姦（ソドミア），拝物愛（フェティシズム），近親性愛（インセスト）などが挙げられる。

ナルシズムは，周知のとおり，ギリシャ神話がその源泉となるが，自分の身体に性的愛着を示すものであり（自己性欲），時には自分の裸体や性器を鏡に写すことで性的な高揚を得，マスターベーションをするといったものである。また，孤独の中にいるときに（たとえば，自室，山中，洋上など），自分自身に対して強い性欲を覚えたりするのも含まれる。

5章　性と死の心理学　　179

同性愛については，真性同性愛，両性同性愛，機会的同性愛に分けられる。
真性同性愛は，性対象が同性に限定される。両性同性愛は，異性を性の対象
にしながら，同時に同性をその対象にする。機会的同性愛は，異性に触れる
機会がなく（たとえば，軍隊，刑務所，閉鎖的なスポーツ集団など），性愛の対象を
同性に求めざるをえないような場合に起こりやすい。この同性愛に関しては，
ユダヤ－キリスト教文化圏で最も問題にされてきたものであるが，人間の性
愛の根源を考えるさいには，避けて通ることのできないものであり，いちが
いに「異常」とも決めつけられる問題ではない。

　アメリカ精神医学では，1975年に同性愛を疾病分類からとり外し，また，
その後に出されたDSM-Ⅲ（『米国精神医学会による精神疾患の診断・統計マニュア
ル』）においては，「その他の性心理障害」の中に，「自我異質性同性愛」と
して述べられ，自らの同性愛の行動や傾向に対して違和感を抱く場合におい
てのみ問題とされるようになっているのである。

　服装倒錯は，同性愛と露出症が混合したものとみなされている。それは，
異性の服装をしたり，異性的な表現行為によって，性的な満足を得ようとす
るものをいう。

　幼児性愛は，性的に未成熟な児童を性愛の対象として性欲求を満たそうと
するものであり，その対象となる児童は同性であることも異性であることも
ある。そして，その源には，自己愛的な対象選択が深く関与しているとされ
る。

　老人性愛は，若い異性に対するよりも老人に対して性欲を感じ，その欲求
を満たそうとするものであり，祖父や老父への愛着にかかわるものとされる。

　フェティシズムは，性対象の身体の一部や服装の一部に触れることで，性
的な満足を得ようとするものである。つまり，異性が身に着けている物（靴・
ストッキング・手袋・下着類など）に強い愛着を示し，それを盗むなどして集め
玩ぶなどの行為によって強い性的興奮を覚えるものをいう。フェティシュと
は，崇拝物，魔力をもつ物を意味し，異性の肌に接するものがその対象とな
る場合が多いが，時には排泄物などに対して，同様な嗜好を示す場合もある。

２）性目標の倒錯

性目標の倒錯の主なものとしては，露出症（イクシビショニズム），窃視症
（スコポフィリー，ボイエリズム），サディズム，マゾヒズムなどが挙げられる。

露出症には，ナルシズム，サディズム，マゾヒズム，同性愛的なものがあ
るとされるが，公衆の面前において（たとえば電車の中，街頭，公園などで）性
器などを露出させ，他人にそれを見られることによって性的快感を得るもの
である。女性においては裸体を示す方が多く，性器の露出は男性に多い（と
くに中年）とされる。思春期の問題と多少離れるが，中年男性の性器露出は
不能症と関係する場合もある。また，男性一般のそれは，性的快感とともに
攻撃の衝動を満たすものとも考えられている。

窃視症は，いわゆる「のぞき」である。痴漢にはこの種のものも多いとさ
れる。これは性的快感を得るために異性の裸体とか他人の性交場面を盗み見
ることである。このさい，覗いている対象，つまりその異性の裸体などがそ
の人にとってフェティシュとなっているわけで，窃視が度をこすとフェティ
シズムの傾向に走るといわれている。

サディズムは，加虐性愛を意味するものであり，サド侯爵の名前に由来す
る。それは，性行為の相手を加害・虐待し，苦痛を与えることによって性的
に高揚し，満足を得るものである。その行為は，つねる・咬む・首を締め
る・鞭で打つ・やけどを負わせる・縄で縛る・刃物で傷をつけるなどである。
新聞紙上をたびたびにぎわすものに，混雑した電車などの中で晴れ着を切っ
たり，硫酸や精液などをかける事件があるが，それらもサディズムの一種と
して考えられている。そのほかには，空想サディズム（空想のなかで異性に残
虐行為をして楽しむなど）や動物サディズム（動物を虐待したりし，また，そのよう
な情景を見たりすると性的興奮を感じたりする）などがある。

マゾヒズムは，嗜虐性愛を意味し，ザッヘル＝マゾッホの名前に由来する。
それはサディズムと対照をなし，性的対象から肉体的，精神的な苦痛を与え
られることによって性的な高揚と満足を得るものである。このマゾヒズムに
おいては，苦痛が快感への条件となるのだが，この刺激が反復常用されだん
だん強いものにエスカレートした場合には，かなり危険な状態となり，極端

な場合には死を招くこともある。

5.1.5.2 倒錯の心理的機制

以上，倒錯現象について概観してきたが，ここではその倒錯がどのような心のあり方から生ずるのかについて述べてみよう。

性的倒錯については，1916年，クラフト・エービング（Krafft-Ebing, R. v.）が，プシコパチア・セクスアリス（性的精神病質）の異常が主として中枢神経系の遺伝的条件の結果としてもたらされたものとしてまとめて以来，さまざまに分類されてきた。しかし，その心理的発症機制については，これといった定説がまだ得られていないが，ここではフロイトの精神分析理論を土台として，ナルシズム，フェティシズム，服装倒錯，サディズム，マゾヒズムなどのいくつかの倒錯の例，心の仕組みについて見てみよう。

まず，ナルシズムについて述べる。乳児においてはリビドーはまず自分自身に向けられているが，その後成長とともに自分以外のものにしだいに向けられていく。しかし，成長発達の過程でさまざまな抑圧を受けることによって，自分自身にリビドーが向いている段階にとどまってしまったり（固着），またたとえ先の段階に進んだにしても，再びその段階に戻ってしまう（退行）ことが起こったりする。

つまり異性への関心をもったところ，厳しい処罰を受け，その関心を抑えてしまったとか，異性あるいは人間そのものに強烈な不信感をもち，その関心を抑えざるをえなかったなどの体験が，固着や退行を引き起こし，過剰にリビドーを自身に向かわせ，いわゆる正常とはいいかねるナルシズムを起こすと考えられている。その性格特徴は自己中心的，自己本位であるとされる。

フェティシズムについては，幼い時期にその当人に性的印象，あるいは興奮を与えたものが，後にその崇拝物の対象となるといわれている。たとえば，幼児が女性器を見たさいに去勢不安（衝動的，性行為の罰として親からペニスを切りとられるのではないかという不安）を起こすとされるが，そのさい，ある者は同性愛に向かい，ある者は一つの呪物（対象物）をつくってその不安を避け，フェティシストになるという。フロイトは，多くの倒錯から，その対象は切りとられる不安のあるペニスの代理であるということを述べている。また，

一方の説としては乳児が離乳させられるとき，欲求不満と不安を覚え，母の乳房に強い願望をもち，そのことがフェティシュの起因となるという人もいる。フェティシズムは，フェティシュという対象を，自分の外側に置くわけで，自分自身を性愛の対象とするナルシズムとは異なる。そして，その対象は物にすぎないが当人にとっては単なる物ではなく，ある意味では人格を付与された対象であり，あたかも生きた人にかかわるようにさまざまな行為をする。その世界は，人と物，自分と他者（異性）が分化せず，混沌としたなかにいることを現している。いわゆる，幼児の中に見られる擬人化した遊びに通じるものがある。その意味では，このフェティシズムは，いわゆるインファンティシズム（幼稚症）として考えられ，リビドーの幼い段階への固着として考えることができる。

　このような幼い段階へのリビドーの固着は，他人（異性）との生き生きとした関係をつくるための道筋が，当人の歴史の中で何らかの抑圧を受けたことによると考えられる。その意味では，ナルシズムと同じように考えることができよう。つまり，フェティシズムの場合，対象（フェティシュ）に投げかけられた自己の姿から性的な高揚を得ているということができ，マスターベーションの世界を脱することはないわけである。

　このように見てくると，服装倒錯の世界もナルシズムの世界と共通するところが多い。ナルシズムにおいては，自分をその性的な対象とし，性的高揚を得るわけであるが，服装倒錯においては，異性の服装をした自分に強い性愛の感情をもつのである。そこには，愛すべき人と愛される人が同一人の中に同時に存在してはいるが，結局は「一人」であり，一人の人の中で起こっていることなのである。そのときには，性的対象と自分の身体の同一化という現象が起きているわけである。つまり，異性の衣服やアクセサリーを身につけることによって相手と合体してしまっているということである。

　サディズムについては，精神分析では，去勢不安に関連して取り上げられており，その不安から免れるために，自分を去勢される立場ではなく，去勢する立場に立たせ，自分が去勢されていないことを確認するための行為と考えられている。つまり，不安を克服するために相手に加虐し，そのことに

5章　性と死の心理学　　183

よって罰せられることを避けるために，さらに相手を罰するのである。

　サディズムには諸説があるが，幼少期において優越感への強いあこがれを持った人が，あるときそれを達成し，興奮と満足を得たときに，この高揚感が性的な興奮とその満足とに混淆された場合にサディストになるという考えもある。

　思春期においては，スピード，スリルなどに急激な興奮を求める男子が少なくないが，そのようなときに射精を伴うことが稀に報告されている。それは，優越による興奮と性的なものとの混淆を示すものと考えられている。

　若者のときには異常とも思えるほどのスピードやスリル，また，暴力への傾倒には，このサディズムの問題が絡んでいると考えることもできよう。

　マゾヒズムについては，サディズムに関してと同様に去勢不安という観点からみれば，自分を守るために（自我の防衛のために）前もって自分を象徴的に去勢しておき，今後去勢される不安はないことを確認しておこうとするものである。

　この心理的機制をもっと平易にいえば，今後おとずれてくるかもしれない突然の不安によって苦しめられるよりは，前もって自分自身を苦しめておき，その上，自分が無力であり，受身であることを周りに示しておき，それによって不安から身を守ろうとすることである。

　ところで，苦痛がなぜ快感や性的満足をもたらすのであろうか。このことについては，痛みが快感に変わるという条件づけ説もあるが，ここでは，ゲープザッテル（Gebsattel, V. E. von）の説を紹介しておこう。

　彼によれば，苦痛そのものがただちに快感になるのではなく，身も心も切り裂かれるような身体のぎりぎりの限界においても，なおかつ一個の人間であろうとするところに快感が存在するのだという。

　つまり，自我の崩壊するぎりぎりの状態において，加虐者に絶対的服従を誓い，無防備な自分として相手にすべてを委ねることによって快感を覚えるというのである。その結果，小説や映像の中で見られるような光景が出現するが，当人はそのような汚辱の限界の中で，日常的に感じるともなく感じている自身の罪悪感，無力感などをこえて，自分の存在を確認しているという

ことがいえるわけである。

　さて，サディズムにおいてもマゾヒズムにおいても共通することは，性愛における本当の対象が存在せず，自己性欲的な要素を含んでいることである。つまり，サディズムにおいて，相手を加虐するときには相手が体験している苦しさを自分のもののように感じ，自己陶酔的世界の中に入り込むのである，そこにおいては，相手に苦痛を与えている自分自身を体験する手段として，相手が存在しているのにすぎないわけである。

　マゾヒズムにおいては同様に，相手は単に自分に苦痛を与え，自己崩壊の危険に追い込む道具にすぎず，本当の相手はいらないわけであり，あくまでも自己性欲的なものである。

5.1.5.3 「性的倒錯」といわゆる「正常」について

　これまで従来の基準に従い，「性的倒錯」の分類とその特徴および心理的機制について述べてきたが，ここでは性的倒錯を通じながら性行動の「正常」と「異常」について若干述べることにする。

　人間は誰でも性的倒錯傾向を有するとはよくいわれることであり，通常の性行動の中にも，多かれ少なかれ，その傾向は含まれている。また，人間の性行動は個体差が大きく，人間の数ほどその型があるとされ，それゆえに，何が「正常」であり，何が「異常」であるかについての境界が確実に存在するわけではない。

　そして，性的な問題にかかわらず「正常」と「異常」の問題は，常にその時代の社会のありようと密接にかかわっており，何を「正常」とすべきかであるかについては，いっそう混沌としてくるわけである。従来，この問題については，①人間の平均的な性行動から外れたもの，②社会に弊害を及ぼすもの，③生殖の可能性から自ら逸脱した性行動，などを「異常」としてきた。しかし，①の平均的な性行動を基準として考える立場に対しては，前述したような個人差の問題があり，平均を求めること自体がおよそナンセンスとする考えがあり，無理があるわけである。

　②の社会に弊害を及ぼすものについては，週刊誌やインターネット画像の格好のテーマとなるレイプや覗きなど犯罪に結びつくものもあるが，性的倒

錯傾向の場合，当事者同士の合意，納得のもとに行われていることが多く，社会を脅かすかたちで現れないことの方が多い。むしろ，人間の側に対する社会の硬直した価値観から生じる問題の方が多いときもある。

③の生殖の可能性から自ら逸脱した性行動などを異常とする立場については，人間が生殖の本能のみによって性行動をしているわけではないことは，周知のことであろう。他の動物と異なって，人間は動物としての性行動本能を土台にしながらも，自由で豊かな想像力を駆使して，生殖とは別の性的快感を拡大補充している。ここにおいて人間は，すでに性と生殖を切り離しているわけである。

もっとも，人間の性も生殖として出発しているとされるが，今日までの過程で，さまざまな要因を補充し，人間の性行動は「性愛」とも呼ぶべきものに変わってきた。それはより広範なレベルを含むものであり，性器的・性感覚的・身体的・全体表現的，さらに心理的・情緒的・社会的などのレベルのものを含んでいるのである。それは，あくまでも「人間的・人格的」なものとされるのである。

このように見てくると，「正常」と「異常」については，従来の基準から人間の行動を考えれば，大多数の人間の行動は「異常」を含むことになる。しかし，従来の見方に一つひとつ検討を加えてみればわかるように，何か一つを基準にして判断するには，この性の問題は多様すぎるわけである。

この性の「正常」と「異常」については，白石（1976）が卓越した見解を述べている。それは，「人間的・性愛関係を志向したものであるならば，すべて正常と称してさしつかえないのではないか。逆に，人間的，人格的関係への志向性を欠いたものは異常の部類に属するのではないか」ということである。

5.1.6 老人と性

性は「性愛」といわれるように，単に種族保存のためにのみ存在するものではなく，人間関係を織りなす強い糸でもある。したがって，性交行為の背景にある心理的要因を含めた広い「心理—性行動」として捉えることが必要

である。愛と生きがいの根源ともなりうるものである。たとえば，交際相手がいるだけでも，若返る，病気をしないなどの著しい効果が見られるものである。

老人の場合，老化に伴う性機能の衰退により，心理的にはさまざまな反応が起きてくる。

老年期になり，心理的な男らしさや女らしさを失って，男性は女性的な傾向をもち，女性は男性的な傾向をもち，それぞれが中性化していくといわれている。しかし，この過程の中には，過度の不安や諦めなどの複雑な心理的な反応を起こし，時には慢性的なうつ状態や，固定化した神経症に陥ることもある。これは，一つには高齢期における性の問題についての知識の不足や，誤った考え方が一つの要因をつくっていると思われる。他方，社会的にも，高齢期の性が消極的，あるいは否定的な態度でみなされることが多いことも問題といえる。

老人には性欲がないというような先入観がともするとゆきわたっていて，いつもにこにこと孫と遊んだり，植木の世話をしているものという老人像が描かれやすい。しかし，たとえ年は取っていても，青・壮年者と同じ欲求をもって生きているのである。人間の性機能は，老化に伴って減退する。しかし，個人差が著しく，ことに社会環境，習慣または老年期に起こる疾病などによって著しく影響を受ける。

5.2 死

5.2.1 隠蔽された死

5.2.1.1 性と死のタブー

フロイトの最大の業績の一つは，それまであまりに抑圧されてきた人間の性を正面から取り上げて，それに対して科学的な分析を加え，人間の心の発達と病理にとって性の問題がいかに重要かをクローズアップしたことである。立心偏に生きると書いて漢字で「性」と読むように，性はまさに心理的な「生」と深くかかわるものである。一般的にはともすると性衝動の無軌道な

解放を刺激した奇人という誤解を受けやすいフロイトであるが，彼の実際の意図は，当時のビクトリア王朝期の禁欲的風潮の中で盲目的にタブー視されてきた性という問題に合理的な光をあて，性衝動を合理的な自我のコントロールのもとにおくことであった。性がタブーであった当時は，抑圧された性衝動が人々の心の中に葛藤を引き起こし，それが原因でヒステリーなどの精神症状を引き起こしていた。フロイトはまさにその点に最初に気づき注目した人であったが，彼は患者の治療にあたって，そういった衝動を自分自身のこととして洞察し，受け入れることの重要性を強調した。

　フロイトの生きた時代とくらべれば，現代では性はもはやタブーとはいえないくらいで，性に対する受けとめ方もずいぶん変化をしている。反対に現代においてタブーとなってしまっているのは，むしろ「死」であるといえるだろう。科学技術の進歩によって，人間は自然のさまざまな脅威から守られるようになり，そのことが人間にある種の万能感を植えつけることになった。しかしもう一方で科学技術は人類を一瞬にして抹殺しかねない核兵器の恐怖をも生み出し，人類全体を常に滅亡の縁に追い詰めることにもなった。そして現在，かつて人間が自然と直接対峙していた時代には，常に差し迫った問題であった生と死という人間的な課題から，われわれは目を遠ざけようとしている。目をそらしていたいという感情は，一方は「科学信仰」からくる楽観主義に由来しているのであろうし，また一方では，巨大科学がそれ自身の内に孕んでいる危険性に対する不安と関連があるのかもしれない。われわれはできうる限り死については語らず，隠し，否認しようとしてきた。しかし，性衝動がたとえ抑圧されたとしても消滅することがないように，死の不安も消え去るものではない。フロイトの生きた時代には，「性」は一種の社会的タブーとして人々の心の中で極端に抑圧されていた。しかしその時代は一方で露骨な性描写を伴った好色文学が流行するという現象もあった。性が抑圧される時代に好色文学が人々の興味を引くように，現代ではホラー映画や劇画が残虐な攻撃衝動や暴力的な死を表現し，人々はそれを娯楽として楽しんでいる。G.ゴーラー（Gorer, G., 1955）は現代のこのような現象を「死のポルノグラフィー」と呼び，死の衝動と性的衝動の抑圧が互いに類似した側面を

有しているということを指摘した。

しかし人間の歴史の中では，死は常にこれほど人間にとって疎遠なもので
あったわけではなかった。人々がその死を病院や施設ではなく，自宅で迎え
ることが多かった時代には，普通の人々が臨終に立ち会う体験は決して珍し
いことではなかった。だから子どもが成長して大人になるまでの間に，少な
くとも何度かは家族や隣人の死に身近に立ち会うことがあった。祖父母，新
生児，それに出産に伴う母親の死は現代と比べれば，より頻繁に起こりうる
日常的な出来事であった。そうしたことを体験するなかから，人間の成長，
病気，老い，死という出来事が，人間の生を形づくる重要な部分であること
を，人々は身をもって体験し，学んでいくことができた。

5.2.1.2 死の本能

一定の方向性をもった生得的な行動傾向を説明する場合，心理学では「本
能」という概念を用いる。フロイト（1920）は人間の精神の内に，自らを生
に向かわせる本能と，死へと向かわせる本能という2種類の本能の存在を想
定した。そして「本能」の持つ重要な特性は，内的な緊張を低下させ，緊張
のまったくない状態へと至らしめようとする傾向だと考えた。たとえば生の
本能は，食欲を満足させることによって，空腹から生じる生理的・心理的緊
張を低下させる。一方死の本能は，生体を緊張の存在しない状態へと，つま
り生命活動から生じる緊張のない無機物の状態へと引き戻そうとする。われ
われは生の終わりを死と考えがちだが，フロイトはむしろ死を生よりも本来
的なものと考え，生命が生まれる前に存在した状態を死と考えた。そして，
無機物の中から有機物が生まれ，その有機物の中から生命が生まれたように，
生体は究極的には無機物へ回帰しようとする傾向があると考えた。生と死の
2つの本能は，ともに人間を本来の状態である死へと引っ張っていくもので
あり，生の本能も究極的には死に逆らう本能ではなく，生の本能の欲求充足
を果たすという，生体が本来もっているプロセスを経ながら，かつ「天寿を
全うする」という形の自然な死へと人間を導いていくものであると考えた。
フロイトによれば，生はいわば死への迂回路にすぎず，生の最終的な目的地
は死であると断言している。

5章　性と死の心理学　　189

フロイトは，死という客観的な現実を受け入れることが人間としての課題であると考え，その現実がいかに悲惨なものであれ，それを客観的な自己の現実として受け入れることによってのみ自己実現が達成されると考えた。性衝動に対してフロイトが行ったように，死にまつわる感情をも客観的に洞察することによって，人間の精神的な幻想は取り除かれると考えた。フロイトが乗り越えねばならない幻想の最たるものとみなしたものは宗教であったが，彼は宗教の与える不死の信仰のような慰めは偽りのものであって，幼児的な万能感から抜け出せない人間が拠りどころにするものだと考えた。「人間的な成熟はむしろ生と死という厳しい現実に真っ向から立ち向かうことであり，偽りの希望を探し求めることではことではない。なぜなら偽りの希望に望みを託すことは，本物の希望，すなわち真理の合理的な追究への努力を弱めるものだ」とフロイトは述べている。

　フロイトの学問の背景となっているのは，19世紀から今世紀初頭にかけて優勢であった唯物論や進化論であり，彼が活躍した時代は科学的な真理の追究にバラ色の夢を見ることが可能な時代であったし，それだけに人間の「客観的認識」に全幅の信頼と価値を置くことができたのであろう。しかし今日では客観的認識と主観的希望（フロイトにいわせれば「幻想」）と，いったいどちらが真なるものかという問題は認識論の上でも大きな問題であるし，われわれの主観を抜きにした客観なるものが存在しうるのかどうかということも，人間の主観では確認しようがない。また，宗教的な死生観や宗教的イメージは必ずしも逃避的な幻想とはいい切れず，それがあるからこそ死に立ち向かったり，残された生を積極的に生きるという生き方を個人に可能ならしめるという事実も無視しがたい。

5.2.2　終末期医療

5.2.2.1　延命治療のもたらしたもの

　医療技術の進歩によって，かつては発病したら生存の見込みのなかった多くの疾患，たとえば結核のような病気も現代では必ずしも不治の病ではなくなった。また末期癌などの死に直接つながる病気にかかった場合でも，以前

よりはずっと長い生存期間が保証されるようになった。しかし，このような延命技術の進歩は，同時にいくつかの問題ももたらしていることを見逃してはならない。

　医学の進歩によって多くの人々の命が救われることの意義を否定するつもりは毛頭ないが，重要なことはわれわれは今，かつて人類が直面したこともないような状況にいるということである。終末期医療や脳死といった問題が世間の注目を集めているが，これらの最先端医療が引き起こす問題の多くは，人類がいまだかつて体験したこともなく取り組んだこともない未知の種類の問題である，ということを覚えておくべきであろう。

　終末期の集中的な治療で問題とすべきことは，個人とその家族にとって最も神聖な「死」という人生の瞬間が，医療の名のもとに徹底して他人の管理のもとにおかれるということである。ICU（集中治療室）に入れられた患者は，死の瞬間の先送りを保証される代わりに，高度の治療的管理のもとにおかれ，たとえば家族の手をとって最後の時間を過ごすといったような自由を極端に制限されることになる。患者の最後の希望や意思も，「専門的な判断」や病院の規則の名のもとに聞き入れられないということも時にはある。臨終の瞬間は，かつては死にゆく本人と身近な人々との間でもたれるきわめて凝縮されたプライベートで神聖な瞬間であったが，現代のメカニカルで管理的な医療状況のもとで迎える死は，かつてのように神聖で静謐な時間ではなくなろうとしている。

　たとえば癌の延命技術の進歩は，結果的に長い末期状態を生じさせることになった。癌患者はこれまでわれわれが体験したことがないほど長い期間，死の恐怖と背中合わせになりながら過ごさなければならなくなった。同時に末期癌に特有の激しい痛みにも長期間にわたって耐えなければならなくなって，このことが患者にさらなる精神的重荷を課すことになった。当人にとっては「永遠」とも感じられるほどの長い間，激しい痛みと不快な症状，そして精神的な不安と恐怖に耐えながら，それでも人間としての尊厳を保つということはきわめて困難なことであろう。

5章　性と死の心理学　　*191*

5.2.2.2　ターミナル・ケア

1960年代にイギリスやアメリカで起こった「死の気づき（Death Awareness）」運動やホスピスムーブメントはそういった社会の流れや，医療の方向性への反省から生まれたものである。ターミナルケアは病気のキュア（cure）よりもケア（care）をめざす医療だといわれ，その意味でターミナルケアにおいて主要な位置を占めることに末期の疼痛コントロール（ペインコントロール）がある。

末期癌患者の抱く死にまつわる不安の大部分は，末期の痛みに対する不安だといわれる。癌末期の痛みは長期間にわたる慢性的な痛みであり，いつ終わるか予測もできず，弱まっていくよりも次第に増悪していく特性がある。それは，えてして患者の全注意力を奪うようになり，生きることそれ自体が無意味に感じられてしまうような絶望感に患者を陥れることになる。イギリスにおいて「セント・クリストファーホスピス」を創設し，近代ホスピス運動の創始者と呼ばれるシシリー・ソンダース（Saunders, C.）は，この末期の痛みについて4つの要因から考察しようとしている。それは，①身体的要因，②感情的要因（孤独感，家族や友人から切り離されたと感じること），③社会的要因（家族に経済的な負担をかけることの心苦しさや心配），④宗教的要因（人生の意味の希求，「守られている」と感じることができるか）からなる4要因である。ソンダースは末期患者の疼痛は，これら4要因のうちの一つだけ，たとえば身体的な要因の面からのみ考えるのではなく，これらすべてを含んだ「全人的な痛み」として理解しなければならないということを強調した。

末期の痛みとペインコントロールの問題は，「痛み」ということに関して多くのことを考えさせる。身体的な痛みが同時に精神的，社会的，宗教的な痛みでもあるということは，身体的なケアと精神的なケアとが切り離して考えることはできないということを示唆している。たとえば，末期の身体的な痛みは患者の過去の喪失体験と心理的に深く関係しているともいわれている。死を前にして自分の人生を振り返り総括しようとするとき，それまで深層に抑圧されていた心の傷が表面にあらわれ出ようとするが，それを意識的に認めることができないとき，痛みというチャンネルを通じて意識の表面に表れ

るのだと考えることができる。末期の痛みを全人的（total）に理解し、それに対応しようとすることは、身体に対するアプローチであると同時に、患者の心やたましいに対するアプローチともなる。それは必ずしも、医療的なケアに加えて患者にカウンセリングを施せばよいというような種類の問題ではない。ある人の心の苦しみや孤独に言語や心理療法的技法で接近しようとすることも、身体の「手当て」を通して接近することも、結局はある個人の存在に深くかかわり、接近しようという点において同一の次元のことではないだろうか。末期の痛みの問題は、「医学」ではなく「医療」が本来もっていた「手当て」の本来の意味の質を問い直す機会をもたらしてくれる。

5.2.3 「死の受容」について

5.2.3.1 死の受容の「5段階説」

1960年代のホスピスムーブメントの火つけ役ともなったのがエリザベス・キューブラ・ロス（Kubler-Ross, E.）の著作 *On Death and Dying*（邦題『死ぬ瞬間』）である。精神科医であるキューブラ・ロスは末期状態にある患者に直接会ってインタビューするという当時としては大胆な試みを行い、そこで、死に逝く人間の心理が揺れ動きながらも、そこに一定の方向性、目的性があることを見出していった。

キューブラ・ロスはこの死に逝くプロセスを5段階で説明している。最初は、「否認と隔離」で自分の死を知った患者の大部分は最初は、自分の運命を否認しようとする。これは痛ましい状況に直面させられた人がとる、ある意味で健康な対処法であり、否認は衝撃的な知らせに対して一種の「緩衝装置」としてもはたらいているとキューブラ・ロスはいう。この時期の特徴として、患者は周囲との交わりを避け、一人っきりでいようとすることが多い。

その次にくるのが「怒り」の段階で、ここでは否認が次第に「怒り」へと変化してくる。それは自らの運命に対する怒りであり、神に対して向けられる呪いや怒りの感情でもある。このとき患者が他者に対して、あるいは自分の心に投げかけるのは、「どうして私だけが（Why, Me!）」という問いである。この怒りは周囲の人々、家族や医療者に手あたりしだいに向けられることが

多く，人生が突然中断される理不尽さ，「これから……」と思っていたときに悲劇的な事実を突きつけられる不条理に対する激しい感情が込められる。医療スタッフが患者のこの怒りが本当はどこからくるのかを考えず，医療スタッフ個人に向けられたものとして，個人的な反応をすると，患者の怒りに油を注ぐことになりかねない。

　第3の段階は「取り引き」で，神を相手に，たとえば「どこどこに寄付をするから」とか，何か「善行をするから」とか，「苦痛な治療に耐えるから，何とか生かしてください」と取り引きをする。それもかなわないときは，「せめて息子の結婚式までは生かして欲しい」などと期限を交渉する。この取り引きの特徴は期限がつけられるということ，そしてこの期限は必ずといっていいほど延期されるということである。キューブラ・ロスはこういった「約束」をする心理の背後には隠された罪責感があると述べている。たとえば「これからは毎週教会に通うから……」と頼む患者には，それまでの人生で定期的に礼拝に出席しないことに対して，何らかの罪悪感を感じていたのではないかという面から患者の心に対してアプローチすることが大切であると指摘している。

　第4の段階は「うつ状態」で，このうつ状態は「反応抑うつ」と「準備抑うつ」という2種類のタイプに分けられる。反応抑うつは入院生活や残していく家族への現実的な心配によって起きるもので，そのような現実的な問題が解消することによって抑うつも軽減される。一方準備抑うつは，死を受け入れる準備状態としての抑うつで，この世を去ること，家族と別れることへの抑うつ反応であるから，ただ単にこの抑うつ状態の除去を目的として患者に接することは，患者の理解と対処を誤ることになる。

　この4段階を経る時間が十分にあり，それに対して適切な対応が得られると，やがて最後の「受容」に至るわけであるが，この段階ではもはや自分の運命についての抑うつもなければ，怒りを覚えることもない。この「受容」は決して幸福の段階を意味するものではないが，絶望的な放棄でもなく，いわば最後の休息のときである。

5.2.3.2 「死の受容」の問題点

　キューブラ・ロス自身も述べているように，すべての死に逝くプロセスが
この5段階と同じような順序で生起するというものではない。ある段階は束
の間に過ぎ去り，あるものは数週間，数カ月にも及ぶかもしれない。一つの
段階から別の段階へとゆきつもどりつするかもしれない。それは予測できる
ようなものではなく，それぞれの個人のパーソナリティや人生観によっても
異なってくるものである。

　シュナイドマン（Shneidman, E. S., 1973）はキューブラ・ロスの死の受容の5
段階説に対する反論として，死に至る心のプロセスは5つの段階に限定され
るものではなく，死に逝く過程の中ではさまざまな感情が立ち変わりに現れ
ては消えていくものだと述べている。シュナイドマンは，そもそも死に直面
した人の心の動きが一定の方向へと向かうと考えるのが間違いで，たとえば
受容と否認の両極の間を揺れ動くものであり，その揺れ動きの中にこそ，心
の奥底で進行している意識と無意識との間の葛藤が反映されているのだと述
べている。

　たしかに死に逝くプロセスを段階に分けて，それをある種の基準のように
して末期の患者にあてはめて「この患者は今～の段階にいる，だから次は～
の段階だ」という具合に評価や判断の物差しとして用いられたとしたら，患
者の立場に立てば耐え難いことであろう。キューブラ・ロスの業績は死に逝
く人の心の深層に身をもって実際にかかわり，その揺れ動くさまを詳細に記
述したところにあるといえる。だからこそ，この本を読む人はやがて死ぬべ
き自分自身の運命をそこに重ね合わせて，深い共感と同時にある種の慰めを
そこに得るのであろう。しかし「死は受容されるべきものである」というこ
とを前提として，患者を「受容」へと導くための一種のマニュアルとして，
この5段階説を用いるとすれば，そこには大きな落とし穴があるといわなけ
ればならないだろう。

　ランツバーグ（Landsberg, P. L.）は「人間的実存が死の瞬間と一致するのは，
きわめて稀なことである。自らの完成の頂点で死を迎えるのを常とするのは，
夢や神話の主人公だけのことだ。（…中略…）たしかに，死ななければならぬ

5章　性と死の心理学　　*195*

という必然性を精神的にわがものとし同化することは，誰の人格にとっても決定的な課題である。しかしこの同化の努力は，それが克服しなければならないまさに死の疎遠性を前提としているのだ」と述べていることに注目したい。死とはいまだ生きている人間にとっては，あくまでも疎遠なものであって，死の訪れは常に唐突で思いがけないものであることも事実なのである。死を受容することを他人から期待されることも，そもそも死が「受容」されるべきものだとされることも，残酷なことだといわなければなるまい。

　「死の受容」も，「老いの受容」と同様に，医療者や患者にかかわる人々の価値観が多分に含まれやすいということは十分に注意しなければならない。患者があくまでも弱者であることを考えると，「死の受容」が無条件に肯定され過度に美化されることには，むしろ危険性をも感じる。グリッグマン（Grigman, 1983）は「死の受容」を患者に期待すべきではなく，むしろ「死の否認」をこそもっと大幅に許容すべきだということを主張している。

　意識的にせよ無意識的にせよ，末期医療の目標が「死の受容」に置かれることは無条件に肯定はできない。どんな人にも，まだやり残したこと，心残りで死にきれないことはあるはずで，そういう未練を引き起こす気持ちがそれまでのその人のライフスタイルを支えてきたのであり，場合によっては死後の永遠の生命への望みをつなぐものにも発展するかもしれないからである。死を「受容」して亡くなっていく人も，最後まで死を拒否して否認する人も，それは人それぞれの人生への「ありよう」の違いなのであって，それはそれとして肯定されるべきであろう。したがって「死の受容」は，決して他者から強制されるべきことではないということを，われわれは忘れてはならないだろう。

5.2.4　死を超えるライフサイクル

5.2.4.1　臨死体験

　近年蘇生術の進歩によって，一度は「死んだ」状態になった人が生還するケースがでてきている。蘇生した人が語ってくれる体験は，非常に特殊なものだが，そこにはある共通した特徴が見られる。レイモンド・ムーディー

(Moody, R. A.) は蘇生した患者の臨死体験のインタビューを集めて，そこから死後の生命の存在を科学的に主張しようとした。臨死体験にはいくつかの共通点がある。そういう状態では心が自分の身体から分離し自分の姿を外から見るようになったり，先に死んだ友人や両親が迎えにきてくれるのがわかるそうだ。やがて，光の中に包まれ，愛と暖かさに満ちた雰囲気を体験するそうだ。なかには自分の一生の出来事を一瞬にして思い出す人もいるという。死後のことはあくまでも生きている人間には検証不能なことだから，こういった臨死体験をそのまま死後の生命の存在と考えるのは無理があるといえよう。しかしここで注目しておきたいことは，臨死体験を経た人の死に対する態度が大きく変化し，死に対する恐れの気持ちが少なくなるということだ。臨死体験によって死は心のどこかにしっかりと位置づけられ，受容されるのだろうか。彼らの死に対する全体的な構えに変化が生じるようだ。また他人に対する態度も変化して，新しい道徳律を体得し，それまでよりも深みのある愛情を培うような努力をするようになるという。

5.2.4.2 不死のイメージ

不死のイメージというと，まず死後の生命を思い浮かべる。たしかに宗教の教える死後の生命の教義が人間の生にある種の豊かさと方向性をもたらしてくれるのは事実のようだ。しかし，それも含めて，悠久の時の流れと歴史の連続性に連なり，自己の存在と活動の意味をその中に見出したいという心的な欲求が人間にはある。それによってわれわれは死の現実を否認することなく，生命に参与することが可能になる。その時われわれの心の中ではたらくのが象徴的な不死感，不死のイメージである。

エリクソン（Erikson, E. H.）の弟子でもあり，死の研究者としても高名なR.リフトン（Lifton, R. J.）は，人間が不死のイメージをもつ5つの様式として，生物学的，創造的，神学的，自然，体験的の5つのカテゴリーを挙げている。生物学的な不死は子や孫をもったり弟子を養成するなど，種の保存や世代の継承とかかわるものである。創造的な様式とは，仕事や芸術を通して伝統や歴史を支えているという実感を見いだしたり，技術の継承を通して個をこえた流れの中に参与することだ。神学的な不死は，不死という言葉から最も連

5章　性と死の心理学　*197*

想しやすいことだが，宗教的な不死のイメージは一歩間違うと，その象徴的な意義を失って「人間は死なない」という主張にすり替えられてしまう恐れがある。この点ではフロイトの宗教批判は正当だといえる。自然の様式とは，われわれがどんな運命に見舞われようと自然は変わらずに存在し，「塵よりきたりて塵にかえる」というように，われわれ人間もいつかは自然に帰ることができるという安心感・信頼感である。このことは自然環境が破壊されようとしている現代，地球の生態系を守ろうという人間の関心が，実はこのような，生と死の両方を含めた心的な欲求にも基づいているのだと考えると，その意義をあらためて考えさせられる。創造的な様式とは，われわれが創作活動や音楽やスポーツに熱中しているときの超時間的な感覚，さまざまな活動や恋愛の中で他者との間に感じる時間をこえた体験にかかわるものである。

　ユング（Jung, C. G.）は死後の生命をイメージすることによって，人間の生がより全体性のある豊かなものになるということを強調している。死後の生命が現実に存在するかどうかはわからない。しかし，そのことについてのイメージがわれわれの現在の人生や心のありように豊かな彩りと深みを与えることは事実だろう。このことは客観的に死後の生命が存在するか否かを議論することによっては得られないことだ。むしろ死後の生命も，何気ない行為の中にふと感じる超時間的感覚も，一緒に含めた一つの全体として捉え，その共通した基盤となっている不死のイメージに目をとめていきたいと思う。

　ライフサイクルは，死をもって終わるともいえる。しかし，死の彼方に広がる生命をさまざまなレベルでイメージすることによって，われわれはより全体的なまとまり（全体性）をもったかたちとしてライフサイクルを捉えることができる。また，そうすることによってこそフロイトがいうように，自分の死の現実を否認せずに生の有限性を受け入れながら，生を生き抜くことができるのかもしれないし，さまざまな人生の危機（死）を乗りこえられるのだろう。

●参考文献

Krafft-Ebing, R. von （1924） *Psychopathia Sexualis*, Ferdinand Enke, Stuttgart.

フロイト, S. 著, 井村常郎訳（1945）『快楽原則の彼岸』（フロイト選集第6巻), 日本教文社

フロイト, A. 著, 懸田克躬・高橋義孝ほか訳（1969）「性欲論 三篇」『性欲論／病例研究』（フロイト著作集第5巻）人文書院

キューブラー＝ロス, E. 著, 川口正吉訳（1971）『死ぬ瞬間—死にゆく人々との対話—』読売新聞社

リフトン, R. J.・オルソン, E. 著, 中山善之訳（1975）『生きること死ぬこと』金沢文庫

ムーディー, R. A., Jr. 著, 中山義之訳（1977）『かいまみた死後の世界』評論社

ランツバーグ, P. L. 著, 亀井裕・木下喬訳（1977）『死の経験』紀伊國屋書店

シュナイドマン, E. S. 著, 白井徳満・白井幸子ほか訳（1980）『死にゆく時—そして残されるもの—』誠信書房

吉沢勲（1980）「老人と性」井上勝也・長嶋紀一編『老年心理学』朝倉書店

ゴーラー, G. 著, 宇都宮輝夫訳（1986）『死と悲しみの社会学』ヨルダン社

岡堂哲雄編（1987）「性と愛の異常性」『現代のエスプリ』No.239, 至文堂

ドゥブレイ, S. 著, 若林一美ほか訳（1989）『シシリー・ソンダース—ホスピス運動の創始者—』日本看護協会出版会

アメリカ精神医学会（1980）『精神障害の診断と統計のためのマニュアル』

安香宏・麦島文夫編（1979）『犯罪心理学』有斐閣

Gebsattel, V. E.（1950）Daseinsanalytische und anthroplogische Auslegung der Sexuellen Pervevsionen, *Zeitschrift, Sexualforsch* 2.

白石浩一（1976）「性愛の倒錯心理」『性と愛の異常；現代人の異常性3』至文堂

6章
パーソナリティ

6.1 パーソナリティとは

　ものの考え方や感じ方は人それぞれに異なっているが，それでいて一人ひとりには特徴的な一貫性をもった傾向がある。いわゆる「人となり」とも呼ばれている個人の行動や思考，感情に表れる特徴のことを，心理学ではパーソナリティ（personality）とか性格（character），あるいは気質（temperament）と呼ぶ。「パーソナリティ（人格）」がどちらかといえば環境的要因や行動面を志向するアメリカ系の心理学にルーツがあるのに対し，「性格」は遺伝や生得的要因を重視する傾向のあったヨーロッパ系の心理学の伝統を受け継いでいる。もっとも，これらニュアンスの差異は非常に微妙な差であり，本書ではほとんど同じ意味として取り扱う。一方「気質」は，身体的生理的要因とのつながりが強く，他の2つとは多少区別する意識を持っておくとよい。これらをふまえた上で，以下の記述ではパーソナリティという用語に統一して使用することにする。

　パーソナリティの代表的な定義としては，オールポート（Allport, G. W., 1937）のものがある。彼はパーソナリティを，「精神身体的組織を持った個人内の力動的体制であり，環境に対して，その個人の思考と行動を特徴づけるもの」と述べている。つまりオールポートは，①パーソナリティを精神と身体の両機能が絡み合った統一体として捉え，②環境との相互作用の中で働くもので，③考えや行動を方向づける，④力動的（ダイナミック）なものと考えている。また，キャッテル（Cattell, R. B.）は，「パーソナリティとは，人が，与

201

えられた状況で何を行うかについての予測を可能にするものである」として
いる。人間理解を目指すわれわれにとっても，行動の予測性ということは重
要な視点である。

6.2 パーソナリティの把握に関する基礎的立場
― 類型論と特性論 ―

6.2.1 類 型 論

　パーソナリティをいくつかの限られたタイプに分類することによって理解
しようとする立場を，類型論という。クレッチマー（Kretschmer, E.）やシェ
ルドン（Sheldon, W. H.）の体型による気質類型論，ユング（Jung, C. G.）のタ
イプ論などが代表的な例である。ここでは，ギリシャ・ローマ時代にさかの
ぼり，「医学の父」と呼ばれるヒポクラテス（Hippocrates）の体液説を発展さ
せたガレノス（Galenus, C.）の，体液による気質論を紹介する。

　ヒポクラテスの体液説では，人間の身体の中に血液（空気）・粘液（水）・
（黄）胆汁（火）・黒胆汁（土）の4種類の体液があって，これらの調和が取れ
ているときは健康で，調和が乱れると病苦を引き起こすと考えた。これは当
時ギリシャの自然哲学が宇宙を構成する要素と考えていた地・水・火・風の
4元素と対応したものである（表6-1）。

　これを発展させたガレノスは，この4種の体液のバランスと関連させて四
気質説を提唱した（表6-2）。体液のうち，血液が優越する（多い）人は多血
質で，血液と関連する。血液が多い人は多血質で，この人は4元素の風（空
気）の性質を強く備えているため活動的で陽気になりやすい。（黄）胆汁が多
い人は胆汁質で，火の性質を強く備えているため怒りっぽくて短気である。
黒胆汁の多い人は黒胆汁質で，土の性質を強く備えているため憂うつに陥り
やすい。粘液が優越する人は粘液質で，これは水の性質を強く備えているた
めのんきで冷静，ということになる。

　この体液説自体はこのままでは現代に通用するようなものではないが，物
理現象として明確に示すことができないパーソナリティという現象を，何と
か体系的に把握して科学的に説明しようという真摯な姿勢は，高く評価され

表6-1　ヒポクラテス「神聖病について」から

第18節

　脳の破壊は粘膜によるほか，胆汁によってもおこる。両者は次のようにして識別できる。粘液によって狂気になった患者はもの静かであり，喚いたり騒乱におよんだりしないが，胆汁による患者はやかましくて乱暴をはたらき，静かにしていないで始終なにか常規を逸した振舞いをしている。もし持続的に狂気でいるばあいは，上述のことが原因である。けれども恐怖やおびえがおそうのならば，それは脳中の変化によるのである。脳の変化は熱せられるときにおこる。脳が熱せられるのは胆汁が身体から血液の脉管を経て脳に突進するばあいである。そして再び胆汁が脉管と身体へ戻って行くまでは，おびえが残っており，その後はやむ。脳が不時に冷却され，常態を逸脱して凝固するとき，不快になり悪化をおこす（άσάγαι）。この症状は粘液によっておこる。そしてこの症状によって記憶喪失がおこる。脳が急激に熱せられると，夜間叫び声をあげたり号泣したりする。この症状のおこるのは胆汁質の人であって，粘液質の人ではない。血液が多量に脳へ押し寄せて沸騰するばあいにも熱せられる。もし人がおそろしい夢を見ておびえるばあいは，多量の血液が脉管を経て脳に押し寄せる。覚醒時，とくに人がおびえたときや何か悪事を念頭においたとき顔面紅潮し眼が充血するものであるが，ちょうどそれと同様の徴候が睡眠中におこる。しかし目を醒まして正気にもどり，血液がふたたび脉管に分散すると，この徴候はやむ。

表6-2　ガレノスの四気質説

優越する体液	気質の種類	感情の状態（性格）
血　　液	多血質	早く怒り，弱い（快活で活動的，楽観的）
（黄）胆汁	胆汁質	早く怒るが強い（怒りっぽく，短気）
黒胆汁	黒胆汁質	遅く怒るが強い（憂うつ）
粘　　液	粘液質	遅く怒り，弱い（のろく，無感動で粘液質）

るべきである。また人によって千差万別で全体としてはなかなか把握するのが難しい人間のパーソナリティを，「類型」に分類することによって理解しようとする考え方の先駆けとして，重要な意義を持つものである。

6.2.2　特　性　論

　類型論が主にドイツを中心として発展してきたのに対して，特性論はアメリカやイギリスで発達してきた。人には，時や状況が変わってもある程度一貫した行動傾向が備わっており，このような一定した行動傾向やそのまとまりのことを特性（trait）という。

表6-3　ギルフォードの12尺度（Y-G性格検査）（辻岡美延, 1976）

D	抑うつ性	陰気, 悲観的気分, 罪悪感の強い性格
C	回帰性傾向	著しい気分の変化, 驚きやすい性質
I	劣等感の強いこと	自信の欠如, 自己の過小評価, 不適応感が強い
N	神経質	心配性, 神経質, ノイローゼ気味
O	客観的でないこと	空想的, 過敏性, 主観的
Co	協調的でないこと	不満が多い, 人を信用しない性質
Ag	愛想のないこと	攻撃的, 社会的活動性（この性質が強すぎると社会的不適応になりやすい）
G	一般的活動性	活発な性質, 身体を動かすことが好き
R	のんきさ	気軽な, のんきな, 活発, 衝動的な性質
T	思考的外向	非熟慮的, 瞑想的および反省的の反対傾向
A	支配性	社会的指導性, リーダーシップのある性質
S	社会的外向	対人的に外向的, 社交的, 社会的接触を好む傾向

　一般的に「神経質」とか「協調的」といった言葉で表されるパーソナリティ特性は, 人間なら誰にも共通して備わっているものであり, 個々人の性格の違いは, そのような特性が強いか―弱いか, あるいは多いか―少ないか, といったような量的な差異に基づいて決まるものであって, 質的な差異ではないというのが特性論の基本的立場である。

　特性論では因子分析（多変量解析）法という統計的方法を用いて, パーソナリティ記述に必要な最小限の特性, すなわち, 〈源泉特性〉を導き出している。ギルフォード（Guilford, J. P.）は, 12の源泉特性（表6-3）の他に, 性度（男性らしさ, 女性らしさ）という源泉特性を加えた13の源泉特性を見出している。また, キャッテルは16個の源泉特性を明らかにしている。

　特性論では, パーソナリティをプロフィールによって表す。このプロフィールは対概念（例：「社会的外向―社会的内向」）によって構成されており, それぞれの特性を数値で表してグラフで表示することができ, プロフィールのグラフによって, 各人の特徴を比較することができる。

6.2.3　類型論と特性論の比較

　類型論, 特性論ともにそれぞれの特徴があり, 長所, 短所もある。それゆえ現在のパーソナリティ理論には, 両者を理論的に統合したものが多く, そこから考案されたパーソナリティ検査法も両者の長所を活かし, 短所を補い

合う形で考案されたものが多い。

6.2.3.1　類型論の長所と問題点

　パーソナリティを独自な全体として捉え，質的な把握を目指しているため，個人を全体としてイメージしようとするときに有用である。たとえば2つか3つというような，少数の典型的なタイプに分類するため，直観的，総合的にパーソナリティを把握することができる。

　逆に，少数の典型的タイプに分類しようとするため，パーソナリティの特徴が過度に単純化され，画一的なものとして理解されるおそれがある。少数の典型に分類しようとすると，実際に典型例にそのままあてはまる人はむしろ少なく，中間型や混合型の方が多くなりがちであるが，そのような人も典型的なタイプの中に分類されてしまうおそれがある。さらに，同じ類型に分類することによって，個人間のパーソナリティ特徴や，その程度の差異が見失われやすくなる。

6.2.3.2　特性論の長所と問題点

　因子分析法により源泉特性を見出して数量化するため，パーソナリティの特徴を客観的・分析的に記述することができる。そのため類型論に見られるような単純化や画一化の危険がなく，個人間の細部のパーソナリティ特徴や程度の差異を理解することができる。

　その反面，因子分析の手法は研究者によって異なっており，因子分析によって得られた因子の解釈や命名にも研究者の主観が介入しやすい。他の問題点としては，結果をプロフィールで示すとき，その記述がモザイク的・並列的な記述となりやすく，全体としての個人のイメージがつかみにくい。したがって他者のパーソナリティを短時間で簡潔に表現して伝達しなければならないような臨床場面では問題がある。また，特性論の立場に立つ質問紙法による性格検査では，個人の意識レベルのパーソナリティの特徴を捉えることになり，パーソナリティの一側面だけを測定していることになる。

6章　パーソナリティ　　*205*

6.3 パーソナリティ形成に関する基礎的立場
― 遺伝と環境 ―

パーソナリティの形成要因としては遺伝と環境の2つがある。そこで，昔から，生得説と経験説の対立があった。しかし，最近のパーソナリティ心理学では，心身の発達は，単に遺伝のみ，または環境のみの要因によるものではなく，両者の相互作用によるものであると考えられるようになった。ルクセンブルガー（Luxenburger, H., 1943）の図式がその代表的な見解を示すものである（図6-1）。

6.3.1 遺伝的要因

親と子の身体的特性，精神的特性が似た傾向を示すことは古くから知られていた。しかし，科学としての遺伝学は，19世紀の後半になって，メンデル（Mendel, G.）によって始められた。その後，動植物を材料にして遺伝の実験的研究が行われて，その成果から遺伝についての法則や概念が生まれ，やがて人間にも応用されるようになった。

現在の遺伝学では遺伝を決定する本体は遺伝子であり，これはデオキシリボ核酸（DNA）とタンパク質からなりたっていて，染色体に位置しているものと考えられている。

人間の心的現象も何らかの物質的基礎を持つものであろうが，遺伝子そのものの直接の働きと，表現された心的現象の間にはあまりにも多くの中間過

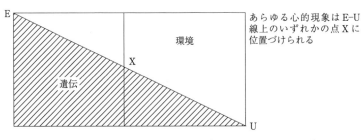

図6-1　ルクセンブルガーの図式（Luxenburger, H., 1943）

程が介在して，その因果関係を追究することは現段階ではほとんど不可能である。

したがって，心理学においては，多くの特性の中でどの特性が環境条件によって変化しにくく，またどの特性が環境条件によって変化しやすいかということの比較を通して，その特性の遺伝性を研究するより他にないのである。

遺伝的要因の代表的な研究は，家系研究法と双生児法である。

6.3.1.1 家系研究法

この方法はある個人を中心に，その個人の持つ特性が同一家系に属するどの個人に現れているのか，およびその特性がその家系の中で一般平均より頻繁に現れているのかという点を調べて，遺伝性を明らかにしていこうとする方法である。

家系研究法は，イギリスのゴルトン（Galton, F., 1869）による傑出した人物の家系の研究や，ゴッダード（Goddard, H. H., 1912）によるカリカック（Kallikak）家の研究，その他がある。

カリカック一家の始祖であるマーチン・カリカックはいわゆる「正常」な家系に生まれたが，家庭的には恵まれず，十分な教育を受けることができなかった。成人した後，彼は2人の女性との間に子どもをもうけている。ひとりは知的障害の女性で，その女性との間に男児（マーチン・ジュニア）をもうけた。マーチン・ジュニアも知的障害であった。その後，マーチン・カリカックは，「普通」の家庭に育った「正常」な女性と結婚する。マーチンはその女性との間に7人の子どもをもうけ，マーチンの「正常」家系を残すことになる。

ゴッダードは，カリカック家の両系統の5世代にわたる調査を行った。その結果，いわゆる「劣悪」のカリカック家では5世代，480人あまりの子孫の中で，はっきりと「正常」であった者は46人にすぎず，143人が精神薄弱で，その他はアルコール中毒，売春婦，生活保護受給者，犯罪者などであった。それに対して，「正常」なカリカック家では，496人の子孫の中に精神薄弱者はひとりもおらず，わずか2人が大酒飲み，ひとりが性的にルーズであっただけである。

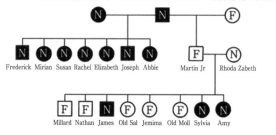

図6-2 カリカック一家の家系図 (Goddard, H. H., 1912)

　これらの家系研究の結果は，遺伝的要因がある特性に及ぼす効果の大きさを示すものとされた。しかし，こうした家系研究では，環境的要因が遺伝的要因から分離されていないので，これらの研究から直ちに，ある特性が遺伝によって規定されるという結論を引き出すことは無理があるといわねばならない。

6.3.1.2 双生児法

　家系研究法の欠点を補う方法として，双生児法がある。双生児には，遺伝的に同一の資質を受け継ぐ一卵性双生児と，異なった遺伝的素質を持つ二卵性双生児とがある。双生児法の中には，一卵性双生児がそれぞれ別々の環境で育てられた場合に，双子のそれぞれが持つ特性がどのように成長・変化していくかを調べる方法がある。また同一の環境で育てられた二卵性双生児と別々の環境で育てられた一卵性双生児とを比較することによって，遺伝的要因と環境的要因のどちらが発達に及ぼす影響が大であるかを検討する方法がある。代表的な双生児研究としては，ゴットシャルト (Gottschaldt, K., 1942) の研究や，井上英二 (1953)，岡田敬蔵 (1956) らの研究がある。

　一般に，感情の高揚しやすい性格や穏和で調和の取れた性格，分裂気質の自閉的性格などは，環境に左右されることは少なく，反対に，刺激に過敏な性格，自信がなく自己不全感の強い性格や，意志薄弱な性格などは，環境の影響などを受けやすいといわれている。

6.3.2 環境的要因

人間は非常に不完全な状態で生まれ，成長に要する期間が長いために，その間にさまざまな環境の影響を受けやすく，かつその影響のされ方が各自の生育した環境によって異なる。人間にとって一番大きな影響を与える環境的要因は，家庭環境である。家庭は子どもにとって最初の学習の場である。とくに幼少児における親の養育態度，親のしつけ，親子関係，家庭の雰囲気などがパーソナリティの形成に大きな役割を担っている。

6.3.2.1 親の養育態度

シモンズ（Symonds, P. M., 1937）は，親子関係を規定する基本的側面として，受容－拒否，支配－服従の2つの側面を挙げている。そして，この2つの組み合わせにより，過保護型，甘やかし型，残忍型，無視型の4つのタイプを示し，それぞれの親の養育態度から影響を受ける子どもの性格特徴を示した。すなわち，子どもの愛を受け入れるがかまい過ぎる型（溺愛），放っておくが愛情を持つ型（甘やかし），子どもの要求を支配して愛情を受け入れない型（残忍，厳格），愛を受け入れず干渉もしない型（無視）である。

また，三宅和夫（1983）は，親から子どもへの一方的な影響だけでなく，子どもから親への影響についての研究を行っている。そして，3～4歳のころに母の「支持・教示」が多いと，子どもの「否定・拒否」が増し，反対に5～6歳ごろに子どもの「否定・拒否」が多いと，母の「支持・教示」が多くなると述べている。

親の養育態度と子どものパーソナリティとの関係について行われた研究（図6-3参照）は，だいたいにおいて両者の間に何らかの関係のあることを示している。そして，その方向としては保護的，非干渉的，合理的，民主的，寛大な態度などの好ましい親の態度は，指導性，積極性，友好的態度，情緒の安定性などの子どもの好ましい特性と関係があり，拒否的，干渉的溺愛的，支配的，独裁的，圧迫的な態度などの好ましくない親の態度は適応困難，神経症的，反抗的，依存的，情緒不安定などの子どもの好ましくない特性と関係があるといわれている。

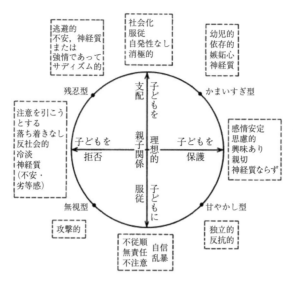

子どもに対する親の態度とそれによって形成される，主な子どもの性格特性（破線の四角内）

図6-3　親の養育態度と性格特性（宮城音弥，1960）

6.3.2.2　兄弟および出生順位の影響

　家族構成，子どもたちの性別，性の比率，その順位などによっても，パーソナリティは大きく影響を受ける。

　依田明（1967）は，出生順位と性格について表6-4のように示している。男子と女子では同じ出生順位であっても，結果はかなり違っている。生物学的といえる出生の差に基づく能力の違いや社会的期待が，親の養育態度を変

表6-4　出生順位と性格（依田明，1967）

男子	独立 活動性大 温かい 反抗的	末長中独 中長独末 差がない 長中独末	依存 活動性小 冷たい 従順	長＝長子 中＝中間子 末＝末っ子 独＝一人っ子
女子	独立 活動性大 温かい 反抗的	独末長中 末長独中 長独中末 独末長中	依存 活動性小 冷たい 従順	

210

化させ，また，兄弟間の競争，協力などの関係が，異なった行動の型をつくり，それが習性となり，結局性格の差を生じると考えられる。

6.4 パーソナリティの理論

6.4.1 体型による気質類型論（体形説）

　ドイツの精神医学者のクレッチマーは，精神病と体型が密接に関係していることに気づき，統合失調症（精神分裂病）者には細長型が多く，躁うつ病者には肥満型が，てんかん患者には闘士型が多いことを見出した（図6-4，表6-5）。すなわち，統合失調症者の約2分の1は細長型であり，躁うつ病者の約3分の2は肥満型であった。またそれぞれの精神病者に特有の性格特徴を見出して，体型と性格特徴の対応関係を明らかにした。こうして，病者の観

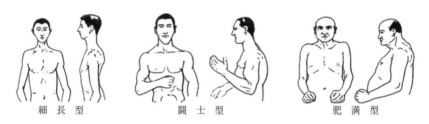

図6-4　クレッチマーの体型分類（Kretschmer, E., 1955）

表6-5　クレッチマーの体型説（Kretschmer, E., 1955）

体　型	類型と性格特徴
細長型	分裂気質 共通の基本特徴…非社交的，静か，控え目，まじめ，変人 過敏性の性質……臆病，恥ずかしがり，敏感，感じやすい，神経質，興奮しやすい 鈍感性の性質……従順，気立てよし，正直，落ち着き，鈍感，愚鈍
肥満型	躁うつ気質（循環気質） 共通の基本特徴…社交的，善良，親切，温厚 躁状態の性質……明朗，ユーモアあり，活発，激しやすい うつ状態の性質…寡黙，平静，陰うつ，気が弱い
闘士型	てんかん気質（粘着気質） 共通の基本特徴…硬い人間，物事に熱中する，几帳面，秩序を好む 粘着性の性質……精神的テンポが遅い，まわりくどい，人に対して丁寧で，慇懃 爆発性の性質……興奮すると夢中になる，怒りやすい

6章　パーソナリティ　　211

察をもとに得た類型が一般の人々にあてはまると考えたクレッチマーは，分裂気質，躁うつ気質（循環気質），てんかん気質（粘着気質）という類型を考えた。

クレッチマーは「気質」を，遺伝的要因と環境的要因との総合的な相互作用によってつくり上げられるものだと考えた。だが，体型は生活の状況によって変化する。読者の中には，体型が変化したら気質も変わるのか？このような疑問を持つ人もいるかもしれない。しかし，クレッチマーがこの類型論で指摘したことは，体型という要因と気質という要因の間には高い関連性があるということ，すなわち「相関関係」があるということであって，原因と結果の関係ではない。つまり，どちらかの変化が原因となって，他方の変化を引き起こすというような原因—結果の関係（因果関係）が解明されたわけではない。

6.4.2 ユングのタイプ論

スイスの精神科医であったユングは，分析心理学を創出した。このユングの心理学は，心の問題を持った人を援助するために実際場面に役立つことを重視して考えられたものであるため，理論的には複雑で，明解さに難があると批判する人もいる。ユングの豊かな発想を反映し，彼の心理学はかなり広大なものとなっている。そこでここでは，ユング心理学のごく一部のパーソナリティの理解に関係の深いものをいくつか取り上げることにする。

ユングがタイプ論を考えるきっかけとなったのは，フロイトとの決別である。タイプ論は，それまで心の深層を追究することでともに歩んできたフロイトやアドラー（Adler, A.）とは異なる自分というものを位置づけるために生み出されたものである。すでにフロイトとアドラーも意見の相違により対立していたが，ユングはフロイトとアドラーの対立の原因をどちらかが間違っているのではなく，2人の事象に対する基本的態度の相違であるとした。基本的態度が異なると，見方や考え方が異なると考えたのである。

つまり，フロイトは神経症の原因として，神経症の患者とその家族，恋人，友人などとの関係や，さまざまなエピソード，つまり，その患者個人を取り

巻く外界における人間関係や事件を中心に考えたのに対し，アドラーは患者
の劣等感情という患者個人の内的な因子を重視していたと，ユングは捉えて
いる。

6.4.2.1　内向性と外向性

　このことから，ユングは人間には2つの基本的態度があるとした。ある人
の関心が自分自身・自分の内面の主観的なものに向けられている場合を内向
タイプとし，自分の外の世界に向けられ，外界の影響を受けやすい場合を外
向タイプとして，区別した。

　内向，外向というのは，人がタイプごとに2つの箱に分類されるというよ
りも，座標軸のように考えられており，内向と外向の中間に位置するものか
ら極端なものまで，幅を持ったものとして考えられている。

　外向タイプの人は，外界への適応がスムーズで，新しい場面でもすぐにな
じむことができる。また，他人と共有できる話題に関心があり，流行にも敏
感である。そのため，友だちもすぐにでき，社交的で交友範囲が広くなる。
その反面，浅い付き合いとなりやすい。人からの評価を気にする面が強くな
り過ぎると，孤独になることを恐れたり，あまりにも外に向き過ぎた心的エ
ネルギーを内へ向けようとする無意識の側の動きが，肉体的な障害を引き起
こすなど，ヒステリー的傾向が強くなったりする。

　内向的な人は，外界になかなか目が向かないため，新しい事象や人に適応
するのに時間がかかるが，自分の見方や考え方を重視するため，その人独自
の深い見方をすることができる。また外向的な人に比べて流行には無関心で
ある。新しい友だちはなかなかできにくいが，一度心が通い合うと，深い付
き合いをする傾向がある。これらの特徴のため，なかなか人に理解されにく
いこともあり，人との関係で疲れてしまったり，逆に内向的な人があまりに
も人の評価を無視し過ぎると，その反動で無意識の心は外側の評価を求める
ため内的な葛藤が生じ，知らず知らず疲れてしまい，精神衰弱になってしま
うこともある。

　ユングの時代の西洋社会では，外向的（extrovetive）という言葉は肯定的に
捉えられているが，内向的（introvertive）という言葉は病的なものとされ，

6章　パーソナリティ　　213

外向的態度を重要視する傾向が強かった。ユングはユング自身が内向的なタイプであったこともあるが，その一方的な見方に対してどちらの側も光をあてようとした。

6.4.2.2　心の4つの機能

　これまで述べてきた内向と外向という2つの基本的態度の他に，ユングは4つの心理機能を考えた。その心理機能は，思考（thinking），感情（feeling），感覚（sensation），直観（intuition）である。たとえばここに鉛筆が1本あるとする。「鉛筆は，筆記用具であり，この鉛筆でかかれたものは消しゴムで消すことができる」という具合に，鉛筆の機能や材質というようなことを論理的に考えるのは思考機能であり，「この鉛筆は感じがいいわ，これ好きよ」と好き嫌いを決めるのは感情機能である。また「色，形，手触り」などの感覚器官から得られる情報をそのまま把握するのは感覚機能である。最後に，鉛筆を見た途端，とんでもないインスピレーションを得てしまう第六感ともいうべき捉え方をするのが直観機能である。この4つの機能は，それぞれが独立した機能である。この4つの機能のうち，どれを多く使うかによって，その人が思考タイプか感情タイプかに分けられる。

　ユングはさらに，それらの4つの機能を合理・非合理の2つの機能に分類している。思考・感情は物事の意味や好みを「判断する」という機能であるため，合理機能とし，一方感覚・直観は，事物の色，形，あるいはひらめきのように，ただそのまま存在するものを受け取るため，よし悪しの判断からは離れていると考え，非合理機能とした。

6.4.2.3　相補性

　2つにまとめられたそれぞれの機能は，図6-5で示したようにそれぞれが対立関係にある。

　思考型の人の主機能は思考であり，その反対側に位置する感情は劣等機能となる。また交差する軸上にある感覚，直観のどちらかは補助機能となる。劣等機能は，未分化なため制御がうまくいかない傾向がある。そのため，普段知的な人が，感情的にものすごい怒りを爆発させ，本人や，周囲の人を驚かせたりすることになる。学術的な研究をする場合に知的な作業だけでなく

ちょっとしたひらめきもあった方が、よりすばらしいものになったりすることにも、補助機能の大切さは表れている。ユングは、主機能だけでなく劣等機能や補助機能を発展させていくことを個性化の過程と呼び、人格の発達の研究や心理療法においても重視した。劣等機能の発展には主機能だけではなく、補助機能の助けとその開発が重要であるとしている。

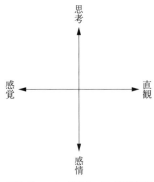

図6-5 ユングの4つの心理機能
(河合隼雄, 1967)

内向と外向、思考と感情、直観と感覚は、それぞれ対立関係にあり、対立するタイプの人同士は、お互いを理解することは非常に困難であるとユングは指摘する。ところが、実際には自分とは反対のタイプの人に惹かれ、友人や恋人に選んでしまったりすることはよくある。これをユングは、相補的関係としている。これは、前述した個性化の過程が、外側の人間関係で行われていると考えられ、相対するタイプが補い合うことにより、お互いに発展していくとしている。

さらに、タイプ論の背後にあってこれを支えているのは補償 (compensation) という概念である。つまり、たとえば思考タイプの人は意識のレベルでは思考機能が優勢であるが、無意識のレベルではそれ以外の機能も働いており、常に全体としてのバランスを保とうとしている。とくにこのタイプの人にとっての劣等機能である感情機能が無意識の世界では優勢で、意識的にあまりにも一面的な思考機能が優勢になると、劣等機能が表面に出てきて心的な均衡を回復しようとする。それゆえに、意識の表面に出た性格タイプだけで、その人を理解するのではなく、無意識の劣等機能をも含めて全体的な理解を促すところがユングのタイプ論の特徴といえる。

6.4.2.4 ユングのタイプ論による性格タイプ

これまで述べてきた2つの型 (外向, 内向) と4つの心理機能 (思考・感情・感覚・直観) をかけ合わせると、8つのタイプができる。外向思考, 内向思考, 外向感情, 内向感情, 外向感覚, 内向感覚, 外向直観, 内向直観である。

ここで，それぞれのタイプについてまとめてみたい。

1）外向思考タイプ

外向思考タイプは男性に多い。このタイプの人は世の中の動きに敏感で，理詰めの思考を重んじ，現実的に対応するタイプである。自分自身の理想よりも，外的な世界の動向に関心を持ち，現実的な利益に関心を払う人である。複雑な情報を幅広く集め，込み入った状況の中から的確にポイントをつかむのが得意な人でもある。しかし，外の世界に関心が向いているために，自分自身の個人的な意見を求められてもはっきりしないところがある。

このタイプの劣等機能は内向感情機能で，仕事に関しては論理的に行動し，話題も豊富であるが，感情表現においては未熟であることが多く，表に出ることのないその深い感情は，理解されないで終わることが多い。

2）内向思考タイプ

このタイプは世間のできごとには関心を払わず，深く人間の内面を追究する理想主義者といえる。外の世界よりも自分の内的世界を大事にして深く追究するタイプである。外の世界の事実よりも，「自分自身はどう思うか」という自分の主義主張にこだわるタイプで，現実の分析よりも新しい発想や発見に燃えるタイプといえる。このタイプには，たとえば哲学者のカントのように，生涯自分の住む村から一歩も出ずに，思索にふけって一生を送るような人がいる。

このタイプの人の劣等機能は外向感情機能で，温かい感情を内に持ってはいるが，その表現の仕方が幼稚で，独り善がりなところがある。逆に相手からやさしくされると，いいように振り回されてしまうということになりやすい。

3）外向感情タイプ

このタイプには対人関係を円満に運ぶのが得意な社交的人間が多い。感情タイプは女性に多く，華やかな社交性が表面に出るタイプの人もいれば，目立たないけれども感情の細やかな物静かな人もいる。いずれも付き合い上手で，いつも大勢の友だちに囲まれていることを好む。人を喜ばせることが何よりも好きで，お世辞を言うつもりがなくても，つい相手の喜ぶようなこと

をいい，行動することが多い。とくに困っている人を見ると，とにかく何かしてあげないではいられない人情家でもある。反面さびしがり屋で，孤独に耐えられないという弱点もある。

このタイプの劣等機能は内向思考機能で，世間の価値観の中で生きているために，ひとりになって考え込まなければならなくなると不安に囚われやすい。そうなると思いがけない攻撃性が表面に出ることもある。

4）内向感情タイプ

心の内に秘めた思いを持ち，好き嫌いのはっきりしたタイプの人が多い。感情のタイプでありながら，感情タイプと自分からも気づかず他人からも気がつかれないことが多い。ユングは，このタイプを指して「澱んだ水は深い」と形容している。このタイプの人は外から見ると控え目でおとなしそうだが，自分自身の好みや好き嫌いを明確に自覚しているので，それが表面に出ると，冷たい印象や傲慢な印象を持たれることがある。温かい感情を持ってはいるが，その表し方は下手な人が多い。

このタイプの劣等機能は，無意識の中の野心的な外向思考機能である。無意識的な思考に囚われると，外的世界を極端に重視して，現実に縛られて未熟な野心の虜になって，極端にわがままで野心的になってしまうことがある。

5）外向感覚タイプ

このタイプの人には，流行に敏感で趣味のよい現実主義者が多いが，逆に粗野な快楽主義者になる可能性もある。人生をできるだけ愉快に楽しく過ごそうとする人が多い。このタイプの人のモットーは，人生を明るく楽しく生きることである。たとえばスポーツを楽しみ，住居を快適にし，美食を楽しみ，ファッションを追求するなど，生活を楽しむためには，どんな努力も惜しまない。このタイプの人は，友だちや恋人を選ぶにも，センスのよさ悪さが，重大な関心事になる。どちらかというと時代の先端をいくタイプで，いつも新しい刺激を求めて世の中の動きに敏感に反応するが，「こうあるべきだ」というような理念に囚われることがないので，現実に自分を無理なく合わせる現実派，堅実派である。

このタイプの劣等機能は内向直観機能で，直観的な想像力の必要な判断力

に欠けたところがある。無意識的な直観が動き出すと，突然迷信的なことに囚われることがある。

6）　内向感覚タイプ

このタイプには，外向感覚タイプと同様に観察力には優れているが，感動的な情景に接しても表情には出さず，その印象を心の奥に閉じ込める人が多い。感覚的な印象をそのまま頭に刻み込むというよりも，むしろゆっくりと吸収していって，その印象を自分なりのものにして心の奥にしまい込む傾向がある。その場の印象を心の奥深くにしまい込み，いつでも，心のアルバムを広げてはかつての情景を描き出すことができる。何事をするにも，とてもゆっくりとした印象を人に与えるため，反応が遅いと思われることがある。一見すると何を考えているのかわからない人が多い。性格描写や情景描写に優れた作家や芸術家が多く，たとえば画家のシャガールはこのタイプであった。彼の描いた世界は，架空の世界ではなく，彼の心の中の「現実」として生きていた情景であった。

このタイプの劣等機能は，外向直観機能で，現実的に将来の見通しを立てられないことが多い。実際の生活では方向音痴が多い，つまり現実に対する方向が鈍いことが多い。

7）　外向直観タイプ

いわゆる勘のいい人が多い。現実に将来の見通しなどについて勘が働くタイプである。世の中の流行を先取りしたり，世間の動向をいち早く察知する能力を持っている人が多い。反面，一つのアイディアをじっくりと温めて，それを実現に持っていくというような地道な活動は苦手とするところで，次から次にいろいろなアイディアが浮かんでは消えていくので，精神的に一つの場所に落ち着いているということができない。このタイプの人が他の機能を発達させてもう少し我慢できるようになれば，時代をリードする発見や仕事をしていくこともできる。

このタイプの劣等機能は内向感覚機能で，身体的な感覚が鈍く，自分の身体的な欲求や状態を気にかけないので，身体的な疲労や空腹を無視して無理をしてしまい，病気に陥りやすい。

8）　内向直観タイプ

　独自の世界を持った「孤高の人」タイプで，世の中に受け入れられにくい難解な人が多い。「どうもあの人のことはわからない」と他人に形容される人にこのタイプが多い。外向直観タイプと同様に勘のよい人であるが，その勘の働きが外の世界には向かわず，内側に向かうため，時には無意識の奥の世界にまで入り込むことになり，宗教的，オカルト的な雰囲気を帯びることもある。宗教的な予言者，占い師などに多いタイプである。芸術家にもこのタイプは多いが，なかなか世の中に受け入れられないような難しい作品をつくる人が多く，一般的な人々の目から見ると，利口なのかそうでないのかわからない，社会的には埋もれている人が多い。このタイプの人にとって，他人が認める価値や道徳は本当はどうでもよくて，美的な感覚も独特で普通の人が美しいと思わないものを美しいと感じることが多い。

　このタイプの弱点は外向感覚機能で，五感に訴えるような現実的な感覚がうまく捉えられないので，普通の人と感覚が違ってしまい，人と話を合わせるきっかけがなかなかつかめないことが多い。

●引用文献————

Goddard, H. H.（1912）*The Kallikak family. A Study in the heredity of feeble mindedness*, Macmillan.

Luxenburger, H.（1943）Kurzer Abriss der psychiatrischen Erblehre und Erbgesundheitspflege. In Bleuler, E.（Hg.）, *Lehrbuch der Psychiatrie*, Berlin Springer.

Kretschmer, E.（1955）*Körperbau und Charakter*, 21/22. Aufl. Berlin Springer.（相場均訳〔1960〕『体格と性格』文光堂）

宮城音弥（1960）『性格』岩波新書

河合隼雄（1967）『ユング心理学入門』培風館

依田明（1967）『ひとりっ子・すえっ子』大日本図書

辻岡美延（1976）『新性格検査法』日本心理テスト研究所

福田幸男編著（1984）『心理学』川島書店, 158頁（Sheldon, W. H.〔1954〕*Atlas of men*, Harper & Row.）

安藤清志（1985）「性格」森武夫編著『心理学展望』八千代出版

前田重治（1985）『図説臨床精神分析学』誠信書房

岡　隆（1990）「パーソナリティと適応」金城辰夫編『図説現代心理学入門』
培風館

●参考文献

Allport, G. W.（1937）*Personality: A Psychological Interpretation*, New York:
Holt, Rinehart and Winston.
ヒポクラテス著，小川政恭訳（1963）『古い医術について』岩波文庫，54−55頁
佐治守夫・詫摩武俊（1968）「パーソナリティ」八木晃編『心理学』（Ⅱ）培風館
詫摩武俊編（1978）『性格の理論　第2版』誠信書房

ワーク2 やってみよう	エゴグラム

実施日　　　　年　　　月　　　日

エゴグラム・チェックリスト（参考：桂，1984）

　以下の項目に自分はあてはまるかどうか，「はい」（○），「どちらともいえない」（△），「いいえ」（×）で回答してください。

C P 〔 〕 点	1. 「良い」，「悪い」をはっきりさせないと気がすまない方だ。	
	2. 部下や後輩が間違ったことをしたとき，すぐに注意をしたくなる。	
	3. 規則やルールは守る方だ。	
	4. 最近の子どもは甘やかされて育っていると思う。	
	5. 何事もいったん始めたら，最後までやらないと気が済まない。	
	6. 自分は責任感の強い人間だと思う。	
	7. 小さな不正でも，うやむやにするのは嫌いな方だ。	
	8. 「〜べきだ」，「〜ねばならない」という言い方をよくする方だ。	
	9. 時間やお金にルーズな人は嫌いだ。	
	10. 礼儀作法は大切にする方だ。	

N P 〔 〕 点	1. 人から道を聞かれたら親切に教えてあげる。	
	2. 友達や家族にプレゼントをするのが好きな方だ。	
	3. 他人の世話をするのが好きな方だ。	
	4. 他人の欠点よりも，長所を見る方だ。	
	5. ペットや植物の世話をするのが好きな方だ。	
	6. 友人が元気を無くしていると，声をかけたくなる方だ。	
	7. 部下や後輩が失敗したとき，責めないで許してあげる方だ。	
	8. 自分は思いやりを大切にしている方だ。	
	9. 時間的，経済的に余裕があれば被災地のボランティアに参加したい。	
	10. 困っている人を見ると何かしてあげたくなる方だ。	

221

A	1. 自分は感情的というよりは理性的な方だ。	
	2. 子どもや後輩を叱る前に，事情をよく調べようとする方だ。	
	3. 何かわからないことがあると，人に聞いたり，相談したりして，うまく処理する方だ。	
	4. 仕事は能率的にテキパキと片付ける方だ。	
	5. 本を読むのが好きな方だ。	
	6. 部下や後輩と接していて，イライラしたり感情的になることは少ない方だ。	
	7. 物事を始めるとき，その結果まで予測して行動に移す方だ。	
	8. 何かをするとき，それが自分にとって損か得かをよく考える。	
	9. 体の調子がよくないときは，自重して無理は避ける。	
	10. 仕事に行き詰まったとき，目上の人や上司と冷静に話し合おうとする方だ。	

F C	1. 嬉しいときや悲しいとき，気持ちが表情や動作に出やすい方だ。	
	2. カラオケに行ったとき，人の前で歌うのが好きだ。	
	3. 言いたいことを遠慮なく言える方だ。	
	4. 子どもが泣いたり，はしゃいだりしているのを放っておくことができる。	
	5. 欲しいものは手に入れないと気が済まない方だ。	
	6. 旅行や映画など，娯楽に多くの時間をさく方だ。	
	7. 子ども相手でも一緒になって夢中に遊ぶことができる。	
	8. 冗談を言って人を笑わせるのが好きな方だ。	
	9. 「わぁ」「すごい」「かっこいい」などの感嘆詞をよく使う方だ。	
	10. 遊びの雰囲気に抵抗なく溶け込める方だ。	

A C	1. 遠慮がちで消極的な方だ。	
	2. ゆううつな気分や悲しい気持になることが割とよくある。	
	3. 思ったことをなかなか言えずに，後で後悔することがある。	
	4. 他人からどう思われるかを気にして行動する方だ。	
	5. 劣等感が強い方だ。	
	6. 子どものためなら，どんなイヤなことでも我慢しようと思っている。	
	7. 他人の顔色をみて行動するところがある。	
	8. 本当の自分の考えより人の言うことに影響されやすい。	
	9. 目上の人や先輩によく思われるように行動する方だ。	
	10. イヤなことでも，頼まれるとイヤと言えずに引き受けることがある。	

エゴグラム・プロフィール

　すべての質問項目に回答し終わったら，次のように採点します。○は2点，△は1点，×を0点として，プロフィールのグラフのCP，NP，A，FC，ACのそれぞれの合計点を求めます。次に，それらの点数をグラフ上に示し，定規などを使って折れ線グラフを作成します。

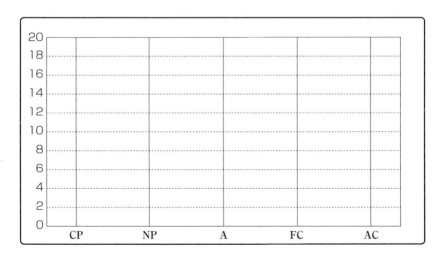

結果の見方

　CP，NP，A，FC，ACの各自我状態の意味するところの解説は講義の中で行います。

ワーク2　エゴグラム　223

［ふりかえり］

7章

知　　覚

7.1　知覚とは何か

　知覚とは，感覚器官を通して外界のできごとや事物，あるいは自分の身体の状態を知ることであると定義できる。一方で，知覚は外界からの情報をただ受け身的に獲得していく機能でもない。日常的な体験を振り返ってみよう。われわれは知覚するものの中にさまざまな「意味」を感じ取っているのではないだろうか。すなわち，われわれは知覚という現象を体験し，それを通して一種の意味的世界を展開していっているのである。われわれは単に現実を生のまま，ありのままに受け止めているのではない。何かを知覚するということは，何ものかを選択し，それ以外のものを捨てているということでもある。そうした取捨選択は外界と私たち自身と知覚する対象との関係性に基づいてなされている。言い換えれば，われわれは知覚することによって，自分にとって意味のある「世界」を構成していっているのである。

　たとえば，小学生が不登校になったとする。親が学校に行かない理由をその子に尋ねると，前日に担任の教師に厳しく叱られたからだという。両親が担任に事情を尋ねると，担任の教師はクラスの児童全員を叱ったということがわかり，そのことがこの子の不登校と関連がありそうだと推測された。しかし，叱られた翌日登校を渋ったのはクラスの中でこの児童ひとりだけだった。ここで，担任が叱ったというできごとは，いわば客観的な事実であった。しかし，その「事実」の受け止め方は，そのクラスの児童ひとりひとりで異なっていたのである。つまりクラスの児童たちは，その「叱られた」という

体験からそれぞれに異なった意味を見出していたことになる。ある児童はそこで強い「恐怖」を体験し、ある子どもはまた別の世界をつくっていたのである。

　知覚するということは、それぞれが自分にとっての内的世界を構築するということに他ならない。つまり知覚とは、「主体である人間が、自己、他者、諸々の事物・事象とのかかわりの中で、これら自体や、その変化を感覚し、それを通じて認知した内的世界を構成する心的な働き」（早坂泰次郎、1984）という定義を採用する方が、われわれの日常的体験により近いのではないだろうか。

　このように、われわれの知覚は常に自分にとっての「世界」を構築する作業である。そして、それはわれわれひとりひとりの主観的作業である。主観的というと、まったく個々バラバラなものをつくり出すという印象があるが、実際はそうではない。われわれはひとりひとりオリジナルな内的世界を持っているが、それをつくり出す主観には何らかの共通性がある。われわれの知覚には、まったく個人的な意味づけの段階から、すべての生命体に共通する段階まであるのである。

　また、知覚には外界・内界の様子を知るというわれわれの身体の仕組みが深くかかわっている。そういう身体の仕組みを解明することこそが心理学であると考える人たちもいるくらいで、それほどに、知覚について考えるうえで身体の仕組みを知ることが重要なのである。そこで、この章でも、まず知覚の仕組みから見ていくことにしよう。

7.2　感覚の種類

　世界がどのように見えるか、聞こえるか、すなわちわれわれが「もの自体の現れ」を構築する材料は、中枢神経系から送られてくる感覚情報である。ここでは身体の仕組みとして備わっている感覚の種類と、感覚の限界について考えてみることにしよう。

　感覚とは外界の物理的刺激を感じることである。たとえば何かが聞こえた

表7-1　感覚の種類

感　覚　名		所　在	感覚器官		適（当）刺激	例
視　　　覚		眼	網　　　膜		光	明暗・色彩
聴　　　覚		耳	蝸　牛　殻		音	音（高低・音色）
嗅　　　覚		鼻	嗅　粘　膜		空気中の科学物質	腐敗性，果実性 花香性，焦臭性 樹脂性，薬味性
味　　　覚		舌	味　　　蕾		口内の液体中の化学物質	塩辛い，すっぱい，甘い，苦い
皮膚感覚	温　　　覚	皮　膚	温　　　点		温　・　熱	熱　い（37〜70℃）
	冷　　　覚	皮　膚	冷　　　点		寒　・　冷	冷たい（10〜30℃）
	触（圧）覚	皮　膚	圧　　　点		身体に対する圧・熱	
	痛　　　覚	皮　膚	痛　　　点		輻射刺激，電気刺激，化学刺激，機械刺激が過度	痛い
平　衡　感　覚		耳	三　半　規　管		身体の位置の変化	
運　動　感　覚		筋　　　肉 関　　　節	筋紡錘体 ゴルジ錘体 パチーニ小体		身体部分の運動	
有　機　感　覚		身体内部の諸機関			身体の一般的状態	渇き，空腹，排泄のもよおし，性感，腹痛

場合，知覚は，「Ａさんが〜と言っている」と受け取り，感覚は「音がした」と感知する。感覚器官はちょうどカメラや赤外線センサーなどと同じように，それぞれが受け持つ刺激を感知する。目では光を感じ（視覚），耳では音を感じる（聴覚）。他に味覚，嗅覚，触覚などの感覚があり，表7-1のように分類される。

7.3　感覚のメカニズム

7.3.1　感覚伝達の経路

　感覚が成立するためには，刺激を受容する感覚器官と，感覚器官に与えら

れる刺激，そして受容した刺激をそれぞれの中枢部に伝達する神経経路が必要である。各感覚器官が受容できる刺激は，ほぼ一定の妥当な強度・量に限られている。その範囲をはずれると，過不足いずれの場合でも，その刺激は受容されないか，刺激の変化を受け止めることができないのである。

7.3.2 刺激閾・刺激頂

あまりにも小さな音やあまりにも弱い光は，われわれは見たり聞いたりすることができない。つまり刺激が弱すぎると知覚は成立しない。反対に，あまりにも光が強すぎるとわれわれは見ることができないし，あまりに音量が大きすぎると音を聞き取ることができないように，刺激があまりに強すぎても適正な知覚は生じない。

知覚がようやく起こる最低限の刺激の強度を刺激閾 (stimulus threshold) という。刺激閾の中でも，対象がまとまった，意味あるものとして認知できる限界の刺激閾を認知閾と呼ぶ。また，一定の知覚が生じる刺激の強さの上の限界を刺激頂 (terminal threshold) と呼ぶ。

人間の感知できる光エネルギーの範囲は，波長が400ミクロンから750ミクロン（1ミクロン＝10^{-6}m）の間に限られている。また，聴覚の場合は，波長の振幅のそれぞれの刺激閾と刺激頂に囲まれた部分が人間が音として知覚できる範囲ということになる。

7.3.3 弁 別 閾

感覚器官が感知しうる音や光は，一定の範囲内に限られている。刺激の強さに変化が起きるとき，その変化を弁別しうる最低限の刺激の変化量のことを弁別閾 (difference threshold) と呼ぶ。

感覚情報の変化の知覚は，物理的な刺激の変化と平行して生じるものではない。刺激の変化がある一定範囲を超えたときに初めて変化が知覚される。弁別閾の大きさは絶対的なものではなく，もともとの刺激の大きさと相対的な関係にある。たとえば，掌に載せた20gの重りに1gずつ重りを足して，25gになったときはじめて重くなったと感じるとしても，100gから105gに

増やしても，重くなったとはあまり感じられないであろう。前者の変化量が弁別閾の値であり，後者の場合は弁別閾以下だということになる。

このように弁別閾の範囲は，変化の絶対量（ΔR）だけではなく，もとの量（R）にも依存している。そして，それらの関係は

$$\Delta R / R = C \text{（Cは定数）}$$

という形で表現される。これがウェーバーの法則と呼ばれるものである。ΔRとRとの間には，Rの大きさとは無関係に，一定の比（ウェーバー比）が存在するといわれる。ウェーバー比の値は感覚の種類によっても異なる。たとえば音の高さ（ウェーバー比：0.003）は，音の大きさ（ウェーバー比：0.10）よりわずかな数値の差違で変化の知覚を生じやすい。しかし，同種の感覚であっても刺激の強さが極端に大きかったり小さかったりするとウェーバー比が変わるということも明らかにされている。

7.3.4 順応現象 (sensory adaptation)

多くの感覚器官は，刺激が長時間持続して加えられると「慣れ」が生じて，その感覚が鈍くなる。たとえば，騒音の中に入ると最初はうるさくて，他人と会話していても相手の声が聞き取れないが，騒音に慣れてくるに従って周囲の騒音は耳に入れずに，話し相手の声だけを聞き取ることができるようになる。あるいは，感覚が敏感な方に順応することもある。たとえば，映画館に入ったばかりのときには場内はとても暗く感じられるが，暗闇に慣れるに従って場内の様子が見えるようになる。これらの現象のうち，暗闇への順応を暗順応といい，明るさへの順応を明順応と呼んでいる。ただし，暗順応は明るさに対する感度が逆に増しているので，一般の順応とは異なっている。順応が起こりにくい感覚としては痛覚がある。

また視野が倒立や左右逆転して見えるようにする装置「逆さめがね」を装着すると，約7日以内に順応が生じて正立して見えるようになる。ある研究者は，装着開始の2週間後に勤め先の大学まで車を運転したという（法律上の問題は不明）。

7.4 ゲシュタルト心理学

　われわれを取り巻いている環境には，たとえば温度や湿度などの物理的環境，地形や地理的位置というような地理的環境，他者との関係によって規定される社会的環境などがある。しかし，人間にとっての環境とは，われわれからまったく独立して存在しているものではなく，ひとりひとりとの関係性，つまり，その人がいかにその環境を受け止め，環境とのかかわりを持っているかによって規定されるものである。つまり，個人が環境をいかに知覚しているかという知覚体験こそが，その人にとっての環境なのである。これを心理的環境と呼ぶ。

　ここでいう心理的環境とは，知覚を通じて認知され，それに基づいて行動が起こされる環境を意味している。コフカ（Koffka, K.）は，人間の行動はその人がそのとき位置している物理的地理的空間としての環境よりはむしろ，その人自身が体験し認知している環境とのかかわりによっていることを強調している。また，レヴィン（Lewin, K.）は，人間の行動に直接影響を及ぼす環境は，その人自身が体験し認知している行動的環境であると考え，そのような環境を「生活空間」（life space）と呼んだ。生活空間とは，客観的物理的空間とは異なって，人間をある行動へと誘ったり，あるいは回避させたりするような「意味」を持った環境であり，レヴィンはそのような力を誘意（valence）と呼んだ。

　こうしたゲシュタルト心理学の知覚研究を説明するにあたり，その先がけの一つとなった図地分化から話を始めたい。

7.4.1 図　と　地

　今この文章を読んでいる人は，白い紙面の上に黒く印刷されたインクの「シミ」を，意味を持った文字として知覚していることになる。この白い紙面と黒いインクのように，外界の刺激の状態に弁別できるほどの差違があるとき，2つの部分は分離して，それぞれがまとまりを形成する。このような

分離の最も基本的な形を「図と地の分化」という。

ルビン（Rubin, E.）は，このようなときに優先的に知覚される部分（文字）を図（figure）と呼び，印象が弱く意識からそれやすい部分（白い紙面）を地（ground）と呼んだ。何が図になり何が地になるかは，刺激の持つ特性，すなわち刺激特性にも依存している。たとえば視覚刺激を例に取ってみると，刺激強度のより強い部分の方が弱い部分と比べると図になりやすいし，面積が狭く閉じられた部分の方が，広くて開かれた部分よりも図として知覚されやすい。

刺激を受け止める個体側の要因も，「図になりやすさ」に影響を及ぼす。たとえば個人の過去経験であるが，過去に一度図として体験されたものは再び図として知覚されやすい。

同じ図形でも，時と場合によってその見え方が異なってくることがある。図7-1，7-2のルビンとボーリング（Boring, E. G.）の図形を見てみよう。この2つの図版を見ると，図と地との間に相対的，相互作用的な関係があることがわかる。たとえばルビンの図形についていえば，「向きあっている人の顔」を図として選択すると，その瞬間に「高杯」が地となり，高杯を図として選択すると，その瞬間に人の顔は地として背景に押しやられる。

一方，ボーリングの図版を見ると，これを意図的に「若い女性」に見よ

図7-1　ルビンの高杯
（Rubin, E., 1921）

図7-2　両義図形
（Boring, E. G., 1930）

とすると，「老婆の顔」は背景に押しやられ，老婆を見ようとすると，今度
は若い女性が背景に押しやられることになるだろう。

　この2つの図版は多義図形と呼ばれるものであり，人の顔と高杯，老婆と
若い女性という組み合わせのうち，いずれかが知覚されるようになっている。
しかし，筆者が大学生を対象にして行った実験によると，ボーリングの図形
では，若い女性が優先的に知覚されることの方が多く，「老婆が見える」と
いう情報を流してからずいぶんと意識的に注意を重ねてやっと，老婆の姿が
確認されることが多かった。

　このプロセスは，何が図となり何が地となるかという問題を考えるとき，
きわめて示唆深い問題を含んでいる。つまり，初めは若い女性にしか見えな
い学生たちが，老婆の姿が見えるという情報のもとで，その多義図形に立ち
向かうことになった。主体が刺激対象にいかにかかわるかという態度（立ち
向かい方）が，何が見えるのかということに大きく影響するわけである。わ
れわれの知覚は環境（刺激）の影響を常に受けてはいるが，そのときごとに
対象を選択的に認知し，何かを意図的に見ようとしているのである。つまり，
何かを見るということは，外的刺激の中から何らかの「まとまり」を図とし
て選択することであり，そこで図と地の分化を生起させることである。

7.4.2　ゲシュタルト（形態）

　たとえばカラオケについて考えてみよう。最近のカラオケの装置は，歌う
人の音域にあわせて，自由に伴奏曲のメロディーを移調させることができる。
メロディーを移調するということは，その瞬間にすべての構成音が変わって
しまうことである。だが，われわれは移調する前の曲も移調した後の曲も同
じ伴奏曲として知覚し歌い続ける。つまり個々の要素の変化にもかかわらず，
全体の同一性は保たれているわけである。

　このようにわれわれが知覚する世界は，主体であるわれわれと刺激事態と
の関係をも含めた，ある特有の全体的なまとまりを持っている。このような
場合，刺激は一定の形態，つまり「ゲシュタルト」を持っているという。し
たがってわれわれにとっての環境が常に「図－地」という特性を持っている

ということは，ゲシュタルト的なまとまりを持っているということである。

7.4.3 仮現運動

　ゲシュタルト心理学成立の発端となったのは，ウェルトハイマー（Wertheimer, M.）が初めての勤務地に向かう途中で車窓を眺めている間にインスピレーションを得た仮現運動の実験である。電車の踏切のシグナルのように，2つの光刺激を継時的に点滅させると，片方から他方へと光が移動しているように見えることがある。この場合，光は実際には移動していないのに，運動として知覚されるので仮現運動と呼ばれる。映画やアニメーションはこの仮現運動の原理を応用したものである。仮現運動が成立するためには，光の持続時間や，空間的距離，時間感覚などに特定の条件がそろう必要がある。

7.4.4 ゲシュタルトの法則

　われわれの周囲にはさまざまな事物がある。事物がいくつか存在すると，それぞれがまったくバラバラのものと見られることはまれで，むしろそれらはある「まとまり」を持って知覚される傾向がある。まとまり方は刺激の布置の仕方に応じて，それぞれ特有の形態を取る。まとまりの要因としては図7-3のようなものが挙げられるが，これは「心理学的体制は，そのときの条件の許す限りにおいて簡潔で規則的なよい形態をとる」としたウェルトハイマーの考えをもとにしたものである。これをゲシュタルトの法則，またはプレグナンツの法則という。ゲシュタルトの法則を構成している要因としては以下のものが挙げられる。

　① 近接の要因　互いに距離的に近いものはまとまったものとして見られやすい。ここで近いというのは絶対的な距離のことをいっているのではなく，相対的な距離のことである。したがって，全体的な刺激布置が変われば，同じまとまりを形成していたもの同士が，それぞれ別々の領域に属するようになることもある（図7-3A）。

　② 類同の要因　他の条件が同一であれば，ある刺激の性質に関して類

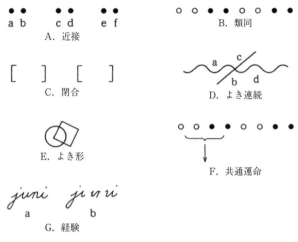

図7-3　ゲシュタルトの法則（Wertheimer, M., 1923）

似したもの同士はまとまったものとして知覚されやすい（同図B）。

③　閉合の要因　　空間を囲い込んで閉鎖している部分は，相互にまとまりを形成しやすい。他の条件が等しければ，知覚的世界において最も安定した，最も強固な単位となるものは，閉鎖された部分である（同図C）。

④　よき連続の要因　　他の条件が同一であれば，一つの方向につながりを持つものは，まとまりを形成しやすい（同図D）。

⑤　よき形の法則　　単純，規則的，対照的な図形は，一つのまとまりとして知覚されやすい（同図E）。

⑥　共通運命の要因　　同時に，同方向へと動いているもの同士は，まとまりを形成しやすい。これを共通運命の法則という（同図F）。

⑦　経験の要因　　過去にしばしば観察したものは，まとまりとして知覚されやすい（同図G）。

このように知覚的世界の体制は，事情の許す限り，最も簡潔で「よい」形態を取ろうとする傾向がある。これがプレグナンツの法則であり，よき形の法則，もしくは簡潔化の法則とも呼ばれるものであるが，ここで「よい」というのは，規則正しく，調和の取れた，最も単純というような特性を意味し

ている。われわれの目に見える世界は，この簡潔化の法則に則ったものである。

7.4.5 心理物理同型論

ウェルトハイマーは，図地の反転や仮現運動といった知覚的現象には，それらに対応する生理学的・物理学的事象が存在し，知覚的事象と物理的事象それぞれの過程の構造は同型であると考えた。この考え方を心理物理同型論（Isomorphism）という。さらに彼らは，実際の「生きられた場」である心理物理的場を仮定し，弟子のケーラー（Köhler, W.）によって，心理物理的場の一つとして電気的信号の場が取り上げられた（7.3.1参照）。すなわちケーラーは，知覚的事実とそれに対応する大脳事象が一定の構造的性質（ゲシュタルト特性）を共通に持つとして，場の法則（ゲシュタルト法則）に従って起こる大脳の中の過程をめぐって多年にわたる研究を重ねた。

7.5 知覚機能の諸相

人間は限られた感覚能力によって外界の事物的世界をどのように知覚し，自己の知覚世界をどのように構築しているのであろうか。

7.5.1 知覚の恒常性

7.5.1.1 準 拠 枠

たとえば遊園地にあるビックリハウスのことを思い出してみよう。まるで座っている自分が突然に回転し始めるように感じるのだが，実は部屋の方が回転しているという仕掛けのものである。このビックリハウスと同じような原理を使い，形を変えたものは，遊園地ではいろいろと見られる。これはわれわれのまわりを取り囲む枠組みの変換によって起こるものである。つまり，枠組みの存在がわれわれの（知覚）世界に安定をもたらしているということである。

知覚を組み立てる際には，知覚に重要な役割を果たす一定の基準というものが必要である。このような基準のことを，枠組みもしくは準拠枠と呼ぶ。

 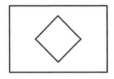

図7-4 枠組みの中の知覚の相違：
(左) 正方形，(右) ひし形

コフカは，この準拠枠が知覚にいかに強力な効果を及ぼしているかを示している（図7-4）。すなわち，まったく同じ図形が，それが依拠する枠組みが異なることによって，一方は四角形に，一方はひし形に見えるというのである。このような枠組みは必ずしも意識されるものではないが，知覚を規定する条件として絶えず働いている。

われわれの生活に戻して考えてみると，同じ食べ物でも，それを食べ物とみなす人もいれば，食べ物として見ない人もいる。また，それを絵の題材として見る人もいれば，それに商品価値を見出して商品にしようとする人もいるだろう。また，対人関係に視点を移せば，先入観や偏見といった問題は，この枠組みという問題を通して，より明らかになってくるのではないだろうか。

準拠枠の形成には主体の欲求，過去の経験，そして対象に向かう態度など，さまざまな要因が絡み合っていることがわかるだろう。このように見てくると，知覚とは主体であるその人と，対象との関係に他ならないことがわかる。枠組みの存在によって同一性を保つ現象に知覚の恒常性がある。

7.5.1.2 知覚の恒常性

われわれの感覚器官に入ってくる外的環境刺激は刻々と変化している。外的環境が常に一定ではないということもあるが，われわれ自身の立つ位置や移動などによって，つまり主体である人間の側の条件によっても常時変化を遂げている。このように刻々と変化している時空間次元の中で，それにもかかわらず，対象を一定のまとまりを有するものとして捉えようとする傾向が，知覚においては見られる。対象物の属性について網膜上には刻々と変化する刺激が与えられているにもかかわらず，日常生活の中でわれわれはそれを一定のまとまりとして知覚している。たとえば，先ほど自分の5m先にいた人を，今度は10m離れたところで見たとしよう。対象の像は網膜上に先ほど

と比べて2分の1の大きさで映っているにもかかわらず，先ほどと比べて2分の1の身長の人と知覚されることはなく，必ずしも実際より背の低い人と知覚されるわけでもない。

このように普段住み慣れ，見慣れた世界においては，人影や木立が距離の長短によってそれほど大きな変容を起こすことなく知覚される。このように，感覚器官に与えられる刺激の特性にもかかわらず知覚される対象が比較的恒常を保つことを，知覚の恒常性と呼ぶ。われわれの知覚は常に完全な恒常性が保たれるわけではなく，環境的な諸条件の変化や主体と環境側の微妙な変化によって，恒常性は絶えず影響を受けるのである。このような枠組みの効果は，後に述べる運動知覚においても働いている。

7.5.2 錯　　　視

錯覚とは主に恒常性がわからなくなるという知覚に起こる誤りのことをいうが，決して異常な体験ではない。知覚における異常は幻覚と呼ばれ，錯覚とは区別される。錯覚は基本的に誰が見ても，何度見ても，同じように生じる比較的先天的な過程である。

錯覚の中でも視覚に起こる錯覚のことを錯視と呼ぶ。錯視についてはさまざまな説明がなされてきているが，すべてを十分に説明し尽くすような説明はまだ得られていない。しかし，これまで検討してきたような知覚に関するさまざまな要因が絡まり合って，影響し合っているということは推測できる。グレゴリー（Gregory, R. L., 1970）に従えば，錯視は「多義性・歪曲・パラドックス・虚構」の4種類に分類される。

7.5.2.1　幾何学的錯視

知覚される形が，対象の物理的・客観的側面とかなり食い違っている場合がある。錯視には，運動の錯視，遠近の錯視，月の錯視，反転錯視などがあるが，図形の大きさ，形，長さ，方向などについて歪みを生じさせる幾何学的錯視が代表的なものである（図7-5）。このタイプの錯視は，3次元の知覚を網膜という2次元の平面で成立させることと深くかかわっているものと考えられる。その意味で，絵画の遠近法も広い意味でいえば錯視といえる。幾

何学的錯視はグレゴリーの分類の「歪曲」にあたる。

7.5.2.2 主観的輪郭

図7-6のように，物理的な輪郭線はないにもかかわらず，図の中央にはっきりと輪郭を伴う三角形が見えることがある。輪郭線の切れている部分を注視すれば輪郭線はなくなるが，図を全体として眺めるときわめてはっきりと

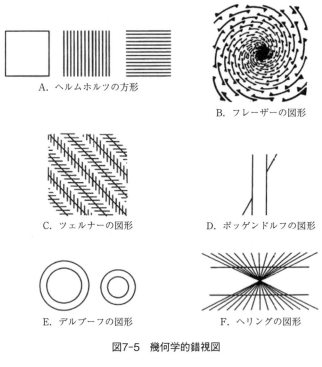

図7-5　幾何学的錯視図

図7-6　主観的輪郭

見える。このような錯視図形を主観的輪郭と呼ぶ。この三角形の領域は背景に比べても印象が強く（より白く），不透明で，他の形よりも手前に見える。グレゴリーの分類では「虚構」にあたるが，知覚の積極的性質が欠落部を埋めているのである。

7.5.2.3 ミュラー＝リエルの錯視

主線の長さは等しいにもかかわらず，外向きの矢印をつけた方が，内向き

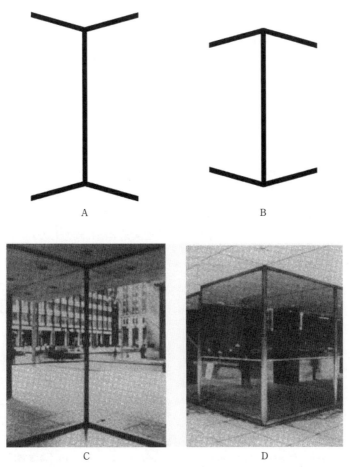

図7-7 ミュラー＝リエルの錯視 （Müller-Lyer, F., 1899）

の矢印の場合よりも長く見えるのはなぜだろう。一つの解釈として，グレゴリー（1970）は，錯視と大きさの恒常知覚との関連性について考察している。すなわち，多くの錯視は，大きさの知覚に，知覚過程が誤って距離の手がかりを適用したために生じるものだと考えた。つまり，図7-7のA，Bはそれぞれ，部屋の隅の輪郭C，Dを表すようにも見えるが，遠近法でより遠くに見えてしまうAの方には大きさの恒常性が働いて，より長く知覚されるというわけである。

このような歪みを生じさせるメカニズムはまだ十分理解されていない。錯視は，高次の認知的過程ではなく知覚の生理的過程に由来しているものもあれば，ビルがないカラハリ砂漠のブッシュマンにはミュラー＝リエルの錯視が起こらないように，後天的な認知的過程に依存しているものもある。

7.5.2.4 不可能図形

部分部分ではつじつまがあっているが，現実には存在しえない図がある。すなわち，物理空間には存在しえない図を，知覚的に生じさせようとする一種の錯視で，「パラドックス」の範疇に入る。図7-8はペンローズら（Penrose, L. S. et al.）によるもので，図7-9はオランダの版画家エッシャー（Escher, M. C.）によるものである。エッシャーはゲシュタルト心理学から強い影響を受けて，物理的世界には存在しえない3次元空間を2次元空間に創造した。

図7-8　ペンローズの三角形
（Penrose, L. S. & Penrose, R., 1958）

図7-9　エッシャーの「無限階段」
（リトグラフ）

7.5.3 空間（立体，奥行）知覚
7.5.3.1 奥行知覚のメカニズム

われわれの網膜に映る像は平面的であるのに，それが奥行きを伴い空間的な広がりを持ったものに知覚されるのはなぜか。本項においては空間（奥行き）知覚のメカニズムについて検討する。

1）両眼視の手がかり

a．輻輳角

遠方の事物を見るときには，両眼の視線はほぼ平行になる。近いものを見るときには，両眼の視線は一つに交わる。このとき，対象で両眼の視線が交わる角度を輻輳角という。この輻輳角は，近いものを見るときほど大きくなるので，輻輳角の変化に応じて生じる動眼筋の緊張と弛緩の変化が，奥行きの知覚に関する情報を提供することになる。しかし，調節と同様に，奥行き視に関する主要な情報源としての役割については，なお論議のあるところである。成人の両眼の中心同士の距離は平均65mm程度であり，輻輳角の有効距離も20m以下の距離の対象に限られる。

b．両眼視差

人間の両眼は互いに離れているため，一つの対象物（図7-10Bのc）を見ているときにも，両眼の網膜に結ばれる像には，わずかなずれが生じる（同図a,

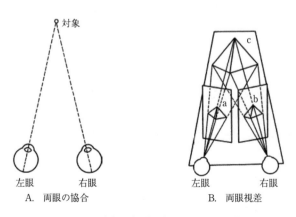

図7-10　奥行き知覚を起こさせる生理的要因

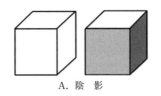

A．陰　影　　　　　　　　B．重なり

図7-11　影と重なり

b)。これを両眼視差という。この視差は調整され，われわれは立体感のある像を見る。立体視が成立するためには，きわめてわずかなずれであっても有効であり，その感度もきわめて高い。

2）単眼視の手がかり

a．陰影

一般に事物の表面は光源に近くなるほど明るく，影も多くなる。また，われわれは概して上から光があたることに慣れているので，上の方から光が照射された場合にできる陰影のでき方に従って，立体感を感じる傾向がある。陰影は物の形に立体感を付与するので，図7-11のAのように同一の形であっても，陰影によって奥行知覚に大きな違いが生じてくる。

b．物の重なり

一つの物が別の物を覆い隠している場合，重なりが生じる。この場合に，覆っている方がより近くに見られる。もし，事物が自分にとってなじみのあるものであればあるほど，相対的な距離の手がかりになりやすくなる（図7-11のB）。

c．色の濃淡

絵画表現の中で遠近を色で表現する場合，一般的に近くの物体は淡い色で表現し，遠方の物に濃い色を塗ることが多い。このように色の濃淡によってもわれわれは空間的距離の知覚を行っている。

d．きめの勾配

きめの勾配は，河原，浜辺，草原，石畳などの多くの表面に見ることができる。石を敷き詰めた石畳や布地の場合のように，きめが細かくなればなるほど遠くにあるように見える。これらの表面は，きめの密度遠近法に従って

図7-12　きめの勾配

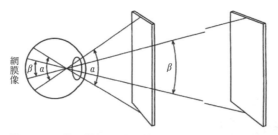

図7-13　調節：対象の距離と網膜像の大きさ　(Rock, I., 1984)

いるといえる（図7-12）。

　e．調節（accommodation）

　網膜に鮮明な像を結ぶように，眼球には精密な調節の機能が備わっている。眼球の調節とは，毛様筋の収縮，弛緩によって水晶体の厚みを変化させ，網膜上に像を結ぶようにする作用で，その筋肉の運動変化が遠近の手がかり情報となる。しかし，調節する範囲は眼から10cmから2m先くらいまでとされ，それより遠方にある対象について距離弁別の正確な情報を提供することは困難である（図7-13）。

　f．運動視差

　視野にあるものは，見る者からの距離によってその動き方がそれぞれ異なって見える。たとえば，動いている車から外に展開する景色を眺めている場合，景色の見かけの動きの量と方向は，どこを注視しているかによって変わってくる。すなわち，注視点より近くにあるものは，見る人の動きと反対方向に動き，遠いものは同方向へと動く傾向がある。注視点の近くにあるものの動きはとくに小さく見え，注視点では見かけの速度は消失してしまうの

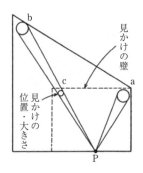

図7-14 エイムズの「歪んだ部屋」

　　　　　A　　　　　　　　　　　B
Aはのぞき穴Pのある壁を取り除いたときの光景，Bはのぞき穴から見た光景

図7-15 エイムズの「歪んだ部屋」の一例

である。

7.5.3.2 奥行知覚の崩壊

　知覚の機能は，多くの刺激情報を手がかりとしながら，できる限り物理的・客観的に対応した知覚世界を構成しようとする。それゆえ，奥行知覚の手がかりとして不適当な情報が提供されれば，奥行きを伴ったわれわれの知覚世界自体が変わってしまう。

　エイムズ（Ames, A., Jr.）の「歪んだ部屋」は，その点を巧みに実証するものである。図7-14は「歪んだ部屋」の平面見取図である。a，b両点にある

ビール瓶は同じ大きさのものであるが，のぞき穴Pから単眼でのぞくと，図7-15Bのように，右側の瓶の方が大きく見えるのである。

　奥の壁面a，bや窓は，実際は矩形ではなく歪んだもので，b点は奥にあって，a点はより手前にあるとともに，a点では天井もより低くなっている。ところが，「見え」のうえでの壁面や窓は，垂直・水平な直線から強く規定を受けるために，矩形のように見えてしまう。そのために，b点にあるビール瓶は同じ視角の中のc点に立っているようになり，まったく小さな瓶に見えてしまうわけである。

　錯視の項で示したエッシャーの絵（図7-9）も，奥行知覚の手がかりの一部を操作して，部分的には立体視が可能でありながら，全体としては不可能な空間を描いている。

7.5.4　運動知覚

7.5.4.1　誘導運動

　周囲の動きによって誘発された運動のことを，誘導運動という。実際に動いている対象が静止して見えたり，静止している対象が動いて見えるようなことがある。たとえば，列車に乗っているとき，向かいの列車が動き始めると，自分の乗った列車が動き始めたように見えることがある。また，暗室の中で光点と光点を取り囲む四角の枠を同時に提示し，枠を静かに動かすと，光点の方が動いて見える。大きい枠の動きに誘発されて，小さい対象が動いて見え，大きい対象は動いているようには見えない。通常，運動が知覚されるのは，視野の中にある静止した対象を基準として判断が下された結果である。あるいは，自分自身の位置を基準にして（静止したものとして）運動が知覚される。

7.5.4.2　自動運動

　完全な暗室の中で一つの光点を遠くからしばらくじっと見つめていると，実際は動いていないはずの光が動いているように見える。運動の方向は一定ではなく，いったんある方向に動き出すと，その方向にしばらく動き出すが，また止まると別の方向へ動く。夜間飛行中に，静止した光点を移動する物体

と見誤ったり，山で濃霧に包まれてしまったとき，遠くの木の切り株を人影と見誤るのはこのためである。

7.5.5 ストループ効果

　赤色のペンで「緑」と書くと，その色をいう反応時間が遅れる。正答は赤だが，緑という語が干渉するのである。ストループ効果は，色と語が不一致なカラーワードに対して色の命名反応がなされるとき，反応が困難になるという認知的葛藤効果である。この現象は，ストループ・カラーワード・テスト (Stroop, J. R., 1935) において個人差の安定性が見出されてから注目を集めるようになった。つまり，個人差の検査として「合格」になったわけである。たとえば，サーストンとメリンガー (Thurstone, L. L. & Mellinger, J. J., 1953) は，冷たく落ち着いていて欲求不満耐性が高い人は，ストループ・テストによる語の干渉を無視するだろう，という仮説をもって調査を行った。しかしその結果は，自制的なパーソナリティの方が干渉されやすかった。また，ワップナーとクラス (Wapner, S. & Krus, D. M., 1960) の研究では，統合失調症を患う者は健常者より平均78％も干渉が高かった。

　1935年にストループがアメリカでストループ効果を発表した当初は，行動主義の全盛期であり，単語の読みは色の命名に比べて文字刺激と反応とが過剰学習によって強い連合が形成されているために起こると考えられた。しかしその後研究が重ねられ，現在では認知心理学研究や高次脳機能障害者の神経心理学的検査の一つとして使用されている。

　なお，ストループの研究の先駆けとなったのは，1883年にヴント (Wunt, W.) の指導のもとでライプチッヒの心理学実験室においてキャッテル (Cattell, J. M.) が行った，物体や色の命名・単語の読みに要する反応時間に関する研究である。さらにジェームズ (James, W.) がすでに1890年に大著『心理学の諸原理』の中で，色命名が語の読みよりも遅いことを述べている。

7.6 時空間の知覚と個性

7.6.1 空間の異方向性, 非等方位性

　主体としての自分が空間の中でどういう位置にいるかということによって,対象（他者）の見え方も変わってくる。たとえば,高い建物から下を見下ろせば,まるで自分が偉くなったような気がしてくるし,逆に人前で低い地面にひざまずいたりすると,何となく自分がおとしめられ,惨めになったように感じられる。

　空間的な「前」とは,まさに時間的な未来（前途）であり,前途には主体の向かうべきゴールが存在する。それに対して「後ろ」とは,主体の視覚の及ばない死角であり,何となく薄気味悪さや,漠然とした不安を誘う「無」や「闇」をイメージさせる空間である。

　このような異方向性は,対人関係場面において,魔術的な力を持つことがよくある。たとえば,社会的上下関係の厳格な場面では,目上の者は,必ず前方の上座に,目下の者は後方の下座に位置しなければならないのである。前後と比べると左右は,「ともに机を並べた」学友同士とか,手を携え,肩を組む友人や恋人同士の場合のように,平等で対等,友情と信頼を表す空間であるといえるが,それでも利き手の側である右側の方は,左よりも優位な空間として認知されることが多い。「右に出る者はいない」というような場合である。

　「上方」とは,天を指して誓い,仰ぎ見て祈る場合があるように,何かしら神聖で荘厳な雰囲気に満ちた空間で,「下方」とは,まぎれもなく,この私が今,足を下ろしている地盤,まさに現実そのものであり,一歩踏み誤れば深淵に落ち込まないとも限らない,危機をはらんだ現実の足場なのである。この地盤が揺らぐとき,われわれはめまいを感じるのである。現存在分析の立場に立つビンスワンガー（Binswanger, L.）は,世界内存在としての人間の存在構造の分析に触れるとき,この空間,聴覚,精神心理の領域に分散しているところの「一般的意味方向」を問題にし,ことに上昇（幸福感）と落下

7章　知　　覚　　*247*

（不幸感）の方向性に注目している。

このような体験的な空間構造，つまり現実空間に投影される心理的空間イメージは，心理療法（夢分析や絵画，箱庭療法の解釈）の中で用いられることがある。夢や絵画の中で象徴的に表現される上下や左右の空間的位置関係（空間象徴）や，動きの方向性は，その状況の文脈と結びついて独自な意味を表すことが経験的に知られている。このような空間の持つ象徴的な意義の背景は，美術的表現の伝統の中にも求めることができる。西欧ではイコノロジー（図像学）として，絵画表現をする際の約束ごとにまで制度化されてしまい，本来の象徴的な意義が薄れてしまった感もあるが，人間の心が自発的（spontaneous）に表現するイメージの世界の空間の異方向性は，個人の内的世界を知る有力な手がかりの一つとして考えられる。

7. 6. 2　心理的距離

空間や，空間内の事物というものは，初めて接するときには，何らかの違和感や戸惑い，気後れを感じるものであるが，それに慣れ親しんでくるにつれて，次第に親近感を増して，自ら分化し構造化したものへと変わっていく。長年使いなれた鞄やペンにわれわれは格別の親しみを感じるが，同じ品物でも他人のものであると，何となく疎遠さを感じてしまう。

このように，物と人との間にも，ある心理的距離が存在しているが，この心理的距離はわれわれの対人関係においてとくに重要である。われわれは日常的な人との出会いの中では，他人をさまざまな心理的距離に位置づけて見ている。

7. 6. 3　心理的境界

距離と同様に，空間を内と外に区切る境界（boundary）も，われわれにとって大きな意味を持つものである。窓が広く開け放たれた開放的な部屋にいるのと，固く閉ざされた部屋にいるのとでは，われわれに与える心理的効果は相当に異なってくる。われわれが体験する不安，圧迫感，疎外感は，この心理的境界のあり方と密接に関連している。

不安神経症における，広場恐怖や閉所恐怖は，このような心理的な空間体験の変容したものである。また，自己防衛の強い人，とくにうつ病患者は，他者に脅威を感じ，固く心の扉を閉ざす。自己の「内」に他者が侵入してくることを極度におそれ，他者からできる限り遠ざかろうとするあまり，自己を小さく萎縮させてしまう。

一方で，そういう人々を理解し，彼らに接近しようとする心理療法家は，相手に接近しつつ，この境界を尊重しつつも，適切かつ柔軟にそれを広げ，内と外，他者と自己との交流をより自由にできるように努めるであろう。

これとは逆に，異常に自己意識の高揚した躁病患者の場合は，この境界を適切に保つことができず，相手が誰であっても構わずに，「見境なく」自己の境界を外へ外へと拡張しようとするであろう。

あるいは統合失調症患者では，暗黒の気分空間の中で，姿の見えない他者から「いつも見張られている」ことを感じたり，自分を迫害する声が絶えず「聞こえてくる」のである。しかし，このような歪められた空間性においてさえ，精神病者は，執拗に他者とかかわろうとしているのである。メルロ＝ポンティ（Merleau-Ponty, M.）は「健康な人を保証するものは，現実検証ではなく，むしろ，その人の空間構造なのである」と述べている。

7.7 物理的時間と体験時間

物理的時間とはわれわれが通常考える時間のことであり，過去から現在，現在から未来へと一様の速さで流れると考えられている時間のことである。物理的時間の中の現在とは，その流れの中で点として考えられ，瞬間瞬間に過ぎ去っていくものである。また，物理的時間の特徴は同質性を備えていることであり，過去－現在－未来にわたって同質なものとみなされる。

物理的時間と，われわれが生きている時間，いわゆる「体験された時間」（シュトラウス〔Strauss, E. W.〕）や「生きられる時間」（ミンコフスキー〔Minkowski, E.〕）は同質ではない。体験時間の長さと，その過ぎ行く速さは，体験する個人個人の心理状態や構えによって異なってくる。たとえば，無為に過ごす退屈な

7章 知　　覚　　249

時間は，のろのろと進行するように感じられるが，満足感や喜びを感じているとき，人は時間の経過の速さに驚きを感じる。また，極度の悲しみやショックを体験すると，人は時間の経過が知覚できず，いわゆる「前後の見境」がつかない状態になることがある。

7.7.1　精神病者の時間

ミンコフスキーによると，躁うつ病患者においては，「未来」および「過去」への態度が欠如し歪められ，ただ「現在」のみしか感じられないという。とくにうつ病患者においては，未来はいつまでも到達されない閉ざされたものとして感じられる。それゆえ「現在」はひどく無意味にのろのろと進行するものとして，変形されて体験される。一方躁病患者には，自己を投げかける未来は何もなく，ただ瞬間瞬間の「現在」が異常に拡張し変形して体験される。また，ある種の統合失調症者ではこの体験時間そのものが崩壊し，分裂し，解体してしまうゆえに，時間は静的に一定の点や，一定の箇所にバラバラと空間化し，固定化されてしまうのである。

7.7.2　生きることの意味と時間の知覚

「生きること」の意味感覚と，主観的な時間の知覚とは不可分の関係にある。すなわち時間の知覚の歪みは「生きる意味」の歪みであり，健全な時間の知覚は「生きる意味」の健全さを示すものである。そして，この生きることの意味と時間の知覚との関係性こそが，各個人が過去−現在−未来という時間の流れをいかに構造化するかということにかかわってくる。すなわち個々の視野（perspective）を規定するものである。確かに，人は物理的時間から規制を受けてはいる。人間は過去によって条件づけられ，現在の場の力関係によって規定されているのだといわれる。しかし，人間にとっての過去−現在−未来とは，あくまでも「わたし」にとっての現在，「わたし」にとっての過去，「わたし」にとっての未来なのであって，この3つの時間的意味が相互に関係し合い，そのことによって人はリアルな体験を獲得するのである。なぜなら人間とは「意味」を問い続ける存在であり，過去の持つ意

味は決して一義的に決定されるものではなく，現在に対する主体のかかわり方いかんによって変わってくるのである。そして，主体が現在に対していかにかかわるかということは，主体が未来に対していかに開かれているかにかかわることになる。

神経症は過去の心理的外傷体験によるといわれるが，実際には神経症者は，過去のある時期に起こった外傷体験に絶対的にしばられているのではなく，それは過去にあまりにもとらわれ過ぎているために，未来に対して目が閉ざされてしまった状態にすぎないともいえる。だからこそ，過去にこだわらず未来に目を向けていくことによって，状態の改善がもたらされることもあるのである。

●引用文献

八木冕編（1967）『心理学』（Ⅰ）培風館

八木冕編（1968）『心理学』（Ⅱ）培風館

Gregory, R. L., (1970) *The intelligent eye*, McGraw-Hill.（金子隆芳訳〔1972〕『インテリジェント・アイ』みすず書房）

本明寛編（1975）「特集　視覚の心理学」『別冊サイエンス』日本経済新聞社

エッシャー，M. C. 著，岩成達也訳（1976）『数学的魔術の世界』河出書房新社

早坂泰次郎・上野矗（1984）『心理学』（高看基礎心理学）メヂカルフレンド社

齊藤勇（1996）「感情と情緒の心理」『イラストレート心理学入門』誠信書房

8章
感情と動機づけ

　感情に関する研究は，実験心理学では，人間の主体的な行動の源泉として古くから注目されてきた（八木冕，1968・前田嘉明，1969・Heckhausen et al., 1963）。人の感情は，新生児期に足をばたつかせ目を見開く汎化した興奮から，快（歓喜）と不快（苦痛）が分化し，さらに生後11カ月までには歓喜が得意や愛に，苦痛が怒りや嫌悪，恐れに分化する（Bridges, K. M. B., 1932, 図8-1）。このように感情は徐々に奥行きの深いものになっていき，生得的に発生する相手の感情を知覚する能力（相貌的知覚）も，環境（養育者）との情緒的応答によって洗練されていく。このような感情（affect）に関する研究の中で初期に始まったのが，動機（motive）の研究である。

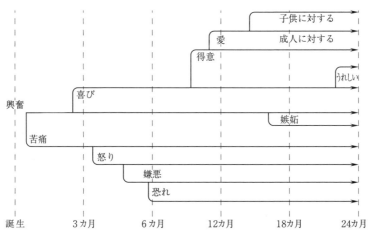

図8-1　情緒の分化発達（Bridges, 1932）

8.1 動機づけ

　動機とは，日常語でいう「欲望・本能・衝動・意欲」などにあたる。動機は行動を発現させる動因（要因：need）と，行動を直接方向づける対象や事象である誘因（incentive）の両方を含む概念である。いうならば，われわれの行動は，動因によって始発し，方向づけられ，誘因によって特定の目標にかりたてられるのであり，その状態あるいは心的過程を動機づけ（motivation）という。

　動機づけには，ホメオスタシスといわれる生理的性質（キャノン〔Cannon, W.〕, 1932）が関係している。ホメオスタシスとは，狭義には体温や体液の酸性度，浸透圧などの自律的なバランス調整作用であるが，広義には環境への適応や生命維持のため，生活体が外的・内的な不均衡からくる不快な緊張を解消し，一定の状態を維持しようとする調整機能のことである。

　ホメオスタシスは，静的な定常状態（statics）ではなく，若干の変動を許す動的（dynamic）なものでもある。たとえば生活体が過剰なストレスを抱えてしまい，ストレスへの抵抗機能を失って消耗してしまう状態であれば，ホメオスタシスが破綻したことになるが，ホメオスタシスを維持するためには，全くストレスのない状態よりも，多少のストレスのある状態の方が生活体にとっては望ましいといえる。多少の変動や不安定はかえって真の安定状態を促進する要因となるからである。

8.1.1　外発的動機づけ（ホメオスタシス性の一次動機）

　たとえば，飢え・渇き・疲れ・排泄といった生理的な欠乏や欲求不満が生じると動因（drive）が発生し，緊張が生じる。その緊張を解消させる方向で反応や行動が起こる。これを外発的動機づけと呼ぶ。外発的動機づけは，本能（マクドゥーガル〔McDougall, W.〕, 1908）と等しく，概して先天的で目的的な動機づけである。

8.1.2　内発的動機づけ（意味の動機づけ）

　人間は生理的な動機や外側からの動機にのみ動かされて行動するわけではない。たとえば野球がうまくなりたいから練習をするとか，練習していること自体が面白い，といった内的な動機もある。つまり行動そのものが手段ではなく目的になっているわけであって，これを内発的動機づけと呼ぶ。目標のレベルすなわち要求水準の設定にも，自己実現的な要素が入った内発的動機づけが関与していることが少なくない。また，たとえば体を鍛えるために野球を始めた人が，立派な体格になった後も練習に精を出し続けるといったように，もともとの外発的動機から発したものが独立して内発的動機になるものもある。つまり機能的に自律したものであることが多い。これをオールポート（Allport, G. W., 1937）は，機能的自律性と名づけている。

　そして興味深いことに，ハーロウ（Harlow, H. F., 1953）をはじめとする何人かの研究者たち（レッパー〔Lepper, M. R.〕，デシら〔Deci, E. L. et al.〕）は，外からの賞罰（外的誘因）が与えられると，関心を失ってしまう，つまり内発的動機づけが低減する，と主張している。

8.1.2.1　感性動機

　自らすべての音や光を消し，昼間から厚いカーテンを引いて外界から引きこもらざるをえなくなるような精神的失調時などでない限り，われわれは種々の感覚的な刺激や知覚情報を常に求めている。健常者でも雪山で遭難したような場合，外界とのつながりや心の空白を埋めるため幻覚や妄想が生じることがある。とりわけ強制的に外界の感覚刺激から隔離された場合，そのダメージは深刻である。これを実験的に検証したのが感覚遮断実験と呼ばれる破壊実験である。カナダのヘロン（Heron, W.）によって行われた実験（1961）では，被験者は図8-2のような状態で五感と自由を奪われ，そこで極度の不安や興奮状態を現し，およそ36時間後には幻覚が現れたという。こうした研究は，人道的な見地から重大な問題があるといわざるをえない。かつてこうした実験が洗脳技術の研究として巨額の資金が投じられて行われてきた。また現在でも，海外の一部の刑務所では独居房の罰として，感覚遮断が用いられている（1995年にケビン・ベーコンが囚人役で好演した映画『告発』にて後者の様子を見るこ

8章　感情と動機づけ　　*255*

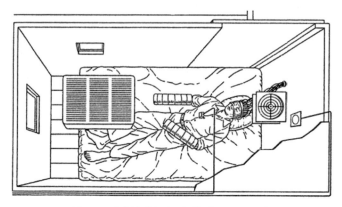

図8-2　感覚遮断実験の模様（Heron, 1961）

とができる）。

8.1.2.2　認知的動機

　内発的動機づけには認知機能に依存したものがある。フェスティンガー（Festinger, L., 1957）によれば，われわれの考えや情報，認知の要素が互いに矛盾したり相反していると不快な不協和が生じる。たとえば，新しい車を買った成人男子に対して，購入時以後に発行された新聞と雑誌を見せて，彼らがどの車の広告に気づいたか，そして読んだかを面接調査したところ，自分が買った新車の広告には75％の被験者が気づき，65％が読んだが，考慮はしたが買わなかった新車の広告については48％が気づき，40％しか読まなかった。買わなかった新車の広告を無視することで，不協和を低減し，協和しうるように動機づけが働いたのである。また誘因間の評価や方向づけも，認知機能に依存している。レヴィン（1938）は，人の行動は人と環境の関数であるとして，人と環境の両者から構成される心理学的事態を生活空間（人を含む全体）と呼んだ。彼によれば，行動はこの生活空間によって規定され，欲求によって生じた人内部の緊張と，環境内にある正か負の誘意性（valence）との力学的関係によって説明される。

8.1.2.3 好奇動機・操作動機

たとえば地面の蟻を追いかけたり，箱の中でさなぎが蝶になるのをドキドキしながら見守ったり，プラモデルをいじったりといった子どもの遊びや，知的好奇心を燃やして行う研究，新しいゲームソフトや電化製品を買って喜ぶ姿に見られる動機を，好奇動機や操作動機という。

8.1.3 二次的動機（社会的動機）

二次的動機（社会的動機）に含まれるものとして，人から認められたいという承認動機，親しくなりたい協力したいという親和動機，そして「やる気」にあたる達成動機がある。やる気の高い人は，適度に難しい課題を好むが，逆にやる気の低い人は，やさし過ぎるか難し過ぎる課題を選択することが報告されている。非常に難しい課題なら，達成できなくても言い訳がきくからである（社会心理学では，これをセルフ・ハンディキャッピングと呼ぶ）。

また，親和動機に関する研究では，ハーロウ（1959）による赤毛猿の研究が有名である。ハーロウらが幼い小猿を「布製の母」人形と哺乳器が付いている「針金製の母」人形が置かれた小部屋に入れると，小猿はミルクを飲むとき以外の大部分の時間「布の母」にすがりついていた（図8-3）。そして，小猿を怖がらせるような，太鼓を叩いて前進する熊のおもちゃを入れたとき，「布の母」が愛着対象や安全基地として機能している姿がより明確に示された。小猿は初め助けを求めるように「布の母」にしがみつき，母と熊の間を行きつ戻りつしながら，徐々に熊に近づいて探索を行ったのである。

基本的にこの愛着動機は生来的で

図8-3 針金と布の代理母親（Harlow, 1959）

あり，ハーロウの研究は社会的動機の発生機序を理解するうえで価値のある
ものであるが，多くの複雑な社会的動機は，経験や社会的環境によって規程
され，形成されるものである。マズロー（Maslow, A. H., 1943, 1954）による動機
の階層説に従えば，動機には，①生理的要求の段階，②安全要求の段階，③
愛と所属への要求の段階（"人恋しくなる""参加したい"），④承認と尊敬への要
求の段階，⑤自己実現への要求の段階（"自分を成長させたい"といった成長動機
づけ），の5段階があり，人は1番目の1次的動機から順番に満たしていき，
順次一段上の段階に登っていくのである。背伸びしないで地道にやろう，と
いう意味では参考になる説である。

8.2　情緒発生の諸理論

8.2.1　代表的な2つの説

8.2.1.1　ジェームズ-ランゲ説（末梢神経起源説）

　「われわれは悲しいから泣くのではなく泣くから悲しい，震えるから怖い
のである」というジェームズ（James, W., 1884）の言葉は有名である。これは，
身体の生理的変化がフィードバックされて情緒（emotion）が生じる，つまり
情緒は原因ではなく結果である，というものである。ジェームズは身体の運
動反応（心拍促進などの内臓的変化・骨格筋の運動）を，また同時期の1885年にデ
ンマークの病理解剖学者ランゲ（Lange, C.）が血管運動を情緒の主なサイン
と考えた。これらをまとめてジェームズ-ランゲ説と呼ぶ。情緒における生
理的メカニズム（とくに両者とも，自律神経の活性化）を明らかにしたという意
味で，その功績が評価される。

　なお，一見ジェームズ-ランゲ説と相容れない現象として，よく災害に
あった人が「逃げるのに一所懸命で怖いも怖くないもなかった」ということ
がある（強度のストレス体験は記憶に残り難いのもあるが）。また，たとえば「すぐ
怒る人」は，怒りやすいのではなく単に攻撃的な人である。このように反応
を比較的マクロで見ると，行動と感情体験が場所を奪い合う様子が認められ
る。

8.2.1.2 キャノン−バード説（中枢神経起源説）

後にホメオスタシスを名づけたキャノン（1927）は，義父であるジェームズの説に対して，「自律神経を切断しても情緒反応は変わらない。内臓変化が生じる時間は情緒反応が生じるよりも遅い。同じ種類の生理的変化であっても異なる情緒が生じる」と反論し，情緒における中枢神経（とくに視床下部）の役割を明らかにした。動物の大脳皮質を除去すると，視床に対する皮質の抑制が解除されるので，些細な刺激によってうなりや噛みつきが生じ，また心拍は上昇し，爪や毛を立て，瞳孔が開くといったあらゆる交感神経系の興奮が生じるが，続いて視床下部後部を除去するとこの偽怒は消失する。彼らはこうした「にせの怒り：sham rage」に関する一連の報告をふまえ，視床下部の過程が生じてこそ「情緒特有の質が単純感覚（一次的な入力情報）に付け加えられる」という。

8.2.2 認 知 説

認知機能を重視する立場としてアーノルド（Arnold, M. B.）の評価説が著名である。またシャクター（Schachter, S.）の生理−認知説は，これまでの仮説を統合した理論となっている。アーノルドは，認知・評価がまず先にあって，その結果として情緒的体験や身体的変化が生じると考えた。〈認知的評価→情動→表出→行動〉という連鎖モデルである。そして情緒の誘因は，できごとや対象がその人（生活体）にとって良いか悪いか，それが現前するものかしないものか，対象への接近（達成）や回避が容易かどうか，といった3つに区分されるから，この基準に基づいて基本的な情緒を分類できるとした。さらに，単純な情緒を衝動的情緒（impulse emotion），接近や回避の評価が分かれ道となる情緒を相争的情緒（contending emotion）と呼ぶ（表8-1）。

シャクターによれば，情緒は生理的変化と対象や状況の認知的評価の相互作用によって生じる。シャクターとシンガー（Schachter, S. & Singer, J. E., 1962）の実験では，3つの実験群に交感神経を刺激する薬を注射した。その結果，薬によってしびれや頭痛が起こるとの間違った情報を与えられたグループと，手がかりがまったくないグループの被験者は，同じ状況に置かれている他人

表8-1　方向性と衝動の強さに基づく基本的情緒の分類（Arnold, 1960）

衝　動　的　情　緒			
	対象に向けられる情緒 （対象の現前する，しない） （にかかわらず）	現前しない対象に 向けられる情緒 （それに向かおうと する，あるいは離 れようとする傾向）	現前する対象に 向けられる情緒 （現実にふりかか） （っている）	情緒の種類 （方向に基づ） く
適当（有益）な対象	愛，好き	欲しさ，欲望	喜び，嬉しさ	プラス
不適当（有害）な対象	憎，嫌い	嫌悪，退却	悲しみ，悲哀	マイナス

相　争　的　情　緒			
	対象を達成あるいは拒 否することの困難さの 程度	現前しない対象に 向けられる情緒 （それに向かおうと する，あるいは離 れようとする傾向）	現前する対象に 向けられる情緒 （現実にふりかか） （っている）	情緒の種類 （方向に基づ） く
適当（有益）な対象	達成可能と判断された とき	希望		プラス
	達成不可能と判断され たとき	望みのない，絶望		マイナス
不適当（有害）な対象	克服されるべきならば	大胆，勇気（むこ うみず）	怒り（やけ）	プラス
	回避されるべきならば	おそれ（恐怖）	落胆	マイナス

の行動（サクラ）と比較して自分の情動を規定していたが，薬による生理的
興奮について正しい情報を与えられたグループは，サクラに影響されなかっ
た。この理論は，社会的環境が自分や自分の行動に関する考えを明確化する
際に重要な役割を果たすという，フェスティンガーの〈社会的比較過程理論〉
を情動過程に適用したものである。

8.2.3　主観的感情体験

　感情には，生理的興奮や感情表出と並んで，主観的感情体験という重要な
側面がある。これは，悲しい，嬉しいといった自覚的に経験される喜怒哀楽
そのものを示している。シュロスバーグ（Schlosberg, H.）は，被験者に男性
俳優の表情写真を見せて情緒を判断させた結果，〈快－不快〉〈注意－拒否〉
の二次元を情緒の基本的な構成要素として挙げ，この二軸が直交した円形モ
デルを提示している。

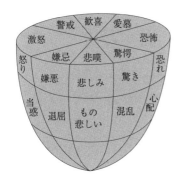

図8-4 情動の立体モデル（Plutchik, 1981）　図8-5 基本的情動の円環的配置と混合型の情動（Plutchik, 1981）

またプルチック（Plutchik, R., 1981）は，8つの基本情緒—喜び・期待〔予期〕・怒り・嫌悪・悲しみ・驚き・恐れ・受容—を挙げ，「色彩に純色と混合色とがあるのと同じ意味で」，成人の複雑な情緒経験を，それらの強さと混交によって説明しようとする構造的モデルを提案した。プルチックが提示した図8-4は，縦軸は強度や覚醒の程度を表し，最上段の用語は基本情緒次元の最高度の覚醒を代表している。また下にいくほど，情動の強さは弱くなって区別が難しくなる。たとえば，恐れでは，〈恐怖－恐れ－心配〉の順に強度が弱い。また図8-5にあるように，類似した情動は隣り合って配置されており，隣接する情動の混合は「第1の対」と呼ばれ，一つ離れた情緒同士では「第2の対」と呼ばれる。たとえば〈喜び〉と〈期待〉が混交したものが第1の対で，〈楽観〉となる。そして8つの基本的感情は，行動的・機能的に対極にあるような4つの対になっており，〈喜び〉と〈悲しみ〉といったように対立する情動が混交した場合に葛藤が起こるとしている。

8.2.4 神経系と感情

感情の生理学的基礎に関して，視床下部と大脳辺縁系が感情の座である，といわれている（Papez, J. W., 1937；時実利彦，1962；千葉ら，1989）。視床下部は自律神経系の統合中枢であり，とくに視床下部後部に電極を差し込んで弱い

表8-2　感情の種類と生理的指標に現れる影響度との関係（中村，1994）

心拍数	怒り・恐れ・悲しみ＞喜び＞嫌悪・驚き
皮膚電位水準	恐れ・嫌悪＞喜び・驚き
皮膚温度	怒り＞恐れ

電流を流して刺激すると，交感神経系の緊張性の反応である攻撃や怒りに関係する反応が引き起こされ，視床下部前部を刺激すると逃走やおびえ（恐れ）の反応が引き起こされる。また，辺縁系の中の扁桃体は，不安や恐れの行動を形成し大脳皮質において「怖い」という感情が生じる。扁桃体を除去すると恐怖感がなくなる（暴力犯の多くは扁桃体の損傷があるという報告が挙げられている）。

またこれまで述べてきたとおり，強い情動が生じるとき，呼吸，脈拍，血圧，筋緊張，皮膚電気抵抗といった自律的反応が生じる（表8-2）。これらは生理的覚醒を反映するものである。リンズレイ（Lindsley, D. B., 1851）は，脳幹網様体（中脳・橋・延髄にまたがった，脳幹の中心部にある，たくさんの神経線維が神経細胞を網の目のように複雑に連結している部位）に注目し，脳波によって測定される大脳皮質の覚醒状態によって情緒を説明した。網様体賦活系は，脊髄の延長にあたる感覚神経路と皮質の両方から（末梢と中枢の両方向から），情報を受信し，統合した後，また両方にインパルスを送るシステムである。このシステムを通過する入力の強度によって，弛緩状態に生じる α 波（10～14Hz）がブロッキングされ，交感神経が活性化する，つまり覚醒水準が連続的に変化して，情緒の強度が変化するのである。

情緒における右脳の優位も報告されている。右脳損傷者の表情に現れる情緒は，左脳損傷者に比べて弱く，他人の表情の認知も難しい。健常者でも顔の左側の方が右側より情緒を豊かにはっきりと表しているので，左向きの写真は美人に写るといったことが起こる（サッカイム〔Sackheim, H. A.〕他，1978）。体と脳の神経支配は左右逆転しているので，ここでも右脳優位といえる。

●引用文献

八木冕編（1967）『心理学』（Ⅰ）培風館

八木冕編（1968）『心理学』（Ⅱ）培風館

前田嘉昭編（1969）『動機と情緒』（講座心理学5）東京大学出版会

中村真（1994）「感情—喜怒哀楽の諸相—」金澤忠博ほか共著『こころをさぐる9つの扉』学術図書出版社

●参考文献

時実利彦（1962）『脳の話』岩波新書

ワーク3 やってみよう	リフレーミング

実施日　　　年　　月　　日

「枠組み」効果について

　下の2つの文章を読み比べてください。

---

　①あなたの内臓にできた腫瘍は，手術で摘出すれば死亡率は20％ですが，うまくいけばほぼ確実に10年生きられます。それに対して放射線治療を行った場合，最初の5年間の死亡率は2〜3％ですが，10年間だと40％になります。あなたを手術を受けますか？

　②あなたの内臓にできた腫瘍の治療をする場合，手術で摘出すれば80％うまくいき，そうすれば確実に10年間生きられます。それに対して放射線療法では5年間の生存率は97〜98％ですが，10年間だと60％になります。

　上の2つの文章が伝える情報は全く同じ情報を伝えているのですが，ある研究報告によれば，①の伝え方では患者の40％しか手術を選択しませんでした。それに対して，②の伝え方では80％の患者が手術を選択したそうです。

　ある情報がどのように示されるかによって，その情報に対する見方や評価が異なってしまう現象を枠組み効果と呼びます。人は利得という枠組みで情報が示されると，できるだけ確実にその利得が得られるように選択を行い，損失という枠組みで示されると不確実な要素の含まれる選択を行ってしまう傾向があることを反映しています。

1) これまでの人生の中であなたが被害者となった経験を思い出して書いてください。

> **例**
>
> 友達とコンサートに行く約束をしたのだが，友達が30分も遅れて来たため，楽しみにしていたライブを最初から聴くことができなかった。友達は謝ってくれたが，これまでも同じようなことがあったので，今回も「ごめん」の一言では許す気にはなれない。

2) 上に書いた被害者としての経験を「自分の責任」という枠組みで捉え直してみましょう。

> **例**
>
> 「過去の経験から，この友達は約束に遅れる可能性があることを自分は知っていた。だから，待ち合わせの時間をもう少し余裕をもって決めておくべきであった。また，出かける前に自分の方から友達に電話すればよかった。また，そもそも，その友達とコンサートに一緒に行く約束をすべきではなかったかもしれない」

ワーク3 リフレーミング　265

3) 最近あなたが経験した苦痛や失敗の体験を思い出してください。

> **例**
> 　1週間前，駅の階段を踏み外して足を痛めてしまった。なかなか痛みがひかないので昨日病院に行ったら，骨折していることがわかり，骨折していたことがわかり入院することになってしまった。

4)「その失敗の体験があなたにどんなプラスをもたらした」という枠組みから書き直してみましょう。

> **例**
> 　ここ3週間くらいはとても忙しくて，ゆっくり休むことができなかった。このおかげでゆっくり休養をとることができた。また，職場の同僚が心配して見舞いに来てくれ，普段あまり話をすることがなかった人に優しい声をかけてもらえて嬉しかった。

5) このように，同じ現実でもものの見方や考え方を変えて，今までとは違った観点からものごとを捉え直すことを「リフレーミング」と呼びます。

次に，あなたの性格（短所を長所に）のリフレーミングをやってみましょう。

> **例**
> 　私の短所はすごくわがままで自己中心的なことです。
> 　私の長所は，ものすごくわがままで自己中心的なところです。
> 　なぜなら，私は自分の意見を絶対に変えないので，他の人が私の言うことに従ってくれるからです。

①私の短所は，＿＿＿＿＿＿＿＿＿＿＿＿＿＿＿＿＿＿＿＿＿＿

　私の長所は，＿＿＿＿＿＿＿＿＿＿＿＿＿＿＿＿＿＿＿＿＿＿

　なぜなら，＿＿＿＿＿＿＿＿＿＿＿＿＿＿＿＿＿＿＿＿＿＿＿

＿＿＿＿＿＿＿＿＿＿＿＿＿＿＿＿＿＿＿＿＿＿＿＿＿＿＿＿＿＿

②＿＿＿＿＿＿さんの短所は，＿＿＿＿＿＿＿＿＿＿＿＿＿＿＿＿

＿＿＿＿＿＿＿さんの長所は，＿＿＿＿＿＿＿＿＿＿＿＿＿＿＿＿

　なぜなら，＿＿＿＿＿＿＿＿＿＿＿＿＿＿＿＿＿＿＿＿＿＿＿＿

＿＿＿＿＿＿＿＿＿＿＿＿＿＿＿＿＿＿＿＿＿＿＿＿＿＿＿＿＿＿

③＿＿＿＿＿＿さんの短所は，＿＿＿＿＿＿＿＿＿＿＿＿＿＿＿＿

＿＿＿＿＿＿＿さんの長所は，＿＿＿＿＿＿＿＿＿＿＿＿＿＿＿＿

　なぜなら，＿＿＿＿＿＿＿＿＿＿＿＿＿＿＿＿＿＿＿＿＿＿＿＿

＿＿＿＿＿＿＿＿＿＿＿＿＿＿＿＿＿＿＿＿＿＿＿＿＿＿＿＿＿＿

ワーク3　リフレーミング

④ _____ さんの短所は, _____

_____ さんの長所は, _____

　なぜなら, _____

_____

⑤ _____ さんの短所は, _____

_____ さんの長所は, _____

　なぜなら, _____

_____

⑥ _____ さんの短所は, _____

_____ さんの長所は, _____

　なぜなら, _____

_____

⑦ _____ さんの短所は, _____

_____ さんの長所は, _____

　なぜなら, _____

_____

［ふりかえり］

9章
学　　習

　心理学において「学習」とは，「経験による行動の比較的永続的な変容」と定義されている。「学習」について理解してもらうため，「賢いハンス」と名づけられた有名な逸話を紹介したい。20世紀初頭のこと，ドイツのベルリンでハンスという馬が評判となった。このハンスは馬でありながら，足し算・引き算ができるだけでなく，分数を小数に変換することさえできたという。そしてこれは，飼い主のフォン・オステン氏が長年訓練してきた成果であったということだった。そこでサーカス団の団長や，動物園長，馬の調教師，動物学者，心理学者が集められ，ハンスに関する調査委員会が組織された。そこでは，飼い主以外の人間が問題を出した場合でも，ハンスはいつものようにひづめで地面を叩くことで，正確な解答をすることができたため，オステン氏のイカサマである，という可能性は否定された。だが，この問題の真相を解明したのは，ある心理学者であった。彼はハンスの様子を観察した上で，ある実験計画を立てた。それは，質問者自身が答えを知っている条件下と答えを知らない条件下で，それぞれハンスに解答をさせるものであった。その実験の結果，ハンスは質問者が答えを知っている条件では90％以上正解したが，知らない条件では10％しか正答できなかった。すなわち，ハンスは質問者の微妙な動きを読み取る能力を持っていたのである。つまり，オステン氏の訓練の成果としてハンスが学習したのは，四則演算ではなく，相手の人間に共感し相手の望むような行動で応答することであった。また，水鳥のヒナが生まれて初めて見た「動くもの」を親だと思って後追いする現象がある。これは「刻印づけ（imprinting）」と呼ばれる学習であり，孵化後

初めての限られた期間（臨界期）にのみ生じる現象である。刻印づけよりも制限が少ない学習として〈条件づけ〉や〈観察学習〉があり，ほかに，ゲシュタルト心理学から提案された〈洞察〉などがある。本章では，このような学習の諸理論について概説する。

9.1 条件づけ

条件づけは，大きく2種類に分類される。古典的条件づけとオペラント条件づけの2つである。前者はパヴロフ（Pavlov, I. P.）による犬を用いた実験(1927)，後者はスキナー（Skinner, B. F.）によるネズミの実験(1935)が有名である。

9.1.1 古典的条件づけ

ロシアの生理学者パヴロフは，脳の働きをすべて反射として捉えた。その反射論によれば，単純なものから高度なものまで後天的に獲得されるすべての機能（ほとんど大脳皮質にあたる）は条件反射であり，生得的な機能は無条件反射である。後になって，条件反射は条件反応という呼び名に変わり，またパヴロフ型の条件づけは，次に述べるオペラント条件づけと区別するためにヒルガード（Hilgard, E. R., 1940）らアメリカの研究者によって古典的条件づけと呼ばれるようになった。われわれが「梅干し」を思い浮かべただけで唾液が出てくること，子どもが以前に痛い注射をされた医師を怖がることなども古典的条件づけの例に含むことができる。パヴロフの犬を用いた条件づけの実験を紹介しよう（図9-1）。犬はエサ（無条件刺激：UCS）を与えられると，口の中に唾液を出す（無条件反射：UCR）。これは生まれつきの反応である。次にパヴロフは，犬にメトロノームの音（条件刺激：CS）を聞かせた直後にエサ（無条件刺激）を与えた。なお条件刺激を無条件刺激と一緒に呈示する手続き（この場合，音と同時〔の直後〕にエサを与えること）のことを，強化（reinforcement）という（図9-2）。1回の強化だけでは唾液の分泌は起きないが，これを繰り返すと，その音が聞こえただけで唾液が出る（条件反射conditioned response：

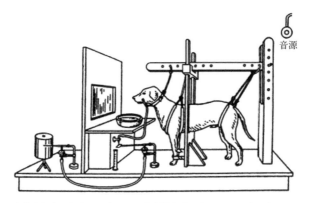

食物を与えるときいつもベルの音を聞かせると、やがてイヌはベルの音を聞いただけで唾液を分泌するようになる。

図9-1　パヴロフの初期の条件反射実験装置（大脇義一，1948）

条件づけの前	音（中性刺激）　→反射は生じない
強　化	音（CS）を聞かせて，エサ（UCS）を与える／音とエサを同時に出す
条件づけの完了	音（CS）　→唾液分泌（CR）

図9-2　古典的条件づけの過程

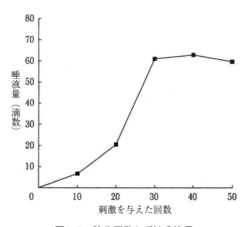

図9-3　強化回数と唾液分泌量

9章　学　習　273

CR）ようになる（図9-3）。パヴロフは，条件づけの現象を条件刺激（音）と無条件刺激（エサ）を対呈示すること（強化）によって，初めは無関係だった条件刺激と反応との間に連合が形成される過程であり，大脳皮質において，以前は結びつきを持たなかったニューロン間を結びつけるあらたな神経伝導路が形成されたことを意味すると考えた。

9.1.2 オペラント条件づけ

アメリカの新行動主義者スキナーは，「パヴロフの犬」の条件反射を単純で受身的な反応とみなしてパヴロフ型の条件づけをレスポンデント条件づけと呼び，それに対して，自らが解明した条件づけを「操作する（operate）」という意味でオペラント条件づけと名づけた。スキナーのいうオペラント行動とは，報酬や罰によって強化され，形成された新しい行動パターンのことである。

9.1.2.1 ソーンダイクの問題箱

オペラント条件づけの先がけとなったのは，ソーンダイク（Thorndike, E. L., 1911）による問題解決の研究である。ソーンダイクは，動物が問題場面を解決する様子を実験・観察するために問題箱という仕掛けがついた装置を考案した（図9-4左図，1898）。猫を空腹にさせ，箱の中に入れる。猫は初めこの箱の中で歩き回ったり，格子の間から前足を出して床をひっかいたりとさまざまな行動を試す。そのうち偶然に踏み台を踏むなどの操作がされて，ドアが

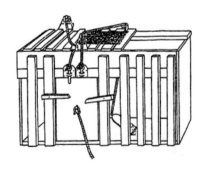 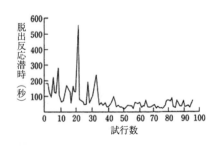

図9-4 ソーンダイクの問題箱（Thorndike, 1911；本明，2002より）

開き,外へ出てエサにありつくことができるようになる。そして,施行を繰り返すと,次第に無駄な動きがなくなり,短時間で脱出できるようになる(図9-4右図)。ソーンダイクは,動物の問題解決はすべてこうした試行錯誤学習によってなされるのであり,高等な思考や場面の洞察(9.3)などを仮定する必要はないと考えた。また成功という心地よい体験はそれに先立ってなされた行動を強め,失敗という不快な体験はその行動を弱めるという,「効果の法則」を提案した。

9.1.2.2 スキナー箱

ソーンダイクの実験にヒントを得たスキナーは,中のレバー(条件刺激)を押す(条件反応)とエサや水(無条件刺激)が与えられるスキナー箱(Skinner-box:図9-5)という実験装置を開発し,ネズミやハトを使って多くの組織的な実験を行った。その基本形態は図にあるようなレバー押しの学習であり,プロセス(図9-6)はソーンダイクの問題箱と同様である。

なお,オールズとミルナー(Olds, J. & Milner, P. M., 1954)が考案した自己刺激法は,オペラント条件づけの原形であるといわれる(中島, 1996)。ネズミ

図9-5 スキナー箱

条件づけの前	レバー → 反応なし
強化	レバー (CS) → 偶然のレバー押し (CR) →エサ (UCS)
条件づけの完了	レバー (CS) → いつものレバー押し (CR) →エサ (UCS)

図9-6 オペラント条件づけの過程

の視床下部の外側（報酬系）に電極を差し込み，条件反応が起これば弱い電流が流れるようにすると，ネズミは1日に6万回もレバーを押し続けるのである。というのも，その部位のシナプス端末にある小胞にはモルヒネのような化学物質が高濃度に含まれており，それが電気的刺激によって放出され，快刺激が得られるからである。スキナーは，自由意志を持っているという「幻想」こそが，人間的苦悩の原因であると信じていた（コーエン〔Cohen, D.〕1996）。彼は，ユートピア小説『ウォールデン・ツー』の中で，報酬と時折の罰を使って若者を育てる，協調的で統制された社会を描いてみせたのである。

9.1.3　条件づけの諸相

9.1.3.1　消去

　古典的条件づけでは，強化を反復して条件づけができた後に，エサ（無条件刺激：UCS）を与えないで音（条件刺激：CS）のみを繰り返し呈示すると，反射が弱くなり，出現頻度が減る。オペラント条件づけでは，条件反応に報酬を与えないとその行動が起こりにくくなる。これを消去という。また，この消去が完了した後に一定時間おいて，音（CS）だけを呈示すると，条件反射の強さがある程度回復する（自然的回復という）。また消去中，条件刺激を呈示している途中で別の刺激を呈示する（たとえばメトロノームを鳴らしている間にベルを鳴らす）と，一時的に条件反射の強さが回復する。したがって消去の過程は，単なる条件反応の減衰ではなく，条件反応を制止するというあらたな学習の過程である。

9.1.3.2　般化

　条件刺激そのものではないが，条件刺激と類似した刺激に対して条件反応が生じるようになる過程を般化（刺激般化）という。パヴロフが1000Hzの音を条件刺激として条件づけを行った後に，1500Hzの音を呈示してテストを行ったところ，同じ条件反射が見られた。またオペラント条件づけでは，たとえばハトにある色のキーをつつくよう条件づけを行うと，次に別の似たような色のキーもつつくことになる。

9.1.3.3　分化（弁別）

般化後に，たとえば1000Hzの音では強化し（UCSの呈示），1200Hzでは消去する（UCSを与えない）という手続きを繰り返すと，1200Hzの音には条件反応が生じなくなる。これを分化条件づけという。しかし，条件づけで1000Hzと1002Hzの音を弁別させたり，長軸と短軸が9対8になるほとんど円に近い楕円と円を弁別させる，といったあまりにも判別しづらいもので分化条件づけを行うと，実験神経症と呼ばれる行動の混乱が生じることがある。

9.1.3.4　シェイピング

その人にとって起こりにくい行動を強化することはなかなか難しい。しかし，できるところから一歩一歩進めるというスモールステップの学習で，最終目標に近づくようにすることをシェイピングという。これはスキナーが提唱したプログラム学習の一つで，行動療法で応用されている。

9.1.4　連続強化・部分強化（強化のスケジュール）

条件反応をするごとに報酬（無条件刺激）が与えられる条件づけの手続きを連続強化という。それに対して，報酬が毎回与えられず，たまにしか与えられない強化のことを部分強化という。部分強化は連続強化に比べて消去への抵抗が強く，中でも規則性のない強化は消去抵抗が強い。さらにいうと，時間間隔がランダムになる変動時間間隔スケジュールより，一定のノルマに到達しても外部的に目標レベルが変更されてしまうような，要求される反応数が強化ごとに不規則に変動する（反対に比率が一定なら，たとえば反応6回につき1回は強化すると決まっている）変動比率スケジュールの方が，消去抵抗が強く，部分強化の中では強化の効果が大きい。この変動比率スケジュールの具体例として，ギャンブルが挙げられる。ギャンブルの習慣が容易にとめられなくなるのは，部分強化と消去抵抗によって説明できる。

9.1.5　バイオフィードバック法

行動療法の一種である。脳波を音や光に変換する工学的な装置を使うと，目標と現状を客観的に捉えられるので，次第に必要な脳波を意志的に出せる

ようになる。脳波に限らず，血圧の調整も可能である。

9.1.6 トールマンの学習心理学

　トールマン（Tolman, E. C., 1930）は，ネズミの迷路学習の実験を行い，目標箱でエサが与えられる第1群，目標箱に行ってもエサが与えられない第2群，10日目までは目標箱にエサがないがその後目標箱にエサが置かれる第3群の3つのグループでネズミの行動を比較した。その結果，第1群と第2群では成功率に開きが出て，後者は誤りが増加した。第3群は，10日目まで第2群と同じ誤りが認められたが，翌日からは第1群の成績に近づくようになった。新行動主義者トールマンは，学習を刺激と反応（S-R）の連合の形成としては考えず，環境に対する認知の仕方の変化として捉えた。そして1948年になると，彼は学習を目的と手段の関係を知ることという認知地図（認知構造）の成立であるとした。

9.1.7 学習性無力

　無力感に関する学習心理学である。メイヤーとセリグマン（Maier, S. F. & Seligman, M. E. P., 1967）が行った回避行動に関するオペラント条件づけの研究によると，電気ショックなどの嫌悪刺激を回避することができない条件で訓練された犬は，その後は嫌悪刺激を避ける方法があるにもかかわらず，座り込んでしまい，あらたな回避行動を学習することができなかった。この現象を学習性無力（learned helplessness）という。制御不能な望ましくないできごとを経験したということが無力感や抑うつの原因にあるとされる。また人間の場合はとくに，負の状況をどう認知し，理解したかを考慮する必要がある（鹿取，1996）。

9.2　観察学習（モデリング）

　人のふるまいを見ているうちに，報酬や罰といった外的な強化を受けなくても新しい行動パターンが形成されることがある。観察学習は，行動主義的

学習理論を応用したバンデューラ（Bandura, A.）らによって，代理強化や自己強化という概念で検討された。たとえば，大人が風船人形を殴ったりハンマーで叩いたりするのを観察した幼児は，同じような攻撃行動を見せた（バンデューラ，1973）。

9.3 洞 察

　問題解決場面における洞察の役割は，ゲシュタルト心理学者ケーラー（Köhler, W.）によって発表された。問題を解決しようと積極的に努力しながら成功しないという時期を経た後，突然，事態の正しい体制化とそれによる解決とが心的に非常に受動的なある瞬間（孵化期）に起こってくる傾向が認められる。洞察学習とは，置かれている事態のある部分を調べたとき，突如現れてくる新しい関係（われわれに解答を与えるもの）を見抜くことである（ケーラー，1969）。チンパンジーを使ったケースが有名であり，ケーラーの文章（1925）を引用すると以下の様子だったという（図9-7，9-8）。

　「サルタンは，柵のところでしゃがんでいた。彼が手に入れられる短い棒だけでは外にある果実には届かなかった。長い棒が柵の外に置かれており，それは2m先の目標物の傍らに格子と平行してあった。それを手でつかむことはできないが，短い棒を使えば届くところに引き寄せられる。サルタンは，2本の短い棒を持って果実を取ろうとした。彼はケージの網から突出している針金の一部を強引に引きちぎったが，それも無駄であった。それから彼は周りを注視した（これは，こうしたテストの間にはいつも起こる。動物たちはその間，目に見えるところ全体を吟味している）。彼は突然，短い棒をもう一度拾い上げ，長い棒のある正反対の柵まで行って，その“補助物”を持って自分の方にかき寄せ，長い棒をつかんだ。そして長い棒を持って反対側にある目標（果実）の方まで行き，果実を手に入れた。長い棒に目がとまるやいなや，彼の手続きは一つの連続的な全体を形づくった。そこには欠落がなかった。短い棒を使って長い棒をおびき寄せることは，それ自体，まとまった別個の行為だろうが，しかしなおも観察は後に続く事柄を明らかにした。つまり，最終目標

注）短い棒を使ってチンパンジーは果実に届くのに十分な長さの棒を引き寄せている。つまり、棒と果実の関係を理解することによって解決を学んだのである。

図9-7　複数の棒問題

と関係しているのは確かな、ためらいと疑いのインターバル—周囲の注視—をおいて、まったく唐突にその行為が最終目標を達成するための最終的な行為に直ちに統合されたのである」。なおケーラーが動物実験を行ったのは、次の理由による。行為の部分間の関係が多様で複雑な場合、「問題解決のある様相は、被験者が人間であるよりもチンパンジーの方が、はるかにはっきりと分かる。その理由は簡単で、われわれが少しの困難も感じずに処理していることが、類人猿にとっては、困難になるからである」。

9.4　技能の習得（知覚—運動協応の学習）

9.4.1　学習曲線（practice curve）

　運動技能の練習は、初期・中期・後期の3つのプロセスを経る。学習の進歩を縦軸に、時間や回数を横軸にとってグラフをつくると、中期のところで高原現象（plateau）という一時的な停滞が起こり、学習曲線（練習曲線）は上昇

注) 天井からぶらさがっているバナナに届くように、サルタンはいくつかの箱を積み重ねて、踏み台をつくった。

図9-8 台をつくるチンパンジー

を見せずに横ばい状態になる。実際はこの時期も学習は進んでいるのであり，コツをつかむまでは停滞期が必要なのである。なお一般的に，集中して連続的に学習するよりも，途中休憩を入れて分散して学習する方が効率がよい。

9.4.2　学習の転移

　過去の学習が後の学習に影響を及ぼすことを学習転移という。とくに促進効果のあるものを正の転移，妨害になるものを負の転移という。転移が起こる条件とは，前の学習と後の学習が直接的・間接的に類似していることである。そして前の学習から転移してきた反応（態度）が後の学習でも必要とされる反応であれば正の転移が起こりやすく，さらに前の学習の程度（学習率）が高いほど正の効果は大きくなる。なお，正の学習転移は条件づけの般化が基本形態であり，負の学習転移は消去が基本形態である（9.1.3参照）。

9.4.3　フィードバック

　パソコンのタッチタイピング，楽器の演奏，バスケットボールのシュート，スキーの正しい姿勢といった，運動技能の学習（練習）ではとくに結果の知識（knowledge of result）が大きな役割を果たす。この結果の知識には2種類ある。一つは，指導者・仲間など外からの指摘によって加えられる外的なフィードバックと，もう一つは，たとえば腕を動かすと筋肉から中枢神経へ加えられるといった，必然的に課題そのものに含まれている内的（本来的：intrinsic）なフィードバックである。運動技能の学習とは，結果の知識と現在の知覚が一致するように運動が変容し強固になる過程である。記憶痕跡（memory trace：以前に経験した事象が残す効果）から運動が開始され，行った運動のフィードバックが現在の知覚経験と照合・比較される。そこで知覚は，運動のエラーの検出機構となり，記憶痕跡に変化を与える。こうした〈記憶→運動→結果・知覚〉の循環が技能の獲得まで（ゲシュタルト心理学的には技能が「よいゲシュタルト」になるまで）続くのである。

●引用文献

コーエン，D.著，加藤健二訳（1998）『図説聖なる言葉叢書―心と脳―』河出書房新社

ケーラー，W.著，田中良久・上村保子訳（1971）『ゲシタルト心理学入門』東京大学出版会

本明寛監修（2002）『最新・心理学序説』金子書房

中島信舟（1996）「強化の生化学的機構―脳内自己刺激を中心として―」『心理学研究』Vol. 66, No. 6, 449-456頁，日本心理学会

Thorndike, E. L.（1911）*Animal Intelligence: Experimental Studies*, Macmillan.

Rosenthal, R.（ed.）（1965）*Clever Hans*, Holt, Rinehart and Winston.（original, 1908）

10章
記憶と認知

10.1 認知科学という考え方

1950年にチューリング（Turing, A. M.）は，判定者がコンピュータの応答を人間のものであると誤解するか否かが，〈強いAI（人工知能）論者〉が期待する「機械は心を持つか」あるいは「人間は機械なのか」という問題の判定基準であると主張して，チューリング・テストという模倣ゲームを考案した（チューリングが自死する直前の時期である）。もちろん，機械世界のことを参考にして人間の知能を考えようとする〈弱いAI論者〉や〈慎重なAI論者〉も大勢いるが，チューリング・テストの考案から，「人工知能（AI）」の研究が始まったのである。しかし，実際に世界初のチューリング・テストが開催されたのは，1991年ボストン・コンピュータ博物館においてであった。そこでは，気まぐれな会話をするコンピュータ，PC Therapists Ⅲが「優勝」したが，常識がらみの誤りを審査員たちに見抜かれていた。そして現在も，チューリング・テストやこれに類するテストに一貫して合格できているコンピュータは存在しない。なお，「機械は心を持つ」とする強いAI論者の考えは，1911年から実験が開始されたゲシュタルト心理学の心理物理同型論（7.4.5参照）とはもちろん別個のものである。

10.1.1 注意の選択性と知覚

ほぼ1世紀前，実験心理学の祖であるヴントは，一定の表象が他の表象に抜きん出て明瞭に知覚されることを「統覚」と名づけ，統覚は注意と同一の

285

過程の異なる側面であり，前者を客観的過程，後者を主観的過程であるとした。そして1960年代以降に認知心理学が興隆すると，それまで行動主義が正規に扱うことがなかった選択的注意（selective attention）の問題が取り上げられるようになった。他の情報を排除する特別な注意のフィルター機構を仮定する認知心理学者が多い中，ナイサー（Neisser, U., 1979）は，「注意しているできごとのみが，予期・探索・情報抽出のサイクルの中に繰り込まれる。それにより，注意しているできごとのみが，見られ，聞かれるのである。注意とは知覚そのものなのである。すなわち，注意がもたらすであろう構造化された情報を予期して，われわれは見るもの，聞くものを選択しているのである」と主張している。認知心理学を特徴づけるのは「モデルの科学」であるという説明があるが（佐伯胖，1983），モデルは道具にすぎない。ヴントやナイサーのように科学的に現象世界に迫ることが，とくに知覚過程の研究では重要であろう。

10.1.2　パターン認識 (pattern recognition) における構造記述モデル

　ロールシャッハ・テストの図版を見ると，インクのしみのようなものがあるだけであるにもかかわらず，そこに構造と意味のあるパターンを見ようとするだろう。またこうした多義図形だけでなく，日常の図地分化のように，われわれの生活の中では，さまざまなパターンを見つけ出して，それが何であるかを理解する認識の過程が働いている。

　パターン認識は，特定のスキーマ（schema：すでに獲得された心的図式：「ハロウィンのかぼちゃ」なら，顔のスキーマ）が活性化することによって，入力情報の特徴抽出から解釈へと向かうボトムアップ的処理と，仮説演繹的に特徴抽出に向かうトップダウン的処理とがほぼ同時に働いて，多層的に相互作用を経て成立するのである（Neisser, U., 1976）。

10.1.3　認知心理学におけるイメージの問題

　たとえば，「あなたの小学校はどのような建物でしたか？」と聞かれたときに，人は想像の中で，門の前に行き，懐かしい校舎を見渡すだろう。こう

した視覚的イメージは，「物理的な対象が存在しないにもかかわらず生じる擬似視的な体験」，「ものを見ているときに近いような経験」である。認知心理学では主に，記憶イメージ，想像イメージといった心的イメージ（mental image）が話題になる。

10.1.3.1　二重コード説

ペイビオの二重コード説によれば，知識（情報）は言語コードかイメージ・コードの形式で記憶されている（Paivio, A., 1969, 1971）。言語材料を覚えるときにも，イメージを使って覚えるなど，この2つの形式でコード化していけば，手がかりが増えて覚えやすい（10.2.1.1 4)参照）。なおここでいうイメージは五感に対応するものであり，聴覚的イメージや嗅覚的イメージも含まれる。

10.1.3.2　イメージ論争

ピリシン（Pylyshyn, Z. W., 1973,「心の目は心の脳に何を告げるか」）は，イメージ（10.1.3.1参照）も内容の判断を伴った命題的表現に入ると考えて，イメージを独自の機能を持った表象とするイメージ派と対立した。彼によれば，イメージ派の研究（コスリンら〔Kosslyn, S. M. et al.〕）は，イメージをまるで心の中に未処理のまま「まるごと」保存された，構造や意味を持たない，絵のようなものとして考えており，それを心の目であらためて見ることができるかのように捉えている，という。しかし「心的イメージは，すでに処理され，構造化され，意味を付与されているものである。こうした内的表象（internal representation）は命題的に記述されているものであり，イメージといえども言語の処理と異なる表象を仮定する必要はない」と主張している。このピリシンの発言を端緒にイメージ論争が始まった。実は，ピリシンら「命題派」の研究者は，研究方法としてコンピュータ・シミュレーションを用いる立場の人々であり，したがって画像の構造や意味を命題的に表現する必要があった。日常でも，たとえば英語の本を読んで覚えた知識を，読んだとおりの英語や，頭の中で初めに翻訳したとおりの言葉で再生せよ，といわれてもなかなかできない。記憶されているのは，字面ではなく理解した意味内容（命題）である。ただし，たとえば寝たきりの重複障害児が色を見ると身を起こすようになり，身を起こすことによって事象の際立ちが認識されるようになり，

閉鎖していた生活空間が広がるのであるが，このプロセスを命題派がうまく説明できるとは思われない。広い意味で人格全体というテーマを考慮することなしに，十全にイメージを語ることは困難である。

10.1.4 「中国語の部屋」

　人工知能は人間の「心」に匹敵するようになると考える〈強いAI論者〉とチューリング・テストに対し（一般の慎重なAI論者向けにではない），言語哲学者サール（Searle, J., 1980）が反論として提出したのが，以下に述べる思考実験「中国語の部屋」である。

　英語しか理解していない人に，中中辞典（漢字だけの辞書）と，1枚のカードに1つの漢字を書いたカードを一組持たせ，鍵のかかった部屋に入れたとする。彼は，ドアの隙間からある漢字のカードを受け取ると，辞書をひいてその記述と同じ漢字のカードをドアの隙間に差し出す。彼にとってそこには辞書によって支配されている規則に従って隙間を行き来するカードの構文的な並べ替えがあるだけであり，形式的な記号の操作はできるが，彼は内容を理解していない。これを理解するのは，ドアの外の人間であり，そこにあるのは意味や目的を持った明日の天気や世界の終末についての筆談である。

　サールの考えでは，部屋の中の人間はコンピュータの内部で起きていることを模倣しているのであり，コンピュータ自身は記号の意味を理解していない。これに対してAI論者は，「中の人は理解していないが，彼はシステムの一部にすぎないのであって，システム全体としては理解している」と反論する。またこれに対してサールは，「理解というもののレベルの設定を間違えている。たとえば私が英語を理解できるのは，私が生物学的構造を持ったある種の有機体であり，その構造が，知覚，行動，理解，学習などの志向的現象を生み出すことができるからである」と返すのである。このいまだ認知科学が「中国語の部屋」に反論できないところにも，「心理学的問題」が見えてくると思われる。なお，ガードナー（Gardner, H.）によれば，サールが設定したような徹底的な強いAI論者は現在存在しないということである。

10.2 記　　憶

　記憶とは何かと問われれば，「覚えておくこと」と答える人は多いだろう。心理学では「記憶」のことを「過去の経験を貯蔵あるいは保持し，何らかの形で再びそれを取り出して再現する機能」（『新版　心理学事典』平凡社，1981）と説明する。すなわち，記憶とはわれわれが見たり聞いたりした物事を覚えること（記銘），覚えたものを維持すること（保持），再び思い出すこと（想起）という3つのプロセスによってなりたっている。思い出すことには再生・再認・再学習が含まれている。

　再生は過去経験をそのまま思い出すことなので想起と同義だが，再認は経験したことのあることを単に確認する行為であり，再生より容易である。再学習は，過去に学習した同じ材料を再び学習させて，要した時間や試行回数を比較するものであるが，通常，再学習は新学習より短時間，少ない施行回数で成立する（エビングハウス〔Ebbinghaus, H.〕，1885）。

　「心は情報処理システムである」という仮説に則る認知心理学では，覚えることを符号化（encoding），保持することを貯蔵，思い出すことを検索という。記憶研究はこの認知心理学から得たものが非常に多く，逆に認知心理学は記憶研究から発生してきたものだということもできる。

10.2.1　記銘・保持

　見たり聞いたりしたことを覚え込むプロセスを記銘という。読者諸君は中学・高校時代に英単語や歴史の年号を暗記するのに苦労したことがあるだろう。また逆に，非常に衝撃的な体験や苦痛な体験をすると，その記憶を忘れたくてもなかなか忘れられなかったという経験があるかもしれない。このように，物事をどのように覚えているか，また忘れるかということは，この記銘のプロセスと深くかかわっている。

10.2.1.1　記憶の二重貯蔵モデル

　われわれが経験を通して見たり聞いたりした情報は，一定の処理過程を経

10章　記憶と認知　　*289*

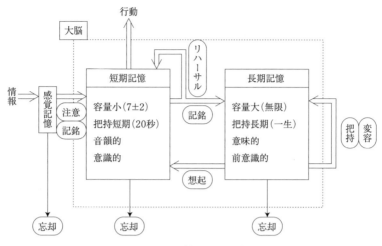

図10-1 記憶のメカニズム

て記憶される。この情報処理過程をわかりやすく説明してくれるのが、二重貯蔵モデル（図10-1）である。この考え方によると、われわれの見たり聞いたりする体験は最初に感覚情報として受け止められ、「感覚記憶」としてごく短時間蓄えられる。その中で、注意を向けられ選ばれた情報のみが「短期記憶」に転送され、短期記憶の一部が十分な処理を受けた後に「長期記憶」に送られる。このプロセスをわれわれは「記憶する」と呼んでいることになる。短期記憶と長期記憶という2種類の記憶によって構成された記憶に関する仮説を、「二重貯蔵モデル」という。

一方、生理学的にいえば、「覚える」とは、経験が信号の新しい伝導路をつくることを意味し、「思い出す」とは、後にそこを信号が通過することである。生理学的現象としては、実際に記憶がどこかに貯蔵されるということはない。

1）短期記憶

入力情報は感覚記憶の貯蔵庫から注意のフィルターを通って、短期記憶の貯蔵庫に送られる。ここに入っている時間は約20秒以内である。短期記憶は、感覚記憶や長期記憶よりも容量に限界がある。ミラー（Miller, G. A., 1956）に

よれば，短期記憶は5個から9個のチャンクしか覚えておくことができない。チャンクとは，一つのまとまった意味の単位として最初に記憶されるかたまりのことである。たとえば，電話帳で電話番号を調べ，受話器を取りボタンを押す間に用いられる短期記憶はワーキングメモリー（作動記憶）と呼ばれる。この短期記憶の容量を増やすことはできないが，情報をチャンク化（chunking）することにより記憶の範囲を広げることができる。たとえば文法の動詞の活用やメールアドレスを語呂合わせで覚える場合がこれにあたる。

　頭部の外傷や脳の病変から高次脳機能障害を引き起こして，ワーキングメモリーの数が減少することがある。また，大惨事や極度のストレス，強い不安・抑うつ気分によって，短期記憶が障害されることも知られている。一方，脳の海馬を切除すると，短期記憶を長期記憶に送る機構が失われて，新しいことが覚えられないことも確認されている。

　2）長期記憶

　一般的な意味での記憶とは「覚えておく」，つまり覚えた内容を保持することとして捉えられている。この意味では，普通いわれている「記憶」とは，この長期記憶を指すともいえる。意識的にせよ無意識的にせよ，短期記憶において十分な情報処理が行われたとき，その情報は長期記憶に送られて蓄えられる。そしていつでも必要なときに，再度短期記憶に呼び出せるようになっているのである。長期記憶の容量は無限であり，情報保持の時間も永久といえるほど長いと考えられているが，貯蔵されている情報はさまざまな要因によって変容したり失われたりする。

　3）長期記憶の種類

　長期記憶は，まず手続的記憶と宣言的記憶に分類される。手続的記憶はキーボードの打ち方，クロールの泳ぎ方といった動作・スキルの記憶であり，「体が覚えている」記憶である。前頭葉基底核や視床等の損傷・病変による記憶障害を持つ人でもこの記憶は残っている例が多く，手続的記憶を頼りに記憶回復のための認知リハビリテーションが行われる場合もある。

　一方，宣言的記憶とは，要は言語化できる記憶である。宣言的記憶はエピソード記憶と意味記憶に分けることができる。前者は「昨日学校からの帰り

に，駅で中学校時代の友人のＡ君に会った」という場合のように，特定の時間や場所といった要素が入ったできごとの記憶であり，後者は道路標識の知識，語学の知識といった一般知識の記憶のことをいう。これらは現実生活では分類しがたいが，治療計画を立てる際などに目安として用いられる。

４）記銘のプロセス——処理の深さ・精緻化リハーサル——

短期記憶の貯蔵庫では，入力情報を繰り返し循環させて貯蔵庫内に保持し，長期貯蔵庫に転送させるリハーサルが行われている。しかし記憶は，保持の前に符号化という処理が入り，ニューロンのように意味のネットワークをつくっているので，形態コードのみといった低い水準の処理で単に「繰り返し覚える」（丸暗記）だけでは，長期記憶への転送がうまくできない。クレイクとタルビングの実験では（Craik, F. I. M. & Tulving, E., 1975），形態コード（単語の形）より音響コード（単語の発音），音響コードより処理の深い意味コード（この場合は意味を持った文章）の方が，再認成績がよかった。つまり，情報を長く記憶にとどめるには，内容をしっかり理解し，情報や手がかりを付与しながら覚えることが大切である。具体的には，漫画の「椅子の上で葉巻をくわえた犬がテレビを見ながら休憩している」姿をイメージして椅子・葉巻・犬・テレビ・休憩を覚えるように，単語と単語を結びつけてイメージをつなげたり（イメージのコード），文や物語をつくったり（連想的コード），特に，図10－

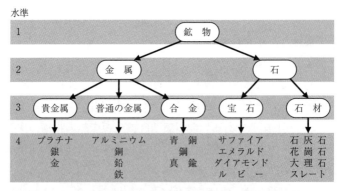

図10-2　カテゴリー化された記憶材料の階層構造
（Bower et al., 1969；山内，1982）

2のようにカテゴリー化してさらに階層化するなどの構造化を行うこと（体制化コード）であり，これらを精緻化リハーサルと呼んでいる。精緻化リハーサルが行われると記憶は安定し，後の検索がよりスムーズになる。なお精緻化リハーサルは，チャンク化のように短期記憶にではなく，特に長期記憶に有効である。

　また，覚えるべき材料を自分で生成することによって記憶しやすくなる（生成効果）。たとえば，「反意語」であるというルールを示し，「病気─○○」とだけ呈示して，被験者は自分で第2の語を完成させるようにすると，ルールの種類にかかわらず，生成を行わせたこの生成条件のグループの方が記憶の成績がよかった（スラメカ＆グラフ〔Slamecka, N. J. & Graf, P.〕, 1978）。

10.2.2　想起と忘却

10.2.2.1　想起──記憶の変容──

　これまで述べてきたように，記憶は経験した事象をそのまま保存したものではない。これを明確に示した例が，イギリスのバートレットの実験（Bartlett, F. C., 1932）である。絵を用いたリレー式の再生実験を行うと，単純化や強調化が起こってフクロウの線画が後ろ向きの猫の描画に変わり，自分の習慣や価値観にあったものに変容していった。また，イギリス人にとってはなじみの薄い「幽霊の闘い」というアメリカンインディアンの民話を記憶させ，後に想起させたところ，時間の経過とともに文章が省略され，自分なりの解釈に従って合理化され，内容が置き換えられていった。これらのことからバートレットは，記憶は過去経験等から形成されたスキーマ（知識：図式）に従って再構成されるものだ，と主張した。われわれの知識は単なる記憶のかけらの集積ではなく，個性や文化の影響を受けながら，体系的な記憶として取り出されるものなのである。

　また，「目撃者証言」に関する実験も有名である。「記憶は想像の高みからやってくる」という警句があるが，目撃者の記憶も諸条件によって変化してしまう。ロフタスとパルマー（Loftus, E. F. & Palmer, J. C., 1974）は，自動車事故の短い映画を見せて，ある被験者には「車同士がぶつかった（"hit"）とき，

どのくらいのスピードでしたか？」という質問をし，別の被験者には「車同士が激突した（"crash"）とき，どのくらいのスピードでしたか？」という質問をした。その結果，"hit"の質問に対する回答の平均は時速54.5kmだったが，"crash"の場合は65.3kmと10km以上も速度が増していた。さらに1週間後，「事故のとき，ガラスは割れましたか？」と質問すると，後者の方が「はい」と答えやすかったという。これは，事件を見ているときに採取した元の情報と，事件後に追加した外部的情報（"crash"という動詞）が，時間の経過とともに融合し，あることがどちらの情報に由来していたか，区別ができなくなってしまう現象である。ひどい事故にガラスが割れるのはつきものだから，「ガラスが割れた」と答えたのだろう。目撃証言を求める際には，「目撃者」の記憶の中にこうした外部的情報が混入しないよう，中立な条件で尋ねることが必要である。

10.2.2.2　ツァイガルニク効果

ゲシュタルト心理学者のレヴィン（Lewin, K.）（7.4参照）に師事したツァイガルニク（Zeigarnik, B.）は，作業を途中で中断させると，中断させられた作業は，最後まで終えることができた作業に比べて内容をよく記憶しているということを実証した。これは中断のために生じた緊張によると考えられる。失恋の痛みがなかなか忘れられないのは，これによって説明できる。

10.2.2.3　忘　　却

忘れることについては，処理水準の問題の他に以下の説明がある。

1）自然的減衰説

記憶は使わなければ忘れる，という説である。使用頻度が低い外国語の単語を忘れてしまいやすいのはこれにあたる。ただしこの考えでは，思い出せなかったことを後で想起することを説明できない。「使えば使うほどよくなる」という「用不用の法則」は記憶にもあてはまるが，単純に逆をいうことはできないのである。

2）検索の失敗説

情報を検索するための適切な手がかり（カテゴリーや文脈等）が見つからないために，その情報を見つけ出すことができないことをいう。忘却のほとん

表10-1　干渉の実験デザイン

逆向抑制の実験	実　験　群	学習A	学習B	Aの保持検査
古　←　新	統　制　群	学習A	休　息	Aの保持検査
順向抑制の実験	実　験　群	学習B	学習A	Aの保持検査
古　→　新	統　制　群	休　息	学習A	Aの保持検査

どはこの検索の失敗による。なお，ゼラー（Zeller, A. F., 1950）によって記銘学習後に不幸な経験をすると再生成績が落ちるという，抑圧現象に関する実験が行われた。

3）干渉：interference（抑制：inhibition）

同じ検索手がかりに関連した項目からの干渉（侵入）によって，検索の失敗が多く生じる。たとえば，ある名前を思い出そうとして，どうしても別の名前が浮かんでしまうことがあるだろう。干渉は，覚えた内容が別の記憶内容によって妨害を受けて想起できないことである。

干渉には，新しい記憶内容（リスト）が古い記憶を妨げる逆向抑制と，古い記憶が新しい記憶の想起を妨げる順向抑制とがある（表10-1）。なお，リストへの侵入とは別に，新しい記銘学習Bの最中に古い学習Aが想起され，学習Aが誤反応として扱われるためにオペラント条件づけの消去（9.1.3.1参照）のように学習Aが解除されるという種類の逆向抑制があり，逆向抑制の方が，保持量が少なく干渉が強力である。

10.2.2.4　時間と記憶

時間と記憶に関して次のことがいわれている。新しいネットワークや信号路が固定するまでには時間がかかる。与えられたリストを一度にすべて覚えようとする集中学習より，途中休憩を入れる分散学習の方が効率がよい（9.4.1参照）。また，覚えた直後よりもしばらく経ってからの方が想起しやすい（レミニセンスという現象）し，日中の覚醒時よりも寝る前に覚えた方が，忘却が少ないとされている（ジェンキンスら〔Jenkins, J. G. et al.〕, 1924）。

10章　記憶と認知　　295

●引用文献

ガードナー，H.著，佐伯胖・海保博之監訳（1987）『認知革命—知の科学の誕生と展開—』産業図書

梅津八三ほか監修（1981）『新版　心理学事典』平凡社

山内光哉（1982）「長期記憶」小谷津孝明編『記憶』（現代基礎心理学第4巻）東京大学出版会

●参考文献

コーエン，G.・アイゼンク，M. W.・ルボワ，M. E.著，認知科学研究会編，長町三生監修（1989）『記憶』（認知心理学講座1）海文堂

Miller, G. A.（1956）"The magical number seven, plus or minus two:some limits on our capacity for processing information." *Psychological Review*, 63, pp. 81-97.

ナイサー，U.著，古崎敬・村瀬旻共訳（1978）『認知の構図—人間は現実をどのようにとらえるか—』サイエンス社

佐伯胖（1983）「認知科学の誕生」淵一博編『認知心理学への招待』日本放送出版協会

渡辺昭彦（2003）「記憶」伊藤隆一・千田茂博・渡辺昭彦著『現代の心理学』金子書房，87頁

ワーク4 やってみよう	アサーション

実施日　　　年　　月　　日

　あなたは普段の人間関係の中で他人に対して言いたいときに言いたいことをどのくらい言えていると思いますか？

　「アサーション」は「自分の立場も相手の立場も尊重した上での自己主張」として定義されています。アサーション（assertion）の起源はアメリカでの公民権運動にあります。アサーションの背景には「人権（human rights）」という考え方があります。「人権」というと，あまり身近に感じられないという人もいるかもしれませんが，この「人権」は日常的な言葉に言いかえると「〜してもよい」ということです。たとえば，相手が誰であっても，自分がしたくないことは「したくない」と言ってもよいのです。また，相手の誘いにのりたくないときには断ってもよいのです。

　ただ，「〜してもよい」という権利，人権は自分だけでなく相手にも保障されています。自分と相手が100％自由であるということはあり得ません。自分の自由を守るためには相手の自由が制限されますし，相手の自由を尊重しようとすれば自分の自由をいくぶんか我慢しなければならなくなります。ですから，そこで互いに折り合いをつけるやりとりが必要となります。

　アサーションでは，このやりとりを具体的な方法として提案しています。この方法のことを「DESC法」と呼んでいますが，これは4つの要素の頭文字をとって名づけられたものです。

D（describe：描写する）

　アサーションを行う上でまず第一に心がけるべきことは，自分が対応しようとしている状況の具体的で客観的な描写，記述を行うということです。この中には相手の言動を含みますが，その背景にある動機や意図などは，あいまいな要素が大きいため含みません。あくまでも現実の出来事や相手が実際に行った行為や言った言葉など，事実だけを描写します。

E（empathize：共感する，explain：説明する）

　次に，相手の立場や気持ちに立って共感を示します。その上で相手の行動や状況に対する自分の気持ちやや立場を冷静かつ明確に説明します。

S（specify：提案する）

　第三に相手にどうしてもらいたいか，相手にしてもらいたい行動（具体的かつ現実的な解決策）を1つか2つ提案します。

C（choose：選択する）

　第四に，こちらが行った提案に対する肯定的（"Yes"の場合）と否定的な結果（"No"の場合）を予測し，その場合にこちらが行う対処の仕方を選択します。たとえば，こちらの提案に対して相手の同意が得られた場合は，自分はどうするか。同意が得られなかった場合どうするか，ということを伝えます。

　以下に挙げる例を参考にして，あなたもDESC法を紙上で試みてください。

> **┌例**
> 　友達の一人から旅行に一緒に行かないかと誘われた。自分も旅行は好きなので二つ返事でOKしたのだが，友達が行こうと言っているのは，自分な苦手な寒いところ（冬の北海道）のようだ。

D：友達に旅行に誘われ，一緒に行く約束をした。（事実の描写）
E：友達は旅行に一緒に行くことを楽しみにしているし（共感），自分も旅行は好き
　　だが，寒いところは苦手だ。（自分の気持ちの説明）
S：「旅行先を暖かい沖縄に変えるというのはどうかなー」と言ってみる。（具体的
　　な提案）
C：こちらの提案に対して"Yes"の返事が返ってきたら「ありがとう」とお礼を言
　　う。"No"の返事が返ってきたら，「旅行の時期を春にするのはどうかなー」と
　　いう提案を出してみる。

　上のDESCを一つの台詞としてつなげると，次のような言葉になるかもしれません。「この前一緒に旅行に行こうって約束したよね。あなたも私もお互い旅行は好きだし，一緒に行きたいんだけど，私は寒いところが苦手なんだよね。だから，今回は沖縄のような暖かい場所に変えてくれないかなー」

状況1

　洋服屋さんで洋服を買って家に帰ってから見てみると，縫い目に小さなほつれがあることに気づきました。そこで，品物を返品するか，新しい商品に交換してもらうためにお店に行ったら，「そのくらいのほつれだったら誰も気づきませんよ」と言われてしまいました。

D：

E：

S：

C：

状況2

　あなたは半年前に友達にお金を貸しました。そろそろ返してもらおうと思い催促したところ，「もう少し待ってほしい」と言われました。しかし，それからもう1ヶ月もたっているので，何とかしてほしいと思っています。

D：

E：

S：

C：

ワーク4　アサーション　　299

［ふりかえり］

― 著者紹介 ―

若山隆良（わかやま・たかよし）
早稲田大学大学院文学研究科心理学専攻博士後期課程
単位取得退学。
現在，桜美林大学大学院非常勤講師，明治大学兼任講師，
若山心理臨床プラクシス主宰。

| 心とことば |
| ― 人間理解と支援の心理学 ― |

2018年 4 月16日第 1 版 1 刷発行
2020年 7 月27日第 1 版 2 刷発行

著　者─若　山　隆　良
発行者─森　口　恵美子
印刷所─神　谷　印　刷 ㈱
製本所─渡　邉　製　本 ㈱
発行所─八千代出版株式会社
　　　　〒101
　　　　-0061　東京都千代田区神田三崎町 2 - 2 - 13
　　　　TEL　03-3262-0420
　　　　FAX　03-3237-0723
　　　　振替　00190-4-168060

＊定価はカバーに表示してあります。
＊落丁・乱丁本はお取替え致します。

© 2018 Takayoshi Wakayama
ISBN 978-4-8429-1718-4